海域使用权
立体分层设权
技术探究
与管理实践

王 鹏 吴洁璇 茅克勤 闫吉顺 等·著

河海大学出版社
·南京·

图书在版编目(CIP)数据

海域使用权立体分层设权技术探究与管理实践 / 王鹏等著. -- 南京：河海大学出版社，2024.4
ISBN 978-7-5630-8967-3

Ⅰ.①海… Ⅱ.①王… Ⅲ.①海域使用管理法-研究 Ⅳ.①D993.5

中国国家版本馆CIP数据核字(2024)第090736号

书　　名	海域使用权立体分层设权技术探究与管理实践 HAIYU SHIYONGQUAN LITI FENCENG SHEQUAN JISHU TANJIU YU GUANLI SHIJIAN
书　　号	ISBN 978-7-5630-8967-3
责任编辑	张心怡
责任校对	卢蓓蓓
出版发行	河海大学出版社
地　　址	南京市西康路1号(邮编:210098)
电　　话	(025)83737852(总编室)　(025)83722833(营销部)
经　　销	江苏省新华发行集团有限公司
排　　版	南京布克文化发展有限公司
印　　刷	广东虎彩云印刷有限公司
开　　本	787毫米×1092毫米　1/16
印　　张	14.25
字　　数	312千字
版　　次	2024年4月第1版
印　　次	2024年4月第1次印刷
定　　价	122.00元

作者团队

王 鹏　吴洁璇　茅克勤　闫吉顺

冯振洲　王子豪　孙鸿程　王晓宇

杨 琛　岳羲和　陈集景　金伟康

前言
Preface

长期以来,海域的管理采用二维"平面化"模式。随着海洋资源开发利用深度和广度的不断拓展,近海传统产业用海需求持续增大,海洋经济新业态、新模式也在大量涌现,海域空间资源稀缺性问题日益凸显。同时,不同项目交叉用海、重叠用海的问题开始显现,导致海域空间立体化使用方面的矛盾与冲突。考虑到海域空间立体开发和综合利用的迫切现实需求,海域立体分层使用成为释放海域资源要素潜能和破解交叉重叠用海难题的重要途径。

为应对多产业、多主体的海域立体利用新态势,2019年4月,中共中央办公厅、国务院办公厅印发《关于统筹推进自然资源资产产权制度改革的指导意见》,首次从中央层面提出"探索海域使用权立体分层设权"。2021年12月,国务院办公厅印发《要素市场化配置综合改革试点总体方案》,首次聚焦海域要素市场化配置的重点领域和关键环节,再次强调要"探索海域使用权立体分层设权"。完善海域资源资产产权制度,是落实国家关于自然资源资产产权制度和要素市场化配置改革的重要举措。

《海域使用权立体分层设权技术探究与管理实践》一书是作者团队在长期跟踪和深入研究我国海域使用权立体分层设权法理基础、管理制度与配套技术的基础上,精心组织与规划编写完成的。本书是对海域使用权立体分层设权工作研究探索的全面总结,系统阐述了海域基本特性、海域资产产权的基本内涵,介绍了海域立体分层设权的理论基础、管理制度和配套技术的研究和实践情况,对于规范海域立体开发行为、促进海域资源节约集约利用和有效保护、提升海域精细化管理水平具有重要意义。全书共分为九章,第一章介绍了海域概念与空间特性,包括海域的基本概念、类型,我国海域资源分布情况和海域使用主要类型,海域的空间分层与利用特征等内容。第二章介绍了海域资源资产产权制度,包含自然资源(海域)价值理论、产权制度的内涵以及海域使用权的现行相关制度。第三章深入剖析了海域使用权立体分层设权的内涵,包含其现实意义、可行性研究、界定模式等。第四章则是探索了立体分层用海的基础理论框架,包含生态环境承载力评估、适宜性分析、兼容性评价的方法研究和技术路径。第五章详细探究了立体分层设权管理制度和协调机制,包括立体空间规划、三维海籍登记、海域使用论证及产权管理制度等,并提出了立体产权的潜在矛盾和解决途径。第六章深入研究了立体分层设权下的海域使用金征收标准，为海域有偿使用制度提供了新的理论研究思路。第七章重点介绍了海域立体分层宗海界定方法和宗海图编绘技术。第八章介绍了立体分层设权项目的管理制度探索和具体实践经验。第九章为总结与展望，总结前面的研究基础和实践经验，展望立体分层设权形势下的海洋空间资源管理新蓝图。全书具体分工如下：第一章和第二章由吴洁璇、王子豪编写，第三章和第五章由茅克勤、冯振洲、王晓宇编写，第四章、第七章和第八章由王鹏、孙鸿程、岳羲和、杨琛编写，第六章由闫吉顺、陈集景编写，第九章由王鹏、金伟康编写。全书由王鹏进行统稿，吴洁璇等进行图文校核。

  本书作者致力于为海域使用者、海域使用管理者、涉海技术单位及研究机构了解海域使用权立体分层设权管理政策和掌握相关的技术方法提供一本相对全面、客观、系统的参考读物。由于作者对海域立体管理制度认知有局限，书中难免有一些瑕疵，希望同行专家和广大读者不吝指正。

目录
Contents

第一章　海域概念与空间特性 ································· 001
 1.1　海域的基本概念及类型 ································· 003
 1.2　我国海域资源的概况 ································· 008
 1.3　我国海域使用主要类型 ································· 011
 1.4　海域的空间分层及利用特征 ································· 013

第二章　海域资源资产产权制度 ································· 021
 2.1　自然资源资产及产权制度 ································· 023
 2.2　海域资源价值形成原理 ································· 029
 2.3　海域资源资产与产权制度 ································· 030
 2.4　海域使用权管理制度 ································· 036

第三章　海域使用权立体分层设权内涵 ································· 047
 3.1　海域立体分层使用的需求及意义 ································· 049
 3.2　立体分层设权法理依据的协调性 ································· 050
 3.3　立体分层设权技术支持的可行性 ································· 053
 3.4　立体分层设权的内涵剖析 ································· 053
 3.5　立体分层设权的具体界定 ································· 056

第四章　立体分层用海的基础理论框架 ································· 061
 4.1　立体分层用海的生态环境承载力评估 ································· 063
 4.2　立体分层用海的适宜性分析 ································· 074
 4.3　立体分层用海的兼容性评价 ································· 084

第五章　立体分层设权管理制度及协调机制探究 ································· 097
 5.1　立体分层设权配套制度研究方向 ································· 099

  5.2 海域资源立体产权纠纷和解决机制 ……………………………… 102

第六章 立体分层设权海域使用金征收标准研究 ……………………… 109
  6.1 我国海域资源有偿使用制度 ……………………………………… 111
  6.2 我国海域资源使用金的组成结构 ………………………………… 112
  6.3 立体分层设权下的海域资源使用金标准研究 …………………… 113

第七章 海域立体分层宗海界定及宗海图编绘 ………………………… 123
  7.1 海域空间利用主要形式与特点 …………………………………… 125
  7.2 海域立体分层宗海界定 …………………………………………… 137
  7.3 海域立体分层宗海图编绘技术 …………………………………… 147

第八章 海域立体分层设权管理实践 …………………………………… 161
  8.1 前期探索 …………………………………………………………… 163
  8.2 制度出台 …………………………………………………………… 164
  8.3 渔光互补实践案例 ………………………………………………… 182
  8.4 生态海堤实践案例 ………………………………………………… 197
  8.5 立体养殖实践案例 ………………………………………………… 208

第九章 总结与展望 ……………………………………………………… 211

参考文献 ………………………………………………………………… 216

第一章

海域概念与空间特性

第一章 海域概念与空间特性

1.1 海域的基本概念及类型

1.1.1 海和洋的概念

海洋是一个广阔的领域,是地球表面由广阔连续的咸水水体组成的海和洋的总称。地球上海洋总面积约 3.6 亿平方千米,覆盖了地球表面的 71%。海洋中的水量约占地球上总水量的 97%。海洋是资源的宝库,蕴含着丰富多样的自然资源,包括海洋生物资源、海洋矿产资源、海洋空间资源和海洋能资源等。作为地球上水圈的主体,海洋对地球的气候、生态系统和人类生活等有着重要影响,同时作为连接各个大洲的重要通道,还为各个大洲之间的物质交流和文化交流提供了可能。

(一)海和洋在自然属性上的区别

海洋的中心部分称作洋,边缘部分称作海,彼此连接组成统一的水体。

洋是海洋的主体,是远离大陆且面积广阔的水域。大洋的面积约占整个海洋面积的 89%,且大洋的水深一般在二三千米以上,最深处可达 1 万多米。大洋的水色蔚蓝,透明度高,具有独立的洋流系统和潮汐系统,水的温度和盐度不受大陆影响,水文特征相对稳定。

图 1.1-1 大洋略图

海是大洋的附属部分,位于大洋的边缘,与大洋和陆地相连接,因接近或伸入陆地而或多或少与大洋主体分离,海的面积和深度都远小于洋。海的面积约占海洋总面积的 11%,海的水深相对较浅,深度从几米到二三千米不等。因海临近大陆,受陆地、河流、气候和季节的影响,所以海水的温度、盐度、颜色和透明度等水文特征会有明显的变化。总的来说,海和洋在地理位置、水文特征和面积大小等方面存在明显的差异。

图 1.1-2　海域略图

(二) 海和洋在经济作用上的不同

(1) 资源利用:海洋中蕴藏着丰富的生物、矿产和能源等资源,这些资源对于人类经济社会发展具有重要意义。由于海和洋存在自然属性和地理位置上的差异,因此它们在资源利用方面也存在不同。海因靠近大陆,使得沿海地区更容易进行海洋资源的开发和利用,比如渔业、港口建设、海洋旅游等活动。相比之下,洋中的深海矿产和海底石油等资源虽然潜力巨大,但因远离大陆,资源开发的难度和成本相对较高。

(2) 交通运输:海洋作为地球上最大的交通通道,对于国际贸易和全球物流具有重要意义。海上的交通运输主要通过船舶实现,包括集装箱船、油轮、散货船等。由于海的地理位置靠近大陆,故沿海地区的港口建设和海上运输相对便利。沿海地区通常拥有发达的港口和航运网络,能够更加便捷地进行物流、贸易和人员往来。洋的广阔水域则提供了远洋运输的条件,连接着全球各大洲的贸易往来。但洋的广阔深邃使得交通运输需要更多的建设成本和技术支持。

(3) 生态环境考虑:海与陆地相接,生态环境相对较为稳定,使得沿海地区的开发活动相对容易进行,同时也有利于保护海洋生态环境。而洋的生态环境相对脆弱,开发活动需要更加谨慎,以避免对海洋生态系统造成不可逆的损害。

海和洋在经济上的不同主要体现在资源利用、交通运输等方面。由于它们在自然属性和地理位置方面存在差异,因此在经济发展中的角色和作用也有所不同。沿海地区具有得天独厚的地理位置优势,使得海域变成沿海地区经济发展的主要关注区域。

1.1.2 海域的类型划分

由于海域环境复杂多样,为了方便海域资源利用与保护管理,可依据自然环境特征、水质特征、法理属性和社会经济特征等,对海域类型进行划分。

(一)基于地理特性的海域划分

依据海与大洋分离的情况和其他地理标志,可以把海分为内海、边缘海、外海和岛间海等。

(1)内海:四周被大陆内部、半岛、岛屿或群岛包围,只有一个或几个海峡与洋或邻海相通,是面积较小、受周围大陆强烈影响的海,如地中海、红海、黑海、波罗的海、渤海等。

(2)边缘海:位于大陆边缘,以半岛或岛屿与大洋或邻海相分隔,但接受由外海传播来的洋流或潮汐影响,如白令海、鄂霍次克海、日本海、黄海、东海和南海等。

(3)外海:虽位于大陆边缘,但与洋有广阔联系的海,如阿拉伯海、巴伦支海等。

(4)岛间海:是大洋中由一系列岛屿环绕所形成的水域,如爪哇海、苏拉威西海等。

(二)依据《联合国海洋法公约》的海域划分

《联合国海洋法公约》是于 1973 年至 1982 年举行的第三次联合国海洋法会议(UNCLOS Ⅲ)产生的国际协定,界定了各国在利用世界海洋方面的权利和责任,为企业、环境和海洋自然资源管理制定了准则。1994 年,《联合国海洋法公约》正式生效。根据《联合国海洋法公约》,海域被划分为内海、领海、毗连区、专属经济区、大陆架和公海等不同范围。在这些区域中,有些区域在自然位置上相互交叉在一起。自沿海国领海基线(包括正常基线或直线基线)向海量起,可以主张 12 海里的领海、24 海里的毗连区、200 海里的专属经济区,以及依其陆地领土自然延伸到大陆坡外缘的大陆架,自领海基线向陆一侧划起,至陆地领土之间则属于该国内水。沿海国对各种海域范围拥有不同的管辖权。

(1)内水:涵盖领海基线向陆地一侧的所有水域及水道,包括沿岸的河口、港口、海湾、海峡等。内水属于一个国家的领土,沿海国有权制定法律规章加以管理,享有完全的排他性主权,未经沿海国许可,他国船舶不得驶入。

(2)领海:沿海国主权管辖下的与其海岸或内水相邻接的一定范围的海域,是指从领海基线向外量起 12 海里的水域,沿海国可制定法律规章加以管理并运用其资源。外国船舶在领海有无害通过权,就是指一艘船只在不损害沿海国家和平以及安全的前提下可以自由通过。但是对于军事船只来说,只有在沿海国的许可下才可以通过。

(3)毗连区:又称"连接区""特别区",是指在领海基线以外 24 海里到领海之间的海域。毗连区是由沿海国加以特殊管制的区域,并不享有主权,沿海国在其毗连区内

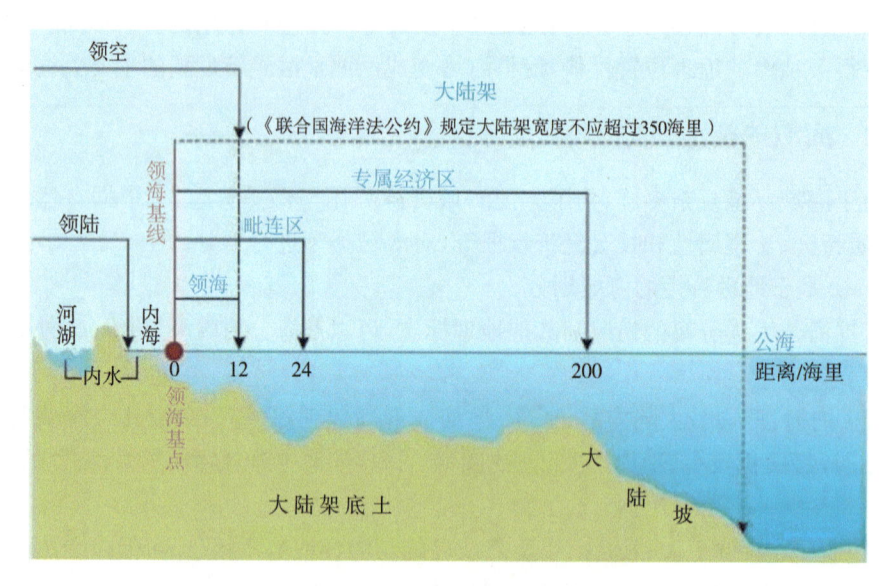

图 1.1-3 《联合国海洋法公约》对于海域的划分

具有防止和惩治在其领土或领海内违反其海关、财政、移民或卫生等法律和规章事项的管制权。

(4) 专属经济区：又称经济海域，是指国际公法中为解决国家或地区之间的领海争端而提出的一个区域概念。专属经济区从领海基线起不超过 200 海里，是领海以外并邻接领海的一片海域。在专属经济区内，沿海国享有勘探、开发、养护、管理等权利和从事科学研究、海洋环境保护等管辖权。所有国家享有航行、飞越、铺设海底电缆和管道的自由，但不得从事危害沿海国主权和安全的活动。

(5) 大陆架：又叫"陆棚"或"大陆浅滩"，是大陆在海面下向海洋的自然延伸，可以说是被海水所覆盖的大陆。它的范围从领海基线开始，一般可以扩展到 200 海里，甚至在符合规定的情况下，延伸到 350 海里。沿海国在大陆架享有勘探、开发包括海床、底土在内的自然资源的主权权利，其他国家享有在大陆架上铺设海底电缆和管道的权利，以及航行和飞越的自由。大陆架上的自然资源主权归属沿海国所有，但在相邻和相对沿海国间，存有具体划界问题。专属经济区和大陆架，两者从范围上来说存在重叠的区域，但是两者代表的意义不一样。200 海里是专属经济区的最大宽度，却是大陆架的最小宽度。

(6) 公海：是指各国内水、领海、群岛水域和专属经济区外，不受任何国家主权支配和管辖的全部海域。公海是人类的共同财富，不属于任何一个国家，所有国家都可以平等地共同使用、自由航行。公海法律制度的核心和基础是公海自由，具体包括上空飞越自由、航行自由、捕鱼自由、铺设海底电缆和管道自由、科学研究的自由和建造国际法所允许的人工岛屿和其他设施的自由。对于公海上的海盗行为、走私毒品等罪行，各国也都可依法行使管辖权。

（三）按照相邻海岸类型的海域划分

近岸海域泛指领海基线向陆一侧的全部海域。目前，我国的海域资源开发利用主要集中于近岸海域，如养殖、港口建设、滨海旅游等。海岸的形成及其演化受到多种因素影响，以物质组成为主导，并考虑地质地貌、水动力状况、生物类型等因素，可将近岸海域划分为5大类：基岩海岸海域、沙砾质海岸海域、淤泥质海岸海域、红树林海岸海域和珊瑚礁海岸海域。

（1）基岩海岸海域：海岸由基岩组成，海岸线曲折，多半岛与岛屿，海域水深较大，岬湾相间。该类海岸的营造力一般以波浪为主，某些岸段受潮汐影响。一般水下岸坡较陡，岸滩宽度较窄，地形和沉积物横向变化显著。

（2）沙砾质海岸海域：海岸由沙砾堆积而成，多分布于有沙砾来源的平原地区，海岸带较宽阔，海岸线较平直，海岸营造力以波浪为主，堆积地貌多样，有岸坝、离岸坝构成的沙坝-潟湖体系。沙砾质海岸海域常为多种有用矿物富集带，蕴藏石英砂、金红石、钨、铜、钛铁矿、铬铁矿等，是海砂开采的主要海域。

（3）淤泥质海岸海域：海岸由黏土质砂及细粉砂等细粒物质组成，主要分布在黏土类物质来源丰富的大江大河河口地区、平原地区或第四纪冰碛黏土区。淤泥质海岸海域滩面平坦广阔，水下岸坡坡度平缓，多被开发为盐场、围海养殖场、围填海造地建设城市工业区等。

（4）红树林海岸海域：红树林海岸生长有以红树科植物为主的由多种植物组成的植物群落。红树林对海岸的堆积作用显著，甚至可使原来的侵蚀海岸变成堆积海岸。红树林海岸演变从水下岸坡上部海洋植物的繁衍开始，导致上部逐渐淤积，为先锋植物侵入、繁殖创造了条件，低潮滩多为鱼、虾、贝、蟹的栖息地，中潮滩逐渐被红树植物占领形成红树林海岸。当成熟的红树林变老被陆地植物群落代替后，新的红树林则向海推移扩展。红树林海岸海域主要分布在热带、亚热带。

（5）珊瑚礁海岸海域：由珊瑚礁组成，珊瑚礁是珊瑚死后，其骨骼同其他含石灰质生物的骨骼和外壳胶结在一起形成的多空隙块体物质。珊瑚礁有岸礁、离岸礁、环礁、台礁和堡礁。珊瑚礁海岸海域主要分布在热带。

（四）按照海水质量的海域划分

《海水水质标准》是我国为贯彻《中华人民共和国环境保护法》和《中华人民共和国海洋环境保护法》，防止和控制海水污染，保护海洋生物资源和其他海洋资源而制定的国家标准。该标准规定了海域各类使用功能的水质要求，适用于我国管辖海域。

海水水质标准是基于对海水中各类污染物质含量和影响的科学研究所综合确定的。根据海水水质标准，可将海域划分为清洁海域、较清洁海域、轻度污染海域、中度污染海域和严重污染海域。

（1）清洁海域：是指符合国家海水水质标准中第一类海水水质的海域，适用于海洋渔业水域、海上自然保护区和珍稀濒危海洋生物保护区。

（2）较清洁海域：是指符合国家海水水质标准中第二类海水水质的海域，适用于水产养殖区、海水浴场、人体直接接触海水的海上运动或娱乐区,以及与人类食用直接有关的工业用水区。

（3）轻度污染海域:是指符合国家海水水质标准中第三类海水水质的海域,适用于一般工业用水区和滨海风景旅游区。

（4）中度污染海域:是指符合国家海水水质标准中第四类海水水质的海域,仅适用于海洋港口水域和海洋开发作业区。

（5）严重污染海域:是指劣于国家海水水质标准中第四类海水水质的海域。

1.2 我国海域资源的概况

我国是一个海洋大国,海岸线漫长,拥有长达约 3.2 万千米的海岸线(其中大陆海岸线约 1.8 万千米,海岛海岸线约 1.4 万千米),海域辽阔,海域总面积约为 473 万平方千米,包含了渤海、黄海、东海、南海四大海域。根据《联合国海洋法公约》的规定,我国主张管辖的海域面积约为 300 万平方千米,包括了内海、领海、毗连区、专属经济区和大陆架,接近我国陆地总面积的三分之一。其中,领海和内水的面积约为 38 万平方千米,属于国家领土的重要组成部分,国家对其拥有完全的和独享的主权。我国海域资源类型多样,储量丰富,与陆地资源形成良好的互补,且开发条件便利,是实现我国国民经济可持续发展的重要基础和宝贵财富。

1.2.1 海域空间资源

海域空间资源是指与海洋开发利用有关的海岸、海面、海中和海底的地理区域的总称。将海面、海中和海底空间用作交通、生产、储藏、军事、居住和娱乐场所的资源。海域空间资源作为地球表面最大的自然资源之一,具有广阔的开发潜力和多元化的应用领域,例如海运、海岸工程、临海工业场地、海流仓库、海上机场、休闲娱乐等。大致可分为以下几类。

一是交通运输空间。海洋的广阔性、连续性和低成本使其成为国际贸易运输的理想选择。通过船舶,粮食、矿石、石油等大宗货物可以迅速、经济地从生产地运往消费地。此外,随着技术的发展,大型集装箱船、液化天然气船等新型船舶不断涌现,进一步提高了海洋运输的效率和安全性。除了传统的海上运输,跨海大桥和海底隧道的建设也是海域空间资源在交通运输领域的重要应用。这些工程不仅解决了局部地区的交通问题,缩短了运输时间,还促进了区域经济的发展和文化的交流。例如,我国的港珠澳大桥和青岛胶州湾海底隧道等工程,都是充分利用海域空间资源的典范。

二是生产空间。海上生产空间是海域空间资源的另一重要应用领域。与陆地相比,建设海上生产空间可以节约土地,空间利用代价低,同时具有交通运输便利、冷却水充足且价格低廉等优势。因此,许多沿海地区都积极利用海域空间资源进行工业生产和能源开发。如我国澳门地区通过填海造陆的方式扩大土地面积,以满足城市发展的需要;此外,海上石油平台、海上风电等也是利用海域空间资源进行能源开发的重要例子。

三是储存空间。利用水体、海底和海面等海域空间建设海洋仓储设备,进行各种物资和信息的储存。这种储存方式具有许多独特的优势,如节约土地资源、容量大、隐蔽性和安全性高、环境稳定等。例如,利用深海的稳定环境,在海底建立大型仓库,用于储存不易受海水影响的物资;利用大型浮动平台或船舶,在海上建立浮动仓库,这种仓库可以随着海水的流动而移动,方便物资的运输和储存。

四是海底电缆空间。海底电缆是海域空间资源在通信和电力输送领域的重要应用。随着全球化和信息化的发展,国际间的通信需求不断增加,通过这些电缆连接世界各地的通信网络,为国际间的信息交流提供了稳定、高速的通道。同时,海底电缆也是海上设施与陆地间进行电力输送的重要方式,满足生产和运营的需要。这种方式不仅提高了电力输送的效率,还降低了对环境的影响。

五是旅游娱乐空间。随着现代旅游体系的完善和邮轮经济的发展,海域空间的旅游和娱乐功能得到了很大程度的发挥。通过利用海面、水体和海底等海域空间,可以进行各式各样的海洋观光游览、海钓捕捞体验、海底探险潜水、海洋主题公园游玩等娱乐活动。

六是环境空间资源。海水具有较强的交换能力,能够通过自身净化对污染物进行一定的稀释。

1.2.2 生物资源

我国海域的自然区域跨热带、亚热带和温带三个气候带,沿海岸众多河流入海,海域营养物质丰富,非常利于海洋生物资源繁殖生长。经过几十年来海洋科技工作者的调查研究,已在我国管辖海域记录到了2万多种海洋生物。这些海洋生物隶属于5个生物界、44个生物门。其中,动物界的种类最多(约1.2万种)。我国的海洋生物种类约占全世界海洋生物总种数的10%,数量占50%。这些生物资源对于维护海洋生态系统的平衡和人类社会的发展具有重要意义。

(一)生物资源的多样性

我国海域生物资源的多样性非常丰富,包括各种鱼类、贝类、甲壳类、海藻类等。这些生物资源在种类、数量、生态习性等方面都表现出极大的多样性。大致可分为以下几类。

一是浮游生物。浮游生物是海洋中的一类生物,包括浮游动物和浮游植物。它们随波逐流,无法自主控制方向。浮游生物在海洋生态系统中占据重要地位,是食物链的基础环节之一。

二是底栖生物。底栖生物是生活在海洋底部的生物群落,包括底栖动物和底栖植物。它们通常附着在海底的岩石、泥沙或其他基质上。底栖生物种类繁多,包括贝类、甲壳类、多毛类等。

三是鱼类资源。我国海域中生活着大量不同种类的鱼类,包括软骨鱼类和硬骨鱼类等。这些鱼类资源在食品、医药等领域具有很高的利用价值。

四是软体动物资源。软体动物是一类无脊椎动物,包括头足类(如乌贼、章鱼)、腹足类(如螺、蜗牛)等,这些动物在海洋中广泛分布,且一些种类具有很高的经济价值。

五是哺乳类动物资源。哺乳类动物是海洋中一类较为高等的动物,包括鲸、海豚等,它们通常具有较高的智商和社会行为,是海洋生态系统中的重要组成部分。

六是海洋植物资源。海洋植物主要包括海藻和海洋种子植物等。它们在海洋生态系统中发挥着重要作用,如提供氧气、净化水质等。同时,一些海藻还具有重要的经济价值,如用作食品或工业原料等。

七是甲壳动物资源。甲壳动物是一类具有坚硬外壳的无脊椎动物,包括虾、蟹、龙虾等。它们在海洋中广泛分布,且一些种类具有很高的经济价值。

(二)生物资源的分布特征

生物资源的分布呈现出一定的规律性特征。

一是南北差异。我国海域南北跨度大,生物资源的分布存在明显的南北差异,北方海域以冷水性生物为主,南方海域则以暖水性生物为主。东海和南海的生物资源较为丰富,黄海和渤海则相对较少。

二是垂直分布。海洋生物资源在垂直方向上也存在明显的分布特征,在不同水深和温度的水层中生活着不同类型的生物。例如,浅海和滩涂地区主要分布着底栖生物和藻类,深海则主要分布着深海鱼类和无脊椎动物。

三是季节性变化。海洋生物资源的分布还受到季节性变化的影响。例如,某些鱼类在春季会洄游到近岸地区产卵,在其他季节则会远离岸边。

1.2.3 矿产资源

矿产资源按其类型,可分为以下几类。

一是油气资源:是重要的海洋矿产资源,通常存在于海底沉积物和岩石中。二是煤、铁等固体矿产:海底蕴藏着丰富的固体矿产资源,包括煤、铁、铜、铅、锌等。三是海滨砂矿:海滨沉积物中含有许多贵重矿物,如金、铂、金刚石等,这些矿物通常是由河流携带的重矿物在海滨地区沉积下来而形成的。四是多金属结核和富钴锰结壳:是一种含有多种金属的海洋矿物资源,通常分布在深海底部,因其包含铜、镍、钴、锰等金属元素,故具有潜在的经济价值。五是热液矿藏:与海底火山和地热活动有关的热液系统可以形成富含金属的热液矿藏,如硫化物矿床和氧化物矿床。六是可燃冰:也称为天然气水合物,是一种在低温高压条件下由水和天然气形成的结晶物质,广泛分布于深海沉积物中,是一种储量巨大、洁净的新型潜在战略能源,可作为石油、天然气的替代能源。

我国海滨砂矿探明储量约 15.27 亿吨,其中绝大多数为非金属砂矿,金属砂矿仅占 1.6%。我国近 30 年已发现海滨砂矿 20 多种,几乎世界上所有海滨砂矿的矿物在我国沿海都能找到,其中具有工业价值并探明储量的有 13 种,如钛铁矿、锆石、金红石、独居石、磷钇矿、磁铁矿和砂锡矿等。根据第三次全国油气资源评价结果,我国海洋石油资源量超 240 亿吨,约占全国资源总量的 23%,海洋天然气资源量超 16 万亿立方米,约占总量的 30%。2021 年,海洋原油增长量已占全国增量的 80% 以上。我国的海上油气勘探主要集中在渤海、黄海、东海及南海北部大陆架沉积盆地,海洋油气资源具有良好的勘探开发前景。

1.2.4 化学(海水)资源

地球上的海水总量约 13.8 亿立方千米,海水中含有 80 余种元素和 200 万亿吨重水,即核聚变的原料。另外还包含一些地下卤水资源,地下卤水主要包含氯化镁、氯化钾、海盐等可提取的化学元素。我国渤海沿岸的地下卤水资源丰富,估计资源总量约 100 亿立方米,这些地下卤水可以直接利用,也可以淡化成淡水资源。海水淡化一直是解决水资源短缺的重要手段,因此我国十分重视对海水淡化技术的研究,特别是我国缺水的北方沿海城市濒临渤海、黄海,其海水具有较低的盐度,适宜进行海水资源的开发。此外,我国盐业生产历史十分悠久,是传统的海洋开发产业之一。我国目前已是世界第一产盐大国,截至 2023 年,全国原盐产量 9 775 万吨,其中海盐占比最大,为 21.74%,年产海盐约 2 053 万吨。

1.2.5 可再生能源

海洋可再生能源是指以各种形式蕴藏在海洋水体中的能量,包括潮汐能、潮流能、海流能、波浪能、温差能、盐差能等,这些能源具有可再生和清洁的特性。从长远看,依靠高科技开发海洋可再生能源,形成海洋可再生能源利用产业具有良好的前景。

其中,①海洋温差能是一种利用海水表层和深层之间的温度差来发电的能源。我国南海等地区的海洋温差能资源较为丰富,具有较大的开发潜力。②波浪能是一种利用海浪的起伏运动来发电的能源。我国沿海地区的波浪能资源较为丰富,特别是浙江、福建、广东等省份的沿海地区。③潮汐能是一种利用潮汐的涨落运动来发电的能源。我国沿海地区的潮汐能资源也较为丰富,特别是东海、南海等地区的潮汐能资源具有较大的开发潜力。④海流能是一种利用海水流动来发电的能源。我国沿海地区的海流能资源较为丰富,特别是东海、南海等地区的海流能资源具有较大的开发潜力。⑤盐差能是一种利用海水和淡水之间的盐度差来发电的能源。我国沿海地区的盐差能资源也较为丰富,但目前的开发技术还不够成熟。

1.3 我国海域使用主要类型

(一)渔业用海

我国海域跨热带、亚热带和温带,大陆架面积广阔,为海洋鱼类生长繁殖提供了优越的自然环境。海洋捕捞一直是我国的主要海洋产业。自 20 世纪五六十年代起,我国开始注意改进海水养殖技术,加速了海水养殖业的发展。目前,我国的海水养殖业遍布沿海各个省区,辽宁、山东、江苏、浙江、福建和广东的发展基础相对更好。

(二)油气开采用海

我国大陆近海分布有渤海、北黄海、南黄海北部、南黄海南部、东海、冲绳海槽、台湾东部及西南部、珠江口、琼东南、北部湾、莺歌海等 12 个沉积盆地,蕴藏着丰富的油气资源。目前,已经开发的海上石油、天然气主要分布在辽东湾海域、冀东南海域、渤海湾、莱州湾附近海域、东海东部海域、珠江口南部海域、北部湾海域等。

(三)交通运输用海

改革开放以来,我国港口航运事业快速发展,已经形成以上海港、宁波港为中心的长江三角洲港口群,以广州港、深圳港为中心的珠江三角洲港口群,以大连港、天津港和青岛港为中心的环渤海港口群。远洋航运发展成就突出,与世界 100 多个国家和地区、400 多个港口通航,成为我国对外交通运输的重要力量。

(四)盐业用海

海盐是我国主要的食用盐和工业原料。我国的海盐生产分为北方盐场和南方盐场。北方盐场主要包括辽宁、河北、天津、山东、江苏的盐场,这些盐场濒临渤海、黄海,滩涂宽广,晒盐季节长,海盐品质好、产量高。南方盐场主要分布在浙江、福建、广东、广西、台湾和海南,处于东海、南海沿岸,因气温高,所以除降水多的雨季外全年可晒盐。

(五)海砂开采用海

海砂是一种重要的建筑材料,随着近年来我国建筑行业的繁荣发展和围填海造地的扩展,我国海砂开采规模持续扩大,主要分布在渤海的辽东湾两岸、江苏沿海、珠江口等区域。海砂是许多土石方缺乏区域围填海造地时的主要物料。

(六)旅游娱乐用海

20 世纪 80 年代以来,随着我国沿海地区社会经济快速发展,人民群众物质文化生活水平不断提高,对外交流也逐年增多,以休闲度假、游览为目的的滨海旅游业持续发展,已成为我国新兴海洋产业之一。旅游娱乐用海(包括海滨浴场、游乐场、水上运动场、水上观光平台)逐渐增加。目前,我国已形成环渤海、长三角、闽东南、珠三角、海南岛等 5 大滨海旅游区,在青岛、大连、深圳、秦皇岛、海口、三亚、厦门等海滨名胜集中城市,旅游娱乐用海已成为重要的用海类型。

(七)海洋保护区用海

随着人们对海洋环境重要性认知的不断加深,国家对海洋生态环境保护的力度也逐年加大,海洋保护区用海项目稳步增加。目前,海洋保护区用海在全国沿海省(市、自治区)均有分布。至 2018 年,我国已建成国家级和省级各类海洋保护区(保护地)10 余个。海洋保护区的建立,保护了具有较高科研、教学、自然历史价值的海岸、河口、岛屿等海洋生境,也保护了中华白海豚、斑海豹、绿海龟、文昌鱼等珍稀濒危海洋生物及其栖息环境,以及红树林、珊瑚礁等典型海洋生态系统。

(八)倾废用海

近年来,我国海岸带地区开发利用力度持续加大,沿海城市和产业废弃物排放增加,主要是港口、航道、锚地疏浚物,倾废用海在沿海各省(市、自治区)均有分布。

(九)围填海工程

随着我国钢铁、石化等重要产业的趋海转移和涉海产业的发展壮大,对海岸土地资源的需求不断扩大,为了解决沿海土地紧缺问题,围填海造地成为重要的选项。目前,我国沿海从南到北出现了规模大小不一的众多围填海造地。一些区域为了耕地占补平衡,也开展了大规模的农业围垦工程。2018年,国务院印发《国务院关于加强滨海湿地保护严格管控围填海的通知》(国发〔2018〕24号)的通知,要求严控新增围填海造地,加快处理围填海历史遗留问题。为促进海洋资源严格保护、有效修复和集约利用,围填海造地用海无限扩张的趋势被遏制。

(十)军事用海

面对复杂多变的国际环境,合理部署军事用海对保障我国的国防安全、海洋开发权益,以及实现国家统一和和平发展都具有重要意义。

1.4 海域的空间分层及利用特征

1.4.1 海域的四层空间划分

《中华人民共和国海域使用管理法》(本书后文简称《海域使用管理法》)第二条规定:"本法所称海域,是指中华人民共和国内水、领海的水面、水体、海床和底土"。其中,内水是指中华人民共和国领海基线向陆地一侧至海岸线的海域,领海为领海基线向外海12海里宽度的一带海域。可以看出,《海域使用管理法》通过法律的手段对海域的概念进行明确界定,海域作为客观存在的立体空间,在范围上包含两层定义:①在平面范围,海域包括内水和领海,具有明确的界限范围;②在竖向范围,自上而下划分为水面及其向上自然延伸一定高度的空间、水体、海床和底土及其向下自然延伸一定深度的多层空间(图1.4-1),呈现为一个有机结合的整体。

《海域使用管理法》将海域在竖向空间上划分为水面、水体、海床、底土4个部分(简称"四层学说")。然而对于海域的立体空间分层,也有另外两类学说。一部分学者强调了海域上方空间,即将海域空间分为水面上方、水面、水体、海床、底土5个部分(简称"五层学说");也有一部分学者考虑将海床和底土统一为一个部分,即将海域空间分为水面、水体、海床底土3个部分(简称"三层学说")。

从物质构成和形态特征角度来看,水面上方空间是气态,水面为气态液态交界面,水体是液态,海床为液态固态交界面,底土是固态。可见,"五层学说"是包含了气态、液态和固态3种不同形态对应的"空间层"以及2种形态转换的"交界面"。"四层学

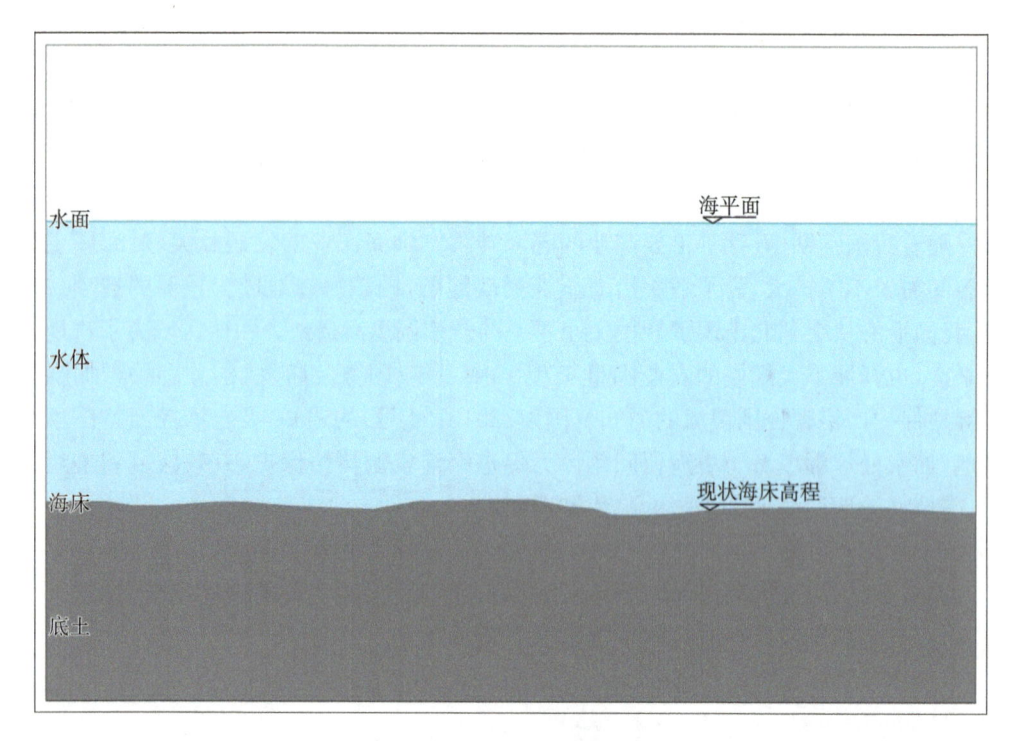

图 1.4-1　海域立体空间分层

说"则是为"水面"赋予比其自然属性更大的空间,包含水面及其上方一定高度的立体空间。"三层学说"则是注重考虑3种"空间层",将海床统一纳入固态层中。

鉴于《海域使用管理法》的分层方法受到广泛认可,本书采用"四层学说"方法,明确各层的空间界限,如表1.4-1所示。

表 1.4-1　"四层学说"下的海域空间分层

空间层	空间界限	范围细分	主要形态	物质构成和特征
水面	海平面及其上方一定高度的立体空间	海水表面上方空间	气态	具有气态属性,海水上方的大气层可与海洋进行能量交换
		海水表面	气态液态交界面	具有界面属性,是海洋、大气之间的交换场所
水体	海平面和海床之间充满海水的立体空间	/	液态	具有液态属性,主要填充介质为海水,对物质和能量的迁移扩散至关重要
海床	海底表面	/	液态固态交界面	具有界面属性,是海洋板块构成的地壳表面
底土	海床以下的立体空间	/	固态	具有固态属性,主要形态是土壤和岩石,富含矿产和能源资源

虽然给出了四层空间的界限，但由于海平面时刻处于涨落的过程中，使得水面的位置和水体的深度处于动态变化中。此外，由于海床也时刻受到底层海水水流、波浪等的综合影响，处于不断变化的过程中，尤其是深度较小的区域，变化更加频繁。因此，尽管将海域分为"水面、水体、海床、底土"特征明显的四层空间，但实际上各层空间边界处于动态变化中，并不固定。

1.4.2 海域资源的空间分布及用途

海域资源分为生物资源、矿产资源、海水资源、可再生能源、空间资源等类型，这些资源并不孤立存在，常以多种组合分布于同一海域空间，使得海洋具有多样化的开发利用潜力。从空间视角来看，这些资源分布具有明显的立体特征，如矿产资源一般分布在海床或底土层，可再生能源分布在水体或水面层，海水资源和生物资源主要分布在水体层。此外，海域空间本身也是一种资源，主要体现为承载功能和容纳功能。承载功能指的是空间可以承载各种海洋开发利用活动，如船舶航行、敷设电缆等；容纳功能指的是空间可以容纳各种排放物或废弃物，如排水、倾废等。在海域的开发利用中，根据不同的用海需求，海域空间的每一层具有不同的使用价值（表1.4-2、图1.4-2），都可以作为独立开发利用的对象。

表1.4-2 海域空间层的资源分布及用途

空间层	主要资源	主要用途
水面	风能、波浪能等可再生资源	船舶航行、路桥用海、发电等
水体	生物资源、化学资源、潮汐能等可再生资源	海水养殖、海水淡化、捕捞、发电、海洋生物医药等
海床	海砂等矿产资源	海砂开采、海底电缆管道敷设等
底土	油气等矿产资源	矿产资源开发、海底电缆管道埋设、海底隧道修建等

海域立体空间分层及其常见资源类型和利用方式如下：

（1）水面层是海平面及其上方一定高度的立体空间。受涨落潮影响，水面层的位置时刻发生纵向变化。水面层蕴藏着风能、波浪能等可再生资源，是船舶航行、跨海桥梁及旅游娱乐等用海活动的重要依托空间。

（2）水体层是海平面和海床之间充满海水的立体空间。流动的海水带动物质、能量及信息传递，邻近的海域空间贯通相连，相互作用并相互依存，水体层的空间深度随着涨落潮也不断发生着变化。水体层蕴藏着生物资源、化学资源及潮汐能等可再生资源，是海水养殖、海水淡化等活动的主要利用空间。

（3）海床层是海底表面，指海底的地基和浅层结构，由岩石、沙土、贝壳等组成的沉积物构成，还包括一些自然形成的洞穴、裂缝以及海洋生物遗体所构成的礁或岩柱。海床是水体的承载，在水流的反复冲刷及其他作用力的作用下，通常发生着较为缓慢的演变过程。海床层为海洋生物提供了栖息和生存的环境。该层空间的用海活动包括海底电缆管道敷设、人工鱼礁等。

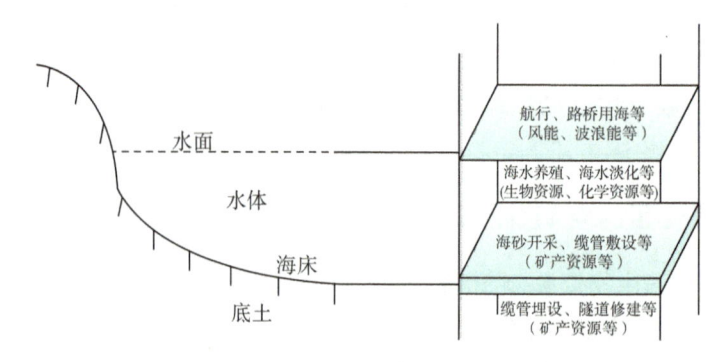

图 1.4-2　海域空间分层的常见利用方式

（4）底土层是海床以下的立体空间，是海床以下空间的延伸，含有丰富的矿物质和能源资源，如石油、天然气、煤等。底土层的物质组成和结构受到地质历史、海底地形、水动力条件等多种因素的影响，因此具有复杂性和多样性。该层是矿产资源开发、地质勘探、海底电缆管道埋设及海底隧道修建等活动的主要实施空间。

1.4.3　海域的自然属性及利用特征

海域是沿海地区社会经济发展的重要载体和战略空间。海域是多种复合资源的载体，因此决定了海域价值的多样性和开发利用的多宜性。根据不同的用海需求，海域中的每一种资源都可以成为开发利用对象。海域资源分布的空间特征也决定了海域功能的实现并不完全依托竖向范围的所有空间层。同时，并非所有的海域利用活动都是绝对排他的，有的用海活动可能是部分排他或是限制性排他。本书结合海域立体开发利用的实际情况，具体分析海域的特征，既包含海域资源分布的特征，也包含海域开发利用的特征。

（一）海域资源分布的空间整体性和空间流动性

海床、底土是海域水体的载体，水面是水体的外在表现，水体的贯通和流动形成了蕴含于其中的各种资源，各种资源按照一定的相互依赖规律构成了完整的海域空间资源系统，它们相互依存、相互作用、相互制约，不同的资源具有各自的优势，但也不能相互脱离而单独存在，其中任一资源的变化，都会影响到整个海域空间资源系统的正常运转。这一特征对合理利用海域空间资源和海洋生态文明建设提出了客观要求，要求人类在海域开发利用过程中不仅要考虑"联合利益"，还要考虑"代际利益"。海水的流动性决定了邻近海域空间是紧密联系的。这种水体在水平和垂直方向上的流动性还引起了水体中许多资源的流动性，例如生活在水体中的鱼类等生物资源，这又要求人们能动地利用海域资源。与此同时，当这种流动性作用于环境污染物时，也就带来了环境影响的空间关联性，一个海域的污染物不仅影响本海域的自然环境和开发效益，还会通过水体流动性使得邻近海域、毗邻大海甚至全球大洋受到污染物流动干扰。由于没有明显的物理边界将不同层用海活动隔离开,因此需要从更大尺度考虑区域开发利用活动的相互影响。

(二)海域资源分布的数量有限性与功能多样性

海洋面积占地球总面积的70%左右,沿海国所管辖的海域面积是由《联合国海洋法公约》所决定的,因此海域资源二维平面的面积是不变的。从纵向包含的资源内容来看,大多数空间资源的位置是固定的,蕴含于其中的资源也是有限的,例如海岸带资源、底土空间资源、岛礁资源、海底矿产资源等,这就要求人们要节约、集约地利用有限的海域空间资源。海域空间资源具有多功能性是指同一区块的海域在立体空间的不同层面上拥有不同类型的资源,例如水体资源、海洋生物资源、非生物资源等,可以满足人类多重需要,如水体资源中的各种生物资源可以满足人类的生存需要,海水浴场和海岸带风光等旅游资源用以满足人们的生活需要,海水淡化、底土空间等用于人们的发展需要,化学资源、海洋能源以及矿产资源等用以满足人们的生产需要等。

(三)海域资源分布的自然分层性和层叠交叉性

海域空间所蕴含的各种资源分布于一个由水面(包含上方一定高度的空间)、水体、海床和底土等所构成的立体空间之内。由于地质构造及自然条件的选择,各种资源形成了自上而下的自然分层特征,不同层面的资源按照一定的客观规律,相互依赖、相互制约、相互影响,任一层面的资源不能脱离其他层面的资源而单独存在,亦即海域空间资源的自然分层并不能割裂其整体性。因此,不同层面的海域空间资源又具有层叠交叉性。例如,就同一海域区块而言,其中包含的水体资源、化学资源、渔业资源、休闲旅游资源、港航资源、油气资源及矿产资源等都层叠交叉于这一区块,各种资源之间存在着历史的继承性和自然条件的相互依存性。这种层叠交叉性决定了同一区块的海域空间资源资产化的复杂性和海域空间资源开发管理的综合性、协调性与战略性。

(四)海域资源分布的表面均质性和质量差异性

陆地表面的地段是地形、气候、植被、水文等各要素相互作用的自然综合体,相互区别并各具特色。海洋表面则是由同一水平面的、化学组成趋近的海水全面覆盖,除了低潮裸露的近岸潮间带和某些岛屿密布的海域外,绝大部分海域为性质单一的海洋水体。海水的极强包含性、溶解力和流动性,抚平了局部海域间在物理、化学性质和生物分布上的众多差异,使得海域表面呈现一定程度的均质性。但受地质、地貌、水文、光照、温度等差异的影响,海域空间资源质量也存在自然差异性。即使是同一地带的海域空间资源,由于资源生态系统的动态运动和不断变化,空间资源组合也不一定保持不变。海域的生境变化、地质构造的不稳定性,以及人为因素对海域自然属性和生态环境的改变,都会导致海域资源分布的不均衡性。

(五)海域开发利用的互利性和冲突性

海域资源自然分层性和层叠交叉性的分布特征决定了在各种资源的开发过程中既存在互利性,也具有冲突性。只有通过科学合理的规划,海域空间资源才可能同时进行开发利用而互不干扰,如水面及以上一定高度可以建设跨海大桥,水面和水体可以开辟海上航道以及海上观光旅游,海水水体可以用于水产品的增养殖以及潮汐能、波浪能等海洋能源的开发和化学资源的提取等,海床可以铺设各种通信及运输管线或管道,底土向下一定空间可以开挖海底隧道或海底仓库,再向下可以开采各种矿产和油气等资源。但是,海域空间资源的多功能性又决定了其开发用途的差异性,不同层面的资源具有不同的经济价值,可以用于不同的目的。沿用上例,在同一海域区块的空间上:水面上空架设跨海大桥,水面进行海上观光旅游,水体进行海水养殖或海水淡化或化学物质的提取,底土进行油气资源和矿产资源开采或用作建设海底仓储空间或海底隧道等。由于同一区块的海域空间兼有多种用途,这势必在同一时间段上造成同一区块海域空间资源开发的冲突性。更为重要的是,这种空间资源开发的冲突性可能会造成海域环境的恶化。例如,海砂资源的开采在一定程度上会损害底栖海洋生物及其生境,生境的改变又会影响海水水体资源的质量,进一步影响到生物资源的生存和水产养殖活动以及旅游资源的利用。因此,海域空间资源开发利用要综合考虑各类资源的需求情况,使海域资源的立体开发利用符合国家的整体战略利益。

(六)海域开发利用的多目标性和综合协调性

海域空间立体利用针对的是整个用海单元,而各用海主体对海域空间资源的分配与使用的目标是不同的。市场机制下的海域空间资源利用受经济利益驱动,往往造成海域空间资源的过度开发和海域环境的破坏。因此,在对海域空间资源进行立体分配与利用时,必须对各方面利益目标进行协调与平衡,不仅要考虑海域资源使用者的利益,还要关注海域生境的保护,同时还要考虑到海域资源的其他相关者(尤其是区块海域当地居民)的利益诉求,强化资源资产化管理的目标,从整体角度和综合目标方面对海域空间资源的利用方式及空间利用结构进行全方位的调整。海域空间资源的多用途性往往导致资源利用在空间上产生各种矛盾和冲突,这些冲突的表现形式、产生原因和解决机制往往各不相同,必须通过相应的综合性海洋空间规划来进行综合协调。海洋空间规划作为海洋发展政策在地理空间的表达,亟须在国家空间规划思路和要求下开展"多规合一",加快海洋综合管理模式和管控政策的调整,以适应新时代海洋经济高质量发展的要求。

1.4.4 海域开发利用的发展形势

由于海域开发技术及思想意识的限制,我国对海域空间的开发利用经历了上千年较为单一的海域立体空间开发过程。直到20世纪末,随着现代海洋技术的快速发展,涌现出一系列新兴海洋产业,人类对海洋的开发不再是以往那样仅限于水面和水体等较为单一的海域空间,对海域空间资源利用的程度不断深化,可利用的海域空间资源日益广泛,相关价值和功能发挥得也更加充分。

(一)空间单一利用阶段

在历史上,由于人们对海洋资源认识的局限性和海洋技术与设备的落后,对海洋的开发利用无论在深度上还是广度上都比较有限。尽管在一些朝代中出现过海洋开发的繁荣景象,例如,汉代的海上丝绸之路、唐代的潮汐推磨小作坊、宋代繁荣时期的海外贸易、明代七下西洋的郑和船队,但这些仅是历史上少有的深入利用海洋的事例,且局限在一定规模范围内,也没有持续下去。到清末、民国时期,当一些西方国家对海洋的战略重视已经凸显出来的时候,我国由于闭关锁国、内忧外患等因素,海洋开发的步伐依旧停滞不前,人们对海洋的开发利用仍处于海水晒盐、近岸捕捞及近海航行等初级阶段,一直到中华人民共和国成立后的几十年里,开通的全球性航线也都寥寥无几,海外贸易更是没有形成规模,依然没有脱离"鱼盐之利,舟楫之便"的用海情况。海域开发仍然保持在水面和水体较为单一的层面。

(二)空间立体利用阶段

进入21世纪,面对全球性的人口剧增、陆地不可再生资源逐渐枯竭和环境污染依然严峻等问题,人们已逐渐认识到海域资源是人类赖以生存和发展不可或缺的物质和环境条件,发展海洋经济已成为我国的重要战略。海洋开发利用的深度和广度正以更快的速度向前拓展,海域空间资源的有限性逐渐凸显,资源瓶颈约束日益突出。据统计,海岸线向海1千米范围内的海域开发利用强度已超过80%,这不仅加剧了空间利用矛盾,也增加了海洋工程尤其是海底电缆管道、跨海大桥、海底隧道等线性基础设施建设选址的难度。因此,海域空间资源的"立体化"开发利用新模式已成为现实需要。

海洋开发从传统的渔业用海、盐业用海以及小规模的交通运输用海等较为单一的用海类型,逐渐发展为渔业用海、工业用海、交通运输用海、旅游娱乐用海、造地工程用海、海底工程用海等分类齐全、多层次纵向拓展空间趋势明显的立体用海。"光伏+养殖""海底电缆管道+港池/桥梁"等多种海域立体分层利用模式得到广泛应用,例如,海底隧道向底土以下扩展了空间,充分利用了海域底土资源,不妨碍海上航线,不影响海洋生态环境,成为技术成熟情况下的一种非常安全且全天候的海底通道,大大缩短了两地陆路间的距离;跨海大桥充分利用海水表面以上一定空间,也显著缩短了两地陆路间的距离,节约了时间。海域立体开发利用成为释放海域资源要素潜能和破解重叠用海问题的有效路径。

第二章

海域资源资产产权制度

2.1 自然资源资产及产权制度

2.1.1 自然资源价值理论

（一）自然资源的价值

马克思劳动价值论认为，人类的一般劳动是价值的唯一源泉，但不是财富的唯一来源。自然资源的稀缺性增强，为了维持人类生存和可持续发展，必然要投入劳动到自然资源中，以维护自然资源的良性循环，自然资源即具有了价值。自然资源价值是由人类劳动投入产生的实际价值和自然资源本身的价值两部分构成，它们的总和反映在一定期限内自然资源的市场价格上。那么，我们可以定义，自然资源的市场价格是在一定期限内自然资源的价值反映。但是，自然资源的市场价格会受到供求关系等的直接影响，不完全是自然资源真正的价值，比如会受到自然环境、生态等系统平衡关系的影响。

（二）自然资源的产品属性

"自然资源具有价值"这一观点逐步被印证。我国提出"生态文明建设"重要战略，这不仅具有前瞻性，而且是站在人类可持续发展的战略高度上提出的。这一战略的提出，为自然资源增加了产品的属性：第一，自然资源拥有了保护与发展相协调的意识形态；第二，增加了人类生存与活动的交换意愿，自然资源具有了使用价值和交换价值；第三，自然资源的稀缺性不断增强，在一定期限内，满足了供求的平衡关系。因此，我们可以称其为自然资源产品或生态产品。

2.1.2 自然资源资产产权制度内涵

自然资源资产产权制度，是生态文明制度体系中的基础性制度，关系自然资源资产的开发、利用、保护等各方面，是自然资源的所有、使用、经营等法律制度的总称，主要包括自然资源的所有权制度、自然资源的使用权制度、自然资源的经营权制度等。

（一）产权的基本要素和基本属性

所谓产权，就是财产权的简称，是法定主体对财产所拥有的各项权能的总和，或者是指一定经济主体依法对特定经济客体（资产）所有、使用、处分并获取相应收益的权利。

产权有三个基本要素：一是产权主体，即享有或拥有财产所有权或具体享有所有权某一项权能以及享有与所有权有关的财产权利的人（自然人、法人）、单位、组织或国家；二是产权客体，即产权权能所指向的标的，亦即产权主体可以控制、支配或享有的具有经济、文化、科学等价值的物质资料以及各类无形资产；三是产权权利，即产权主体依法对产权客体行使的一组权利和享受的相应利益。产权权利是产权的核心，由一系列的权利构成，包括所有权、使用权、收益权和处分权，这些权利又往往被称为"权利束"。其中,所有权是指在法律范围内,产权主体把财产作为自己的专有物,排斥他人随意加以侵夺的权利,是产权的核心权利;使用权是指产权主体在法律范围内使用财产的权利,包括改变财产的形态和性质;收益权是指产权主体获得财产收益的权利,包括直接使用财产获得的收益以及出租或转让财产获得的收益;处分权是指把上述权利中的部分或所有权利转让给其他经济主体的权利,是体现产权完整性的最重要的一项权利。

从一般意义上来说,产权最基本的属性包括排他性、有限性、可分解性和可转让性(图 2.1-1)。

(1) 产权的排他性

产权的排他性就是产权主体在行使产权时,对其他经济主体行使同一财产的相同产权的排斥性,排他性是所有者自主权的前提条件。诺斯指出,"产权的本质是一种排他性的权利,在暴力方面具有比较优势的组织处于界定和行使产权的地位,产权的排他对象是多元化的,除了一个主体外,其他一切个人和团体都在排斥对象之列"。虽然排他性是产权的基本属性,但是并不是所有产权都具有绝对的排他性。根据排他性程度的高低,产权可以分为私人产权和公共产权。私人产权的所有者有权排除他人行使该产权,而公共产权是由共同体的所有成员分享同样的产权,因此在共同体内部某一成员行使产权并不排斥其他成员行使该产权,但是对于共同体外部的经济主体具有排他性。

(2) 产权的有限性

虽然产权是一种具有排他性的权利,但是产权不可能成为一种完全不受限制的权利,产权的有限性是产权的另一项基本属性。产权的有限性包括两个层面的限制:一是各个产权主体所拥有的权利必须具有明确的边界,也就是不同产权主体之间的权利必须有明确的界限,否则产权主体就不能排他地行使产权,产权主体的权益就无法得到保证。产权边界的明确不仅是指不同产权主体对应的产权客体之间的界限要明确,还包括对同一产权客体的不同权利在产权主体之间的划分也要有明确的界限。二是产权主体行使产权总是处于一定的政治环境、经济环境和自然环境之中,必然受到国家的法律制度、经济发展水平和自然资源条件等各方面外部因素的限制和约束。

(3) 产权的可分解性

产权的可分解性是指产权作为可以分解的一束权利,其所包含的各种权利可以由不同的产权主体分别拥有。产权不仅可以分解为所有权、使用权、收益权和处分权四项基本权利,还可以根据不同的情况从不同角度进行分解。比如可以把产权分解为所有权、管理权和经营权等权利,使所有权、管理权与经营权分属于不同的经济主体,发挥管理者和经营者在管理和经营方面的特长,提高财产的利用价值。同时,从产权中分解出来的权利还可以进一步细化分解,比如对于有多种用途的财产,其使用权又可以根据不同用途进行分解,不同产权主体可以在互不干扰的前提下,分别拥有按照某种特定用途使用该财产的权利;又如对于可能通过多种途径产生收益的财产,可以对收益权进行分解,使不同产权主体按照收益产生途径的不同分别拥有收益权。随着社会化大生产的发展和专业化分工的深化,产权的可分解性体现得越来越明显。

(4) 产权的可转让性

产权的可转让性指的是产权主体有权将其所持有的产权通过出售、捐赠等方式转让给其他经济主体。这一特点的存在,为产权的流动和资源的优化配置提供了可能性。产权的可转让性以产权的排他性和有限性为前提。这意味着产权主体必须享有排他的、有限的产权,才能进行产权的转让。这种排他性和有限性确保了产权主体在转让过程中的权益得到保障,同时也为产权市场的形成和发展提供了基础。根据转让内容的不同,产权转让可以分为整体产权转让和部分产权转让。整体产权转让是指将包括所有权在内的一切对于该财产的权利全部转让给其他主体,这种转让通常是永久性的,原产权主体不再享有任何索回产权的权利。部分产权转让则是通过产权的可分解性,将产权权利束中的一部分权利与所有权相分离,并转让给其他主体。这种转让的期限可以由双方协商确定,既可以是永久性的,也可以是有期限的。无论是整体产权转让还是部分产权转让,其直接目的都是获取更高的利益。通过产权的转让,原产权主体可以实现其资源的优化配置和利益最大化,同时新的产权主体也能获得相应的权益和利益。这种转让过程不仅提高了财产的使用效率,还有利于实现各种资源在全社会范围内的优化配置。

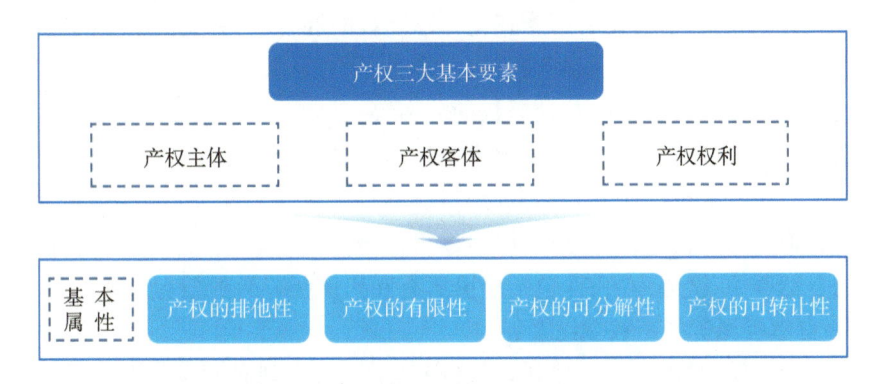

图 2.1-1 产权的基本要素和基本属性

(二) 资源产权研究的提出

英国经济学家罗纳德·科斯在 1960 年发表的《社会成本问题》一文中提出:只要财产权是明确的,并且交易成本为零或者很小,那么无论在开始时将财产权赋予谁,市场均衡的最终结果都是有效率的,能实现资源配置的帕累托最优。科斯的这些观点被后来的学者们称为"科斯定理",科斯定理提供了一种通过市场机制解决外部性问题的新思路和方法。它强调了产权的重要性,认为只要产权明确,并且交易成本足够小,那么市场就可以通过谈判和交易达到资源的最优配置。科斯定理还进一步指出,一旦考虑到交易成本,产权的初始界定对于经济运行的效率就会产生十分重要的影响。这意味着不同的产权制度会导致不同的资源配置效率。因此,科斯定理不仅提供了解决外部性问题的思路和方法,也强调了产权制度在资源配置中的重要性。

美国学者哈丁于1968年在《科学》杂志上发表了一篇题为《公地悲剧》的文章,提出了经济学上的"公地悲剧理论",指出在公共资源的利用中,如果缺乏有效的管理和约束机制,个体的自私行为可能会导致公共资源的过度使用和枯竭,从而对整个社会造成负面影响。具体来说,公地悲剧理论以美国资本主义经济体系为分析背景,认为当产权不清、人口与资源关系不协调时,不受管理的公地终将造成环境悲剧。因此,若要避免"公地悲剧",必须对公共资源的产权进行明确界定,建立实施有效的产权制度,对资源的使用进行管理和监督。

美国学者泰瑞·安德森和唐纳德·利尔在合著出版的《从相克到相生:经济与环保共生策略》一书中提出通过产权制度来解决环境保护问题的思想。作者认为环境(即狭义的与广义的自然资源)是一种资产,围绕环境资源可以建立起有效、界定明确的产权制度。这样,环境资源的所有者可以通过自由市场机制来确保经济与环保的共生,实现环境资源的优化配置,达到经济发展和环境保护的目的。这种对环境资源资产产权进行明确界定并放任产权市场自由交易的管理方式被称为"自由市场环境主义"。

(三)自然资源产权分类

所谓自然资源产权,是指自然资源所有、占有、收益和处分权利的总和。自然资源产权往往具有如下特性:以固定资产产权为主,尤其表现为不动产产权;以物权为主,同时也表现为债权及股权;是有形产权与无形产权的混合;具有突出的空间毗邻性、时间关联性和类别关联性特征;权利束的可分离性,即往往发生自然资源所有权与使用权、收益权的分离,以及所有权与处分权的分离等。

自然资源产权,按资源种类可分为土地产权(地权)、水资源产权(水权)、矿产资源产权(矿业权、矿权或矿产权)、森林资源产权(林权)、其他资源产权,其中土地资源产权往往是其他资源产权的载体;按产权主体可以分为公有、私有、共有,在我国没有私有产权的自然资源,全部为公有,包括全民所有和集体所有两种公有形式。

(四)自然资源资产产权制度及特点

所谓产权制度,是以产权为依托,对财产关系进行合理有效组合和调节的制度安排。产权制度的作用就在于赋予产权主体占有的合法性,明晰产权主体及其关系,激励产权主体高效率利用和有效保护资产。自然资源资产产权制度,是关于自然资源资产产权主体结构、主体行为、权利指向、利益关系等方面的制度安排,亦可理解为关于自然资源资产产权的形成、设置、行使、转移、结果、消灭等的规定或安排。

(1)全民(集体)所有:我国自然资源资产产权制度的根本特征是自然资源资产公有(全民所有和集体所有两种形式),全民或集体共享自然资源资产的福利,自然资源资产福利接受全民或集体的监督。

(2)归属清晰:自然资源资产产权制度要求明确界定资源的所有者,确保资源的产权归属清晰。这有助于避免产权纠纷和争议,为资源的有效利用和保护提供基础。

(3)权责明确:自然资源资产产权制度不仅明确资源的所有者,还规定了所有者和其他相关方的权利和责任。这有助于确保各方在资源管理和保护方面履行其职责，促进资源的可持续利用。

（4）保护严格：自然资源资产产权制度强调对资源的严格保护，要求所有者和其他相关方在资源利用过程中遵守环境保护法律法规，确保资源的生态价值和经济价值得到有效平衡。

（5）流转顺畅：自然资源资产产权制度允许资源的产权在合法合规的前提下进行流转。这有助于实现资源的优化配置，同时也为所有者提供了更多的选择和机会。

（五）自然资源资产产权制度的重要性体现

自然资源资产产权制度，是生态文明制度体系中的一项基础性制度，是社会主义公有制的实现形式，完善了社会主义宏观调控的手段方法。其重要性具体体现在以下几个方面。

其一，明确产权归属。自然资源资产产权制度要求对水流、森林、山岭、草原、荒地、滩涂等自然生态空间进行统一确权登记，直接关系到自然资源资产的归属关系是否清晰、主体责任是否清晰、主体权利是否明确、主体利益能否实现，从而关系到自然资源资产能否得到有效的保全、能否得到合理的利用、能否实现应有的效果，关系到自然资源资产的增值或贬值，进而关系到国家和民族生存和发展必不可少的自然资源基础能否得到维系和加强。

其二，促进资源保护和合理利用：通过明确界定自然资源的产权归属和权责关系，确立资源所有者和使用者的权益和义务。产权主体有动力去保护和管理自己的资源，减少资源的无序开发和浪费，鼓励所有者更加关注资源的长期价值，并采取可持续的管理和保护措施。通过自然资源产权交易市场，可以引导资源流向更有价值、更有效率的使用者，同时给予所有者合理的经济回报，激励其更好地管理和保护资源，实现资源的优化配置和高效利用。

其三，推动生态产品价值实现：生态环境本身亦可视作广义自然资源资产的重要组成部分。鉴于多数生态环境问题往往是由自然资源开发利用保护不当所引致，因此，自然资源资产产权制度还关系到大气、水、土壤环境以及田、草场、森林、水域及海洋等生态系统能否有效得到保护和改良。通过明确生态产品的产权归属和价值评估机制，可以推动生态产品的市场交易和生态补偿等机制的建立，从而实现生态产品的经济价值和社会价值。

2.1.3 自然资源资产收益分配

在我国，自然资源属于全民所有，各级政府是自然资源资产受委托方，也就是说，自然资源资产是全人民参与收益分配的基础，获取其收益分配是必须的，而且随着资源稀缺性的增强，收益分配比例应增加。

自然资源资产收益分配在本质上体现为一种财产权关系。这种财产权关系，就其一般而言，是自然资源资产所有者、占有使用者和经营管理者之间的经济利益关系。

在我国现行自然资源资产管理体制下,这种财产权关系具体表现为中央政府与地方政府自然资源资产收益分配关系、国务院国有资产监督管理委员会与资源型国有企业之间的经济利益关系。

(一)收益分配主体

关于自然资源资产收益分配的主体,即指"谁获得收益、谁进行分配"的问题。理论上,收益分配的主体应该是拥有自然资源资产财产权的全体人民,实践中,则由中央政府和地方政府为代表。通常,自然资源资产可以为财产权利主体带来可观的经济效益,因而,自然资源资产的所有者、占有使用者和经营管理者都是其收益分配主体的一份子。同样,依据投资者拥有产权的原则,有中央政府与各级地方政府为所有者代表出资的资源型国有企业的收益分配主体依然是其所有者代表,凭借收益分配规律确定收益分配形式、分配顺序及方式。

(二)收益分配客体

关于自然资源资产收益分配的客体,即指"分配的是什么"的问题。这里应指通过对自然资源资产的开发利用而带来的全部收益,既包括初次补偿收入(土地出让金、矿业权出让收益、海域使用金、增值税等)和追加补偿收益(资源税),也包括自然资源资产投入生产使用的投资回报(企业所得税、税后利润、股利),这三者都属于收益分配客体的范畴。

(三)分配受益对象

要想从自然资源资产收益中享受经济回报,拥有权利是前提条件。通常来讲,越靠近自然资源资产主体的利益中心,享有的分配利益越多;越远离自然资源资产主体的利益中心,享有的分配利益越少。原则上,其收益分配应遵循全民共享,但实际操作上或有偏向性。譬如自然资源资产收益通过一般公共预算、政府性基金预算或国有资本经营预算,向社会提供社会医疗、教育及文化事业等公共产品,服务于全体人民。但在利益分配的过程中,相比于中西部地区居民,东部沿海地区居民受益会更多。因此,收益分配在实践中更需注意公平性,简而言之,"取之于民,用之于民"是我国的基本国策。"取"的是人民的自然资源,通过对自然资源的经营管理,形成自然资源资产,其收益部分受益于人民。但由于经济的快速增长和索取式的资源使用方式,加之自然资源价值体现不足,落后于经济增长速度,导致自然资源资产收益分配失衡。从而进一步造成了一般性机会成本失调。这不利于自然资源可持续利用,也不利于自然资源资产的保值增值。

(四)收益分配方式

收益分配方式主要涉及自然资源财产权主体如何获得收益的问题。在我国,自然资源资产的收益实现途径主要是出让、出租或作价出资三种方式。其中,出让方式带来的有些是一次性收益,有些则是持久性收益,属于长期出让自然资源资产使用权或开发权,包括国有土地使用权、矿业权、海域使用权、水资源开发权等权利。出租方式是对自然资源资产的使用权实行租赁,对租赁者收取租金收益。作价出资是政府将自然资源资产折股,评估其价值并折合为股份,组建资源型企业,属于资本化投入。

(五) 收益分配表现形式

自然资源资产收益分配的表现形式大致分为五类:租、税、费、利、金。具体来讲,"租",即政府凭借产权主体的身份,因出让、出租自然资源资产而获得的收益。"税",顾名思义指"税收",从公共财政的角度看,税收是由于政府的政治职能、经济职能、社会管理职能需要一定的财力支撑,依据相关法律规定及标准对纳税人的收入实行强制征收的一种手段。"费",主要指政府向特定对象提供特定服务所收取的行政性费用。"利",是指自然资源资产作价出资或折股参股的企业凭借国有资本的所有权,即出资者所有权,而获得的税后利润、股息、红利、股权转让收入和依法取得的其他投资收益,其本质是政府作为所有者享有由自然资源资产形成的资本衍生出的利益剩余所有权。"金",则是指与各类资源相关的基金,如国有土地收益基金、农业土地开发基金、石油特别收益金、船舶油污损害赔偿基金等。

(六) 资产化管理与资源化管理

在相当长的一段时期,我国对自然资源秉行资源化管理,即政府替代市场配置,以行政手段为主对资源进行直接管理。这种单纯将自然资源作为基本生存资料,只侧重资源的使用价值管理,忽视其资产经济价值的做法,导致自然资源被掠夺性使用,在造成国有资源大量浪费的同时,生态环境也受到了严重破坏。随着市场经济改革的深入,人们逐步认识到,以行政划拨手段为主的实物性管理模式对国有资源的配置存在明显的缺陷。因此,强化国有资源的资产化管理是解决现实矛盾的现实选择和重要途径。

资源资产化管理是指将资源看作资产或是资本,遵循自然规律及经济发展规律,按产权管理原则对其进行投入产出管理,实现收益增值。无论是对资源的开发,还是在资源生产、再生产环节,皆要依照市场经济规律实施产权管理。值得注意的是,一些资产化管理的研究表现出模糊笼统的倾向,无视自然资源的差异性,不少拥趸提倡一切自然资源都应实行资产化管理。但资源性资产存在其独有的特殊性,一是稀缺性,二是功能性。自然资源资产与其他物质资产的不同之处在于它不仅具有经济价值,更有同等重要的社会价值。因此,自然资源资产化管理应当分类制定不同的管理目标,实施不同的管理制度。

2.2 海域资源价值形成原理

海域资源价值是由海域资源的使用价值决定的,海域资源的使用价值则由海洋的基本功能所决定。人类活动对海域资源的使用主要体现在空间使用、污染净化和生态功能服务三个方面。

我国对海域空间的使用历史已久,秦朝以来,我国对海域空间的探索不断深入。随着航海技术的进步,远洋贸易日益繁茂。这是海域空间使用的基础,逐步形成了交通运输业、海防、抗灾等海洋事业。现如今，我国对海域空间的使用不仅于此，在保障交通运输的同时，以利用海域资源属性的使用方式为海域空间使用主要方式。因此，空间资源要素是影响海域资源价值的基本要素。

海洋的污染净化对人类生存环境的调节和消化起着重要作用，这也是人海和谐发展的基础。人类活动对海洋污染净化功能的使用，是工业文明形成后出现的。目前，人类向海资源的索取日益旺盛，对资源开发强度的不断加强，带来的是海洋污染净化压力也在不断增加，当海洋污染净化的承压能力不足时，将对人类生活造成巨大影响。海洋环境质量是海洋污染净化能力的反映，环境要素是海域资源价值的影响要素。

随着人类对"人海和谐"这一发展的追求不断深入，以及生态文明价值观的形成，生态功能服务已经成为人类生存的福祉。新形势下，海洋生态系统为人类提供了许多重要的生态服务功能，如气候调节、生物多样性维护、生物保育等。因此，生态要素同样是海域资源价值不可缺少的影响要素之一。

空间资源要素、环境要素和生态要素三者的关系是：环境要素的质量和生态要素的健康受到空间资源要素的直接影响，而空间资源要素的供给受到环境要素质量和生态要素健康的间接影响。需要指出的是，除此之外，空间资源要素的供给受到经济发展的直接影响。

综上所述，海域资源价值受到空间资源要素、环境要素和生态要素的共同影响，但其影响程度不同。价值影响要素的使用顺序在一定程度上体现出了对价值的影响程度。由此推出，海域资源价值的基础是空间资源的占用，经济发展状况、环境要素质量和生态要素健康作为海域资源价值的调节因素。

2.3　海域资源资产与产权制度

2.3.1　海域资源资产产权制度的指导意见

由《海域使用管理法》得知，海域使用权具有排他性，对于使用海域资源的主体来说产权明晰，具有产权属性。但是，对于未利用海域资源的产权并不明晰。2019年，中共中央办公厅、国务院办公厅联合印发《关于统筹推进自然资源资产产权制度改革的指导意见》（下文简称《指导意见》）。

《指导意见》第四条提出：健全自然资源资产产权体系。适应自然资源多种属性以及国民经济和社会发展需求，与国土空间规划和用途管制相衔接，推动自然资源资产所有权与使用权分离，加快构建分类科学的自然资源资产产权体系，着力解决权利交叉、缺位等问题。处理好自然资源资产所有权与使用权的关系，创新自然资源资产全民所有权和集体所有权的实现形式。落实承包土地所有权、承包权、经营权"三权分置"，开展经营权入股、抵押。探索宅基地所有权、资格权、使用权"三权分置"。加快推进建设用地地上、地表和地下分别设立使用权，促进空间合理开发利用。探索研究油气探采合一权利制度,加强探矿权、采矿权授予与相关规划的衔接。依据不同矿种、不同勘查阶段地质工作规律,合理延长探矿权有效期及延续、保留期限。根据矿产资源储量规模,分类设定采矿权有效期及延续期限。依法明确采矿权抵押权能,完善探矿权、采矿权与土地使用权、海域使用权衔接机制。探索海域使用权立体分层设权,加快完善海域使用权出让、转让、抵押、出租、作价出资(入股)等权能。构建无居民海岛产权体系,试点探索无居民海岛使用权转让、出租等权能。完善水域滩涂养殖权利体系,依法明确权能,允许流转和抵押。理顺水域滩涂养殖的权利与海域使用权、土地承包经营权,取水权与地下水、地热水、矿泉水采矿权的关系。

《指导意见》第五条提出:明确自然资源资产产权主体。推进相关法律修改,明确国务院授权国务院自然资源主管部门具体代表统一行使全民所有自然资源资产所有者职责。研究建立国务院自然资源主管部门行使全民所有自然资源资产所有权的资源清单和管理体制。探索建立委托省级和市(地)级政府代理行使自然资源资产所有权的资源清单和监督管理制度,法律授权省级、市(地)级或县级政府代理行使所有权的特定自然资源除外。完善全民所有自然资源资产收益管理制度,合理调整中央和地方收益分配比例和支出结构,并加大对生态保护修复支持力度。推进农村集体所有的自然资源资产所有权确权,依法落实农村集体经济组织特别法人地位,明确农村集体所有自然资源资产由农村集体经济组织代表集体行使所有权,增强对农村集体所有自然资源资产的管理和经营能力,农村集体经济组织成员对自然资源资产享有合法权益。保证自然人、法人和非法人组织等各类市场主体依法平等使用自然资源资产、公开公平公正参与市场竞争,同等受到法律保护。

之后,地方实施自然资源资产委托代理工作逐步落实,海域资源产权日益明晰,海域资源实施中央、地方分级管理:

一是填海造地,统一归国家管理;

二是资源开发类的海域资源使用,归国家管理;

三是国家公园、保护区归国家管理。

除此之外,归地方政府代理。

也就是说,海域资源产权主体是国家和地方政府,用海主体是海域资源的使用权主体。

2.3.2 海域资源资产的产权特征

(一)海域资源资产具有唯一的所有权主体

海洋资源资产的所有权主体是特定的、唯一的。《中华人民共和国民法典》(本书后文简称《民法典》)第二百四十七条规定:"矿藏、水流、海域属于国家所有";另第三百二十八条规定:"依法取得的海域使用权受法律保护"。《海域使用管理法》第三条规定:"海域属于国家所有,国务院代表国家行使海域所有权。任何单位或者个人不得侵占、买卖或者以其他形式非法转让海域。单位和个人使用海域,必须依法取得海域使用权"。

《民法典》和《海域使用管理法》以法律形式明确界定了我国海域资源所有权的归属。我国海域资源的所有权主体只有一个，就是国家。有别于土地资源的全民所有和集体所有，国家对于海域资源享有独占的支配权，除了国家之外，任何单位和个人在任何情况下都不能成为海域资源的所有者。国家作为海洋海域的所有者，依法享有占有权、使用权、收益权和处分权，其他任何组织和个人不得妨碍和干涉。

（二）海域资源资产的社会公益性

海域资源产权的社会公益性是指海域资源作为社会公共资源，所有权属于国家，不同于私人所有权，其产权的界定、配置和管理应该体现社会公共利益。海域资源的产权制度必须综合考虑全社会的经济效益、社会效益和生态效益，不能仅以个别主体的经济效益为目的而随意设置排他性的支配权，应确保公众对海域资源的平等使用权和收益权，防止资源被少数人或特定利益集团垄断或滥用。同时，海域资源产权制度应该注重生态环境的保护，防止过度开发和污染行为对海洋生态系统造成破坏。

（三）海域资源资产的所有权与使用权相分离

海洋资源资产具有特定的所有权主体，决定了海洋资源资产的所有权必须与使用权相分离。海域资源资产所有者是国家，国家有权行使占有、使用、收益和处分四项权能。但是国家是一个虚置的所有者，不能从事任何活动，也不能承担任何责任，只能把所有权委托给政府有关部门代理行使。而政府机关的职能是行政管理，并不具备直接经营和利用海域资源资产的能力。所以只能将海洋资源资产的所有权与使用权分离，把使用权有偿出让给能发挥海域资源资产价值的使用者，才能给所有者带来效益。

（四）海域资源资产的不易分割

海洋资源包含了海洋空间资源、生物资源、矿产资源以及其他可再生能源。海洋空间资源是其他海洋资源开发利用活动的载体，比如海洋生物资源的捕捞和养殖、海洋矿产资源的开采等都不能避免对海域空间资源的占用。由于海域空间资源的载体特质，所以海域空间资源资产产权经常与其他海洋资源资产产权有密切关联，难以清晰、彻底地划分彼此的界限。

（五）海域资源资产的产权结构复杂性

海洋结构和海洋资源的多样性决定了其产权结构的复杂性。海域空间资源在自然条件和社会条件上的差异化使其有多种不同的利用方式，如海岸与海岛空间资源可用于发展工业、农业、城市建设、港口等，海面空间资源可用于开辟航道、建设人工岛、建设海上机场等，水体空间资源可为渔业生产及水下交通提供空间，海底空间资源可用于铺设海底电缆、输油管道、海底隧道等。因此，海洋资源资产可以在三维立体空间内进行细分。并且，针对不同用途需要对海洋资源资产产权进行特定的权利分解。

2.3.3 海域资源资产的产权界定

海域资源资产的产权界定，是指由产权界定主体按照一定的法律法规或契约来确认海域资源资产的产权主体和产权客体，明确在各产权主体间如何划分海域资源资产产权,以及确定各产权主体之间的权利和义务关系的特定行为。海域资源资产产权界定按照产权属性的不同,可以分为海域资源资产所有权界定、使用权界定、收益权界定和处分权界定。

(一) 所有权界定

海域资源资产所有权是指海域资源资产的终极归属权,是产权关系的核心。所有权界定就是要解决海域资源资产归谁所有的问题。它包括所有权主体和所有权客体界定,即确定某些特定的海域资源资产归属于哪个经济活动主体。所有权界定是海域资源资产产权界定的基础。所有权主体一般还被赋予了界定由该所有权派生的其他各项产权的权利,可能成为其他各项产权界定的主体。海域资源资产产权的主体是全体人民,中央和地方政府代为管理,即我国海域资源资产产权实行委托代理制。

(二) 使用权界定

使用权界定只有在海域资源资产所有权与使用权相分离的情况下才有意义。海域资源资产使用权界定包括两个层面的含义:一个层面是使用权主体和使用权客体的界定,就是确定哪些经济活动主体有权支配和利用哪些特定的海域资源资产;另一个层面是明确使用权主体和所有权主体权利分割的界限,即所有权主体保留哪些权利,出让给使用权主体的有哪些权利,还包括所有权主体对使用权主体的权利的约束和限定,如海域资源资产所有权主体可以根据海洋空间资源利用的具体方式对使用权主体提出生态环境保护和限制排污等方面的要求。

(三) 收益权界定

海域资源资产收益权是获取资产开发利用收益的权利,是产权行使的最终目的。海域资源资产收益权是资产所有权和使用权的延伸,所有权主体和使用权主体都应当享有从海域资源资产的开发利用中获取经济利益的权利。收益权界定就是用于解决海域资源资产收益如何在所有权主体和使用权主体之间进行分配的问题。赋予海域资源资产使用权主体合理的收益权可以更好地激励使用者提高资源开发利用效率。同时,所有权主体应保留部分收益权,包括对使用者留利进行控制、支配的权利。

(四) 处分权界定

海域资源资产处分权包含资产的让渡和变更等权利。处分权的初始主体就是所有权主体,但在所有权主体出让使用权的同时,必然也将部分处分权出让给了使用权主体。处分权界定就是用来解决海域资源资产所有权主体将哪些处分权出让给使用权主体的问题。通常海域资源资产所有权主体应当对一些重大处分权有所保留,比如决定整体资产的转让、委托等重大变动的权利。

2.3.4 海域资源资产的产权要素

完整的海域资源资产产权制度必须有下列基本要素。

(一) 海域资源资产产权客体

产权客体是指作为产权持有者对其实施所有、使用、收益、处分等基本权利对象的财产。各项生产要素和自然资源，只有成为产权客体，才能通过产权制度在社会经济活动过程中进行配置，才能转化为生产力。海域资源资产产权客体代表的是产权持有者对海域资源资产价值的权利范围。

海域资源资产产权客体最基本的形式就是海域资源资产。海域空间资源属于民法上的"物"。民法上的物是指人们能够支配的物质实体和自然力。这里的"物"必须具备特定性和可支配性。在海域资源资产产权形成之前，由于受到认识能力和科技水平的限制，人们无法通过精确的测绘手段明确划分海洋空间资源的界限，于是海域空间资源不能"特定化"，也就不可能产生排他性的支配权。近年来，随着人类认识能力和科技水平的提高，海域空间资源的利用方式呈现多样化和复杂化，人们掌握了对海域空间资源的位置、界址、面积测定的能力，实现了海域空间资源的特定化，并形成了各种独立的排他的支配权，海域空间资源成为了民法上的物，也形成了海域空间资源产权最基本的产权客体。

在产权制度不断完善的过程中，海域资源资产产权的产权客体不仅仅局限于作为"物"的有形的海域资源资产，还包含了基于海域资源资产形成的各种无形的权利，比如海域资源资产的使用权。使用权在海域资源资产产权体系中具有两个层面的意义：一方面，使用权作为产权"权利束"中的一种权利，是构成海域资源资产产权权利层面的元素之一；另一方面，海域资源资产的使用权作为产权客体，使用权的持有者可以享有对于该使用权的占有、使用、收益、处分等权利，这体现了使用权在产权客体层面上的意义。产权客体的种类越多，形式越复杂，意味着产权内涵的深度越深，产权内涵的深度越深则产权就越完整。如果产权持有者拥有海域资源资产全部内涵的产权，产权持有者就必然努力从海域资源资产的所有特性和可能用途上实现其价值最大化；反之，如果产权持有者只拥有对海域资源资产的使用权，而对于其他产权客体所产生的价值没有权利，产权持有者就会忽略其他产权客体的价值，进而影响海域资源资产产权整体价值的发挥。

（二）海域资源资产产权主体

海域资源资产产权主体是指能够对海域资源资产实施一定权利的经济活动主体。海域资源资产的产权主体可以有多种形式，包括国家、各种法人以及自然人。

在商品经济不发达时期，资产所有权主体和使用权主体是统一的，所有权主体行使对资产的占有、使用、收益及处分的全部权能，因此所有权主体是唯一的产权主体。但是随着生产力和生产关系的不断发展，为了更大地发掘资产的价值，发挥专业化分工的优势，所有权主体可以借助于经济契约的手段把资产使用权出让给使用者，形成新的产权主体，占有、使用、收益和处分的权能在各产权主体之间进行分配，但使用权主体必须在服从所有权主体利益的基础上行使其产权。海域资源资产的所有权主体是在法律范围内排他性独占海域资源资产，通过占有、使用、收益及处分等方式利用海洋资源性资产，以实现所有者应享利益的经济活动主体。海域资源资产所有权主体是国家，是一个虚拟主体，本身并不具有行为能力。作为所有权主体，国家只具有名义上的意义,却掩盖了所有权的实际主体,使实际的所有权主体变得模糊。为了避免海域资源资产所有权虚置,国家必须委托相关政府部门代理其海域资源资产所有权主体的角色,才能构成完整的产权安排。

海域资源资产的使用权主体是通过所有权主体授权拥有对海洋资源性资产进行开发利用权利的经济活动主体,可以是自然人或者各种法人。使用权主体享有的权利有:第一,占有权。海域资源资产使用权主体对国家授权的海域资源资产进行实际支配、控制的权利,是使用权主体实现使用、收益等其他权能的基础。这里的占有不代表"据为己有",而是通过合法程序取得使用权后拥有的排他性支配。第二,使用权,是指使用权主体按照海洋空间资源的特性及契约规定的用途来开发利用海域资源资产的权利。第三,部分收益权,指海域资源资产使用者通过开发利用活动而获取适当资产收益的权利。第四,部分处分权,包括按照海域资源资产的利用规划进行相应的生产性建设,适当改变海域资源资产原有面貌的权利,以及对开发利用设施、设备等附属财产进行支配的权利。

所有权主体和使用权主体作为海域资源资产产权中最重要的产权主体,二者的关系可以概括如下:第一,使用权主体的形成必须经过所有权主体的合法授权。海域资源资产使用权主体必须首先得到所有权主体的许可,获得合法授权,才能取得使用权。这一点体现了所有权主体的自主性。使用权和所有权相分离是由所有权主体的意志决定的,而不是取决于使用权主体的愿望。第二,使用权主体的行为受到所有权主体的约束。虽然海域资源资产使用权主体和所有权主体在权能结构上有很多相似之处,但其本质内容还是存在区别的,使用权主体还是要受所有权主体的约束,在其授权范围内行使各项权能。第三,所有权主体通过把部分权能出让给使用权主体的途径实现了其收益权。所有权主体可以通过把海域资源资产使用权有偿出让给使用权主体的方式直接获取出让金的收益,也可以通过对使用权主体由于利用海域资源资产所获取的收益按一定比例进行分成的方式,间接地实现其收益权。第四,使用权主体具有相对独立性。使用权主体在取得海域资源资产的使用权后,只要在法律和合约的限定范围内,就能够独立地、排他地利用海域资源资产,其他任何人包括所有权主体,都不能干涉使用权主体行使自己的合法权利。

(三)海域资源资产产权持续时间

海域资源资产产权持续时间指的是权利在时间轴上延伸的长度。产权安排按照持续时间的差别可以分为两种情况:一种是永久性产权。比如海域资源资产所有权归属于国家,这种产权的持续时间可以是永久的。这里说的永久并不是持续时间上的绝对永久,而是以产权主体和产权客体的存在为前提。一旦国家消亡或者因地理活动造成海域资源资产消失,这种产权关系也就随之终止。另一种是期限性产权,如海域资源资产使用权的出让。在这种产权安排中,对产权的持续时间通过契约的方式进行了约定,以此为产权持续时间的依据。产权关系会随着契约的终止而消失。产权持续时间的重要性在于其使海域资源资产产权主体必须考虑其行为影响的时间跨度,并在对产权持续时间内综合效益有充分预期的基础上进行决策。产权持续时间是保障海域资源资产产权主体收益稳定性的基本要素。

（四）海域资源资产产权收益分配规则

海域资源资产产权是权能和利益的有机统一体。产权制度要素中的一个重要问题就是确定在产权主体之间分配资产收益的比例，也就是产权主体如何从海域资源资产总价值中获取应得的那部分收益。这就要求在海域资源资产产权的制度安排中，在赋予不同产权主体各种权能的同时，也必须赋予其相应的利益。获取收益是行使权能的目的，无法获得收益的产权不能称作真正意义上的产权。因此，海域资源资产产权制度的安排，既要有利于不同产权主体将自己的意志落实在产权客体上，并将这种意志转化为一种特定的行为，也要有助于其将这种意志化的行为转化为相应的收益。作为国有产权的海域资源资产产权，其收益分配规则需要确定两类分配比例：一类是海域资源资产产权利益中由社会公众享有的比例，如通过政府税收等方式使一部分海域资源资产产权收益投入到公共服务，或通过环境保护门槛限制海域资源资产使用权主体的利用方式，以保证社会公众利益；另一类是海域资源资产产权收益中由社会公众享有的之外的剩余部分在所有权主体代理人与使用权主体之间分配的比例。

2.4　海域使用权管理制度

海域使用权属管理制度是指国家以及代表国家行使管理权的国务院海洋行政主管部门对海域使用权属进行管理的制度。海域使用权属管理制度涵盖海洋行政主管部门对海域使用权进行管理的全过程，具体包含海域使用权的取得、变更、终止、流转、保护以及相应的登记、证书颁发等内容。

海域使用权属管理制度从法律上确认保护国家海域所有权，同时通过使用权和所有权分离的形式找到公有海域资产的有效实现形式。它通过依法界定海域使用权的归属达到"定纷止争"的作用，以充分维护海域使用权人的合法权益，这是在市场经济条件下财产能够得到合理的交易和流动的前提。通过海域权属统一管理，能够有效协调不同行业的用海关系，提高海域资源利用的整体效益，促进海域合理开发和可持续利用。

2.4.1　海域使用权概念与特点

《海域使用管理法》第二条中明确"在中华人民共和国内水、领海持续使用特定海域三个月以上的排他性用海活动，适用本法"，这一规定指明了"海域使用"的内涵，即使用位置的固定性（内水、领海的特定海域）、使用时间的持续性（持续使用三个月以上）和用海活动的排他性。《海域使用管理法》第三条进一步规定"海域属于国家所有，国务院代表国家行使海域所有权。任何单位或者个人不得侵占、买卖或者以其他形式非法转让海域。单位和个人使用海域，必须依法取得海域使用权"。

通过对法理的分析可见：①国家是海域所有权的唯一主体；②海域的国家所有是海域使用权产生的法律基础，海域使用权实为国家海域所有权权能分离的产物；③海洋资源价值的日益凸显、人类用海技术的成熟以及人们排他性用海的需要，是海域使用权产生的现实基础。

基于上述分析，本书将海域使用权定义为：海域使用权是指海域使用主体对依法获取的国家某一特定海域在一定期限内持续地、排他地占有、使用、收益和处分的权利。

海域使用权是海域产权的重要组成部分。海域使用权的产生必须以海域的国家所有权为前提，海域使用权的客体是国家所有的海域资源，授予海域使用权的主体是代表国家行使海域所有权的国务院，在具体实施中则依照法律法规要求由各级相关行政机关执行。同时，使用人的权利应根据法律或合同规定产生，必须在法律或合同规定的范围内行使该权利。海域使用权的标的可以扩至界定的某一特定海域，包括水面、水体、海床和底土，但其仅限于海域空间资源，而不延伸至这一空间中所含的生物资源、矿产资源等。

海域使用权的概念界定反映出海域使用权作为一种独立的财产权具有以下特征：

第一，海域使用权派生于海域所有权，它是海域所有权中的部分权能与所有权人相分离而形成的权利。海域所有权人即国家，因不能直接对每一块海域进行开发利用，必须将海域的使用、收益权能从所有权权能中分离出来，将特定海域交由有使用能力者经营使用，以实现对海域的科学、高效利用，推动海洋经济的发展。

第二，海域使用权的发生需要有所有权人的设定行为，就是依法获取使用某一宗海域。没有对海域的使用，就无所谓海域使用权，它的存续受所有权的制约。海域使用权以占有、使用、收益和一定程度的处分为内容。海域使用权人可依自己的意志对特定海域占有、使用和收益，也可以按照法定的方式和程序将其流转。

第三，海域使用权是存续期间特定的权利，具有有期性。除所有权人以外，使用他人之物的权利都是有期限的，海域使用权也不例外。为避免海域使用权内容的僵化，实现对海域的科学、合理开发利用，法律规定了海域使用权的有效存续期限。

第四，海域使用权是独立的，具有排他性的权利。由于海域使用权是对海域直接支配的权利，它具有不容他人侵犯的性质，因此同一海域之上不能同时存在两个或两个以上内容相冲突的海域使用权。

2.4.2 海域使用权管理制度发展历程

随着我国社会经济的蓬勃发展，海域使用权属管理制度应运而生。在过去，由于海洋的非排他性使用特性，人们普遍认为领海内的海域应由国家来管理，而非个人所有。在20世纪90年代之前，我国并没有明确的法律来规定海域的使用权问题。然而，随着海洋价值的日益显现和海洋事业的迅猛发展，为了解决因海域权属关系而产生的复杂问题，我国海洋行政主管部门开始着手处理海域使用权属管理问题，并向国务院提出立法建议。

　　1993年，经过国务院的批准，财政部和国家海洋局联合发布了《国家海域使用管理暂行规定》。暂定规定中明确了海域属于国家所有，并建立了海域使用论证制度和海域有偿使用制度。然而，由于该规定仅是部门规章，法律地位较低，加上各种利益因素的影响，其实施过程中遇到了一些困难和问题。鉴于这种情况，以及社会各界对建立、健全海域使用管理法律制度重要性的认识，有必要将暂行规定中的重要制度和条款升级为法律。因此，在2001年，全国人大常委会通过并颁布了《中华人民共和国海域使用管理法》，作为海域使用管理的基本法律。该法明确规定了海域属于国家所有，并设立了专门章节来规定海域使用权。该法所建立的海域权属法律制度旨在维护国家的海域所有权和海域使用权人的合法权益，为规范海域物权关系提供了基本准则。

　　为了贯彻实施《海域使用管理法》，国家先后出台了一系列配套规定，包括《国务院办公厅关于沿海省、自治区、直辖市审批项目用海有关问题的通知》《海域使用申请审批暂行办法》《关于加强国家海洋局直接受理海域使用项目管理的若干意见》《海域使用权登记办法》《海域使用权证书管理办法》《海域使用权争议调解处理办法》《海域使用论证资质管理规定》《海域使用测量管理办法》等，初步构建了海域使用权属管理的法律制度体系。沿海各省市也根据该法的精神，并结合地方实际情况逐步完善了相应的地方性海域使用法规或政府规章。

　　2006年，为了进一步规范海域使用权管理，维护海域使用秩序，保障海域使用权人的合法权益，国家海洋局出台了《海域使用权管理规定》。该规定共8章55条，于2007年1月1日正式实施。与之前出台的《海域使用申请审批暂行办法》相比，该规定内容更加全面、细化，具体规定了申请审批、招标、拍卖等海域使用权的多种出让方式，可操作性更强。对海域使用权招标、拍卖、转让、出租、抵押程序的首次细化，是该规定的最大亮点。同时，为了加强海域使用权管理，完善海域使用权登记制度，国家海洋局还于2006年制定了《海域使用权登记办法》。该办法对海域使用权及他项权利的取得、变更、终止的登记管理作出了详细规定。

　　海域使用权登记是海域使用权属管理工作的基础，由于管理机制、技术手段、人员流动等多方面原因，一些地区的海域使用权属管理存在数据不准确、不完整的问题。为解决这一问题，2011年8月，国家海洋局建立了国家海域动态监视监测管理系统，并试点实行海域使用权证书的统一配号，在总结试点经验的基础上，同年12月国家海洋局下发了《关于开展海域使用权证书统一配号工作的通知》。海域使用权证书统一配号将加强海域使用宏观管理，规范海域使用审批行为，提高海域管理规范化水平，推进海域管理政务公开。各级海洋行政主管部门可以及时掌握本地区海域确权发证情况，通过系统及时、准确地提取本地区海域使用统计数据。各级海洋行政管理部门可通过系统实时查询在本行政区域内设置的海域使用权属信息。

　　《海域使用管理法》及其配套制度的实施，维护了国家和用海者的合法权益，规范了海域使用秩序，促进了海域资源的合理开发与可持续利用，标志着我国已初步形成了比较成熟和完善的海域使用权属管理制度。该制度的确立从法律上讲具有如下重要意义：第一，确立了海域使用权属管理的基本准则，为海洋行政主管部门依法行政提供了基本的法律依据。第二，明确了海域的国家所有，以法律的形式确立了海域使用权，并确认了海域使用权的用益物权性，为用海人的权益保护提供了基本的法律依据。

2.4.3 海域使用权市场

在明确海域使用权交易这一概念之前，我们首先需要理解交易的实质。20世纪30年代，制度经济学派的领军人物康芒斯（Commons）就在其经典之作《制度经济学》中对经济学领域的交易进行了明确的定义和分类。他主张交易即"所有权的转移"，具体表现为"个体间物品所有权的让渡与获取"，并进一步将交易划分为买卖交易、管理交易和限额交易三种类型。另一位新制度经济学家威廉姆森（Williamson）则提出"交易之发生，源于某种产品或服务从一种技术边界向另一种技术边界的转移，从而标志着一个行为阶段的终结和另一个行为阶段的开始"。

这些对"交易"的阐释为我们界定"海域使用权交易"提供了重要的理论基础。海域使用权交易作为一种特殊的要素交易形式，在市场经济和产权制度的框架下，经济主体并不直接交易作为海域产权载体的海域要素本身，而是直接将海域使用权整体或部分当作交易对象。基于这一理解，本书将海域使用权交易定义为：为实现海域产权结构的优化和海域资源配置效率的提升，经济主体间进行的海域使用权的出让和转让活动。其中，出让是指将海域使用权从国家专属所有权中分离出来的过程，转让则是指海域使用权在不同使用主体间的再次转移。

我国现阶段的海域使用权市场分为以政府为主导的一级交易机制和以市场为主导的二级交易机制。海洋行政主管部门对一级海域使用权市场的管理主要是对海域使用权申请审批、招标、拍卖的管理；在二级海域使用权市场中，管理的重点在于对海域使用权的出租、抵押、转让、继承、投资入股等流转形式的管理。同时，海洋行政主管部门还要对海域使用权属变动进行登记，颁发权利证，征收海域使用金，对海域使用权争议进行调解等。

（一）一级海域使用权交易

一级海域使用权交易是指海域使用权的初始配置，是指国家采用公开拍卖、招标、协议等形式，有偿地将特定范围的海域使用权赋予开发和使用海域的单位或个人。在此过程中，国家会按年度向使用者收取使用费，或一次性收取长期使用的总费用。这一流程涵盖了海域使用权从中央到地方政府的初始配置，以及从地方政府到海洋使用主体（单位或个人）的再配置。

在海域使用权从上级政府到地方政府的初始配置过程中，配置的具体原则和程序由上级政府主导，这里的上级政府主要指中央政府，当然也包括地方政府。一级海域使用权交易还包括从地方政府到用海企业（个人）间的海域使用权再配置问题，这也是现有的海域使用权交易中最为普遍的形式。再分配过程中包含了非市场化和市场化两种类型,其中非市场化主要是以申请审批为主的协议出让,市场化则包含了招投标、拍卖和挂牌等多种交易方式。

但是无论采用哪种形式,在海域使用权的再配置过程中依然是以政府为主导。在一级海域使用权的交易过程中,政府主要扮演了"裁判员"的角色,确保交易的公正性和合法性。

(二)二级海域使用权交易

二级海域市场,或称海域使用权流转市场,是指已获得海域使用权的主体将其权利转让给其他主体的市场活动。在这个市场中,基于优化资源配置的原则,海域使用权人在满足法定条件的前提下,可以有偿地转让、出租或抵押其海域使用权。关于转让面积、租金数额、转让方式等细节,均可由交易双方自由协商确定。尽管二级海域使用权交易是典型的市场行为,但政府在其中的角色也不容忽视。政府负责界定初始产权、制定交易规则以及维护市场秩序。根据《海域使用权管理规定》,海域使用权的转让需经过政府审批,而出租和抵押则需在原登记机关办理相关手续。此外,该规定还对可交易的海域使用权设置了明确的限制。

总体而言,在二级海域使用权交易的市场机制中,政府主要扮演"监管者"的角色,对海域使用方向进行监督控制,收取增值费,并处理使用权转移登记等事务。值得注意的是,由于我国海域使用权市场起步较晚,二级市场的发展尚不完善,这与城市土地使用权市场中二、三级市场的成熟程度形成了鲜明对比。

2.4.4 海域使用权的获取

海域使用权获取是海域使用人依法向海域所有权人获取海域使用权利的过程。《海域使用管理法》中规定的海域使用权获取方式有两种:一是向国家依法确定的海洋行政主管部门申请取得;二是通过招标、拍卖的方式,公开竞争、公开竞价取得。此外,《海域使用管理法》第二十二条规定:"在本法施行前,已经由农村集体经济组织或者村民委员会经营、管理的养殖用海,符合海洋功能区划的,经当地县级人民政府核准,可以将海域使用权确定给该农村集体经济组织或者村民委员会,由本集体经济组织的成员承包,用于养殖生产"。

(一)海域使用权的获取方式

(1)申请审批

《海域使用管理法》第三章"海域使用的申请与审批"规定了海域使用权以行政许可方式取得的条件、程序。2006年,国家海洋局发布的《海域使用权管理规定》又对其作了具体规定。根据这些规定和当前的实践,单位和个人可以向县级以上人民政府海洋行政主管部门申请使用海域(图2.4-1)。

申请使用海域的单位和个人必须提交海域使用申请书、申请使用海域的坐标图及其详细地理坐标、资信等相关证明材料。对于油气开采用海项目要提交油田开发总体方案。对于国家级保护区内开发用海项目,要提交保护区管理部门的许可文件。对于存在利益相关者的,应提交利益协调或解决方案。

县级以上人民政府海洋行政主管部门受理海域使用申请后,组织现场调查、权属核查,并对项目用海是否符合海洋功能区划、申请使用海域是否设置海域使用权、申请海域的界址与面积是否清楚等进行审查,必要时可对项目用海内容进行公示。受理海域使用申请的县级以上人民政府海洋行政主管部门对符合条件需要报送审查的用海申请提出初审意见,并和用海申请材料一同报送相关审查机关审查,对不符合条件的海域使用申请,依法告知申请人。

有审批权的人民政府海洋行政主管部门为海域使用申请审批的审核机关。审核机关对报送的审核材料初步审查后,通知海域使用权申请人开展海域使用论证,提交相关材料。审核机关收到海域使用论证报告后,组织专家评审,必要时征求同级有关部门的意见。并在此基础上,对以下8个方面进行审查:①申请、受理和审查是否符合规定的程序和要求;②申请用海是否符合海洋功能区划和相关规划;③申请用海是否符合国家有关产业政策;④申请用海是否影响国防安全和海上交通安全;⑤申请海域是否计划设置其他海域使用权;⑥申请海域是否存在管辖异议;⑦海域使用论证结论是否切实可行;⑧申请海域界址、面积是否清楚,有无权属争议。对审查符合条件的,提请同级人民政府批准;不符合条件的,依法告知申请人。

国务院海洋行政主管部门受理的项目用海,由其征求项目所在地省级人民政府的意见,县级以上海洋行政主管部门受理并报国务院审批的项目用海经审核报省级人民政府同意后,报至国务院海洋行政主管部门。

海域使用申请经批准后,由审核机关提出项目用海批复,主要内容包括:①批准使用海域的面积、位置、用途和期限;②海域使用金征收金额、缴纳方式、地点和期限;③办理海域使用权登记和领取海域使用权证书的地点和期限;④逾期的法律后果;⑤海域使用要求;⑥其他有关内容。海域使用权申请人按照项目用海批复要求,缴纳海域使用金,办理海域使用权登记,领取海域使用权证书。海域使用权证书是海域使用权的法律凭证,海域使用权人自领取海域使用权证书之日起,取得海域使用权。

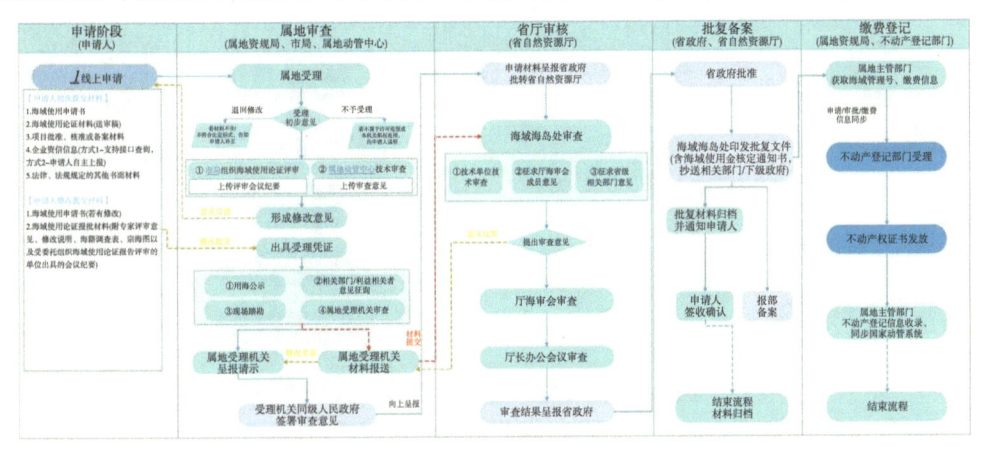

图 2.4-1　海域使用权申请审批流程(以省批项目为例)

(2) 市场化出让

《海域使用管理法》第二十条规定海域使用权除依法经申请、审批的方式取得外，也可以通过招标、拍卖、挂牌出让的方式取得。海域使用权招标、拍卖、挂牌（简称"招拍挂"）程序如下（图2.4-2）：

①海洋行政主管部门根据海洋功能区划、海域使用现状、海域使用论证结论、海域价值评估结果等，制定海域使用权招拍挂出让方案，报有审批权的人民政府批准，涉及相关部门和单位的，应当征求意见。

②有审批权的人民政府海洋行政主管部门或者其委托单位，根据批准的招拍挂方案编制招拍挂文件，发布招拍挂公告。标底、底价根据海域价值评估结果等确定，不能低于按海域使用金征收标准确定的海域使用金、海域使用论证费、海域测量费和海域价值评估费等费用总和。

③对于同一海域有两个或者两个以上用海意向人的，应采取公开、公平、公正和诚实信用的原则对海域使用权开展招标、拍卖、挂牌。

④以招拍挂方式确定中标人、买受人后，海洋行政主管部门和中标人、买受人签署成交确认书，并按规定签订海域使用权出让合同，中标人、买受人按要求缴纳海域使用权出让价款。中标人、买受人支付的履约保证金抵作成交价款。未按成交确认书的要求缴纳成交价款的，履约保证金不予退还，成交确认书无效。其他投标人、竞买人支付的履约保证金，海洋行政主管部门在招拍挂活动结束后退还。

⑤招标或者拍卖工作完成后，中标人、买受人持价款缴纳凭证和海域使用权出让合同，办理海域使用权登记，领取海域使用权证书。中标人或者买受人自领取海域使用权证书之日起，取得海域使用权。

⑥海洋行政主管部门在海域使用权招拍挂活动结束后，向社会公布结果。

以招标、拍卖或者挂牌等市场化出让方式获取海域使用权，是社会主义市场经济发展的必然要求，更能体现海域的经济价值，这种方式较行政许可制更具优势。因此，市场化出让方式应是今后海域使用权出让制度的发展方向。

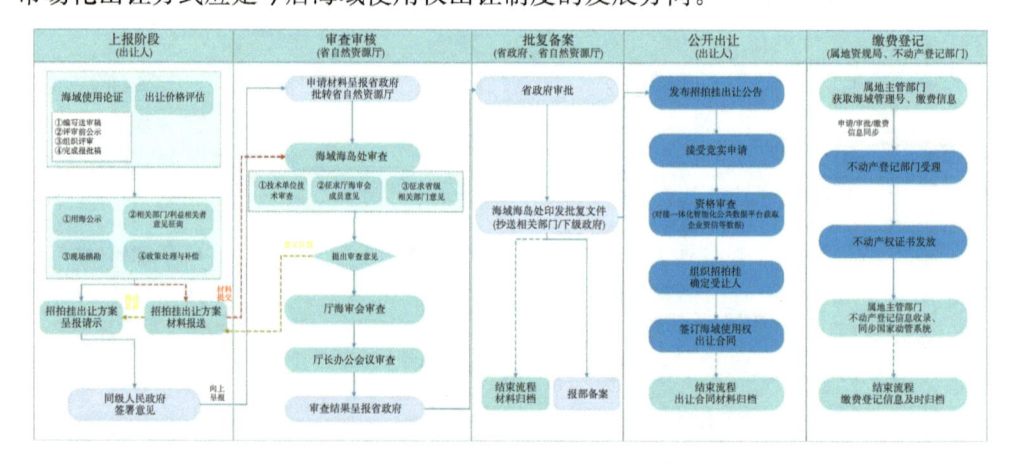

图 2.4-2　海域使用权市场化出让流程（以省批项目为例）

(3) 依传统使用取得海域使用权

在我国的沿海地区,很多人世代靠海而居,以海为生的渔民没有耕地,海域是沿海渔民最主要的生产资料,也是其基本的生活保障,就像耕地对于农民一样。《海域使用管理法》充分考虑了这一实际情况,为保障这些渔民的基本权利,该法第二十二条规定:"本法施行前,已经由农村集体经济组织或者村民委员会经营、管理的养殖用海,符合海洋功能区划的,经当地县级人民政府核准,可以确权给该农村集体经济组织或者村民委员会,由本集体经济组织的成员承包,用于养殖生产"。这是为沿海地区存在的依靠传统渔业谋生的渔民设计的集体养殖用海使用权,它有利于维持渔民生计,保持社会稳定。

(二) 海域使用权的审批权限

《海域使用管理法》通过规定国务院可以授权地方政府负责本行政区毗邻海域使用的监督管理的方式,确定了海域使用的中央统一管理和授权地方政府分级管理相结合的管理体制。具体到各级政府对海域使用权设立的审批权限,该法第十八条规定:"下列项目用海,应当报国务院审批:(一)填海五十公顷以上的项目用海;(二)围海一百公顷以上的项目用海;(三)不改变海域自然属性的用海七百公顷以上的项目用海;(四)国家重大建设项目用海;(五)国务院规定的其他项目用海。前款规定以外的项目用海的审批权限,由国务院授权省、自治区、直辖市人民政府规定"。《海域使用权管理规定》规定下列项目的海域使用申请,由国务院海洋行政主管部门受理:(一)国务院或国务院投资主管部门审批、核准的建设项目;(二)省、自治区、直辖市管理海域以外或跨省、自治区、直辖市管理海域的项目;(三)国防建设项目;(四)油气及其他海洋矿产资源勘查开采项目;(五)国家直接管理的海底电缆管道项目;(六)国家级保护区内的开发项目及核心区用海。上述规定以外的,由县级海洋行政主管部门受理。跨管理海域的,由共同的上一级海洋行政主管部门受理。

在此,县级以上地方人民政府享有用海项目的审批权,其实质上是国务院授权地方政府行使海域国家所有权。《海域使用管理法》规定,海域使用申请经依法批准后,国务院批准用海的,由国务院海洋行政主管部门登记造册,向海域使用申请人颁发海域使用权证书;地方人民政府批准用海的,由地方人民政府登记造册,向海域使用申请人颁发海域使用权证书。海域使用申请人自领取海域使用权证书之日起,取得海域使用权。由此可见,在我国,海域国家所有权由国务院代表国家行使,同时国务院根据法律规定授权省级人民政府、市级人民政府和县级人民政府行使海域国家所有权。

(三) 海域使用权的期限

所有权以外使用他人物品的权利都是有期限的,海域使用权也不例外。为实现对海域的科学、合理开发利用,《海域使用管理法》根据不同的用海类型,为海域使用权确立了不同的存续期限。海域使用权最高期限,按照下列用途确定:

(1) 养殖用海十五年;
(2) 拆船用海二十年;

（3）旅游、娱乐用海二十五年；

（4）盐业、矿业用海三十年；

（5）公益事业用海四十年；

（6）港口、修造船厂等建设工程用海五十年。

海域使用权期限届满，海域使用权人需要继续使用海域的，应当至迟于期限届满前二个月向原批准用海的人民政府申请续期。除根据公共利益或者国家安全需要收回海域使用权的外，原批准用海的人民政府应当批准续期。准予续期的，海域使用权人应当依法缴纳续期的海域使用金。

2.4.5 海域使用权的流转变更

海域使用权的流转指海域使用权在初始登记后在民事权利主体之间的转让，即海域使用权人依法将其使用权再转移给他人的行为。在海域使用权流转过程中，海域使用权依然继续存在，但海域使用权利主体发生了变动。海域使用变更主要指海域使用权内容的变化和更改。

（一）海域使用权的流转

《海域使用管理法》第二十七条规定，海域使用权的流转主要有以下几种类型：一是因企业合并、分立或者与他人合资、合作经营，变更海域使用权人的，需经原批准用海的人民政府批准。二是依法转让海域使用权，具体办法由国务院规定。所谓海域使用权的转让，也就是通过海域使用权的买卖、作价入股、交换或赠与等而发生的海域使用权人的变更。海域使用权的转让既可以是有偿的，也可以是无偿的，前者如买卖、交换，后者如赠与。三是依法继承。海域使用权可以继承，主要是考虑了海域使用权是一种财产权利，特别是对传统渔民来说，是生活的基本保障。

《海域使用权管理规定》第三十八条对海域使用权转让应具备的条件进行了详细规定：

（1）开发利用海域满一年；

（2）不改变海域用途；

（3）已缴清海域使用金；

（4）除海域使用金以外，实际投资已达计划投资总额百分之二十以上；

（5）原海域使用权人无违法用海行为，或违法用海行为已依法处理。

（二）海域使用权的变更

海域使用权的变更必须符合以下条件：符合海洋功能区划和相关规划；符合海洋环境要求；按期缴纳海域使用金；申请海域的界址、面积清楚、无权属争议；不存在收回海域使用权的法定情形。具体包括以下三种情况：

第一，海域用途的变更。海域用途的变更，即法律上属性的变更，是指在权利主体不变的情况下，海域用途的变化。《海域使用管理法》第二十八条规定："海域使用权人不得擅自改变经批准的海域用途；确需改变的，应当在符合海洋功能区划的前提下，报原批准用海的人民政府批准"。

第二，海域使用权标的物的变更。海域使用权标的物的变更，一般是指海域使用权人所使用的海域位置或者面积发生变动的情形。相邻用海人为经营管理方便起见而互易毗邻的海域，也会导致其各自的海域使用权客体的变化。海域使用标的物的增减应经法定程序并办理登记的变更手续。

第三，海域使用期限的变更。《海域使用管理法》第二十六条对海域使用权人的续期权有明文规定："海域使用权期限届满，海域使用权人需要继续使用海域的，应当至迟于期限届满前二个月向原批准用海的人民政府申请续期。除根据公共利益或者国家安全需要收回海域使用权的外，原批准用海的人民政府应当批准续期。准予续期的，海域使用权人应当依法缴纳续期的海域使用金"。

2.4.6 海域使用权的登记

海域使用权登记是指依法对海域的权属、面积、用途、位置、使用期限等情况以及海域使用权派生的他项权利所作的登记，包括海域使用权初始登记、变更登记和注销登记。海域使用权登记以宗海为基本单位。单位和个人取得两宗以上海域的，应当按宗分别申请登记。两个以上海域使用人使用同一宗海域的，应当共同申请登记。

海域使用权登记是海域权属管理的主要内容，是海域使用权产生的前提，是海域使用权及他项权利的法律依据。海域使用权及他项权利的取得、变更、终止必须进行登记，这种登记具有强制性。这里的他项权利是指出租、抵押海域使用权形成的承租权和抵押权。将登记作为海域使用权变动的公示方法，可以为海域使用权的交易提供安全保障。依法登记的海域使用权及他项权利受法律保护，任何单位和个人不得侵犯。

我国海域使用权按照审批权限实行分级登记。国务院批准的项目用海，由国务院海洋行政主管部门登记造册；县级以上地方人民政府批准的项目用海，由批准用海的地方人民政府登记造册，同级海洋行政主管部门负责具体登记工作。变更登记、注销登记和他项权利登记由原海域使用权登记机关办理。为进一步提高海域使用权管理的科学化水平，及时掌握海域确权发证情况，确保海域使用权属数据的完整性、准确性、现势性，实现确权信息公开查询，原国家海洋局（现自然资源部）决定通过国家海域动态监视监测管理系统，对海域使用权证书实行全国统一配号。自2012年1月1日起，所有海域使用权初始、变更登记时，必须通过系统提交登记数据，获取统一配发的海域使用权证书号码，并可通过系统直接进行证书套打。海域使用权注销登记时，也应通过系统提交注销登记数据。海域使用权证书号码为永久证号，海域使用权注销后，证号随之废止不再启用。海域使用权证书统一配号，可加强海域使用宏观管理。各级海洋行政管理部门可以通过系统及时、准确地提取本地区海域使用统计数据，通过统一配号，系统预设配号条件，可及时发现和制止违规审批、越权发证等行为，提高海域管理规范化水平。不符合审批权限的项目用海，将不能通过系统取得证号。

2.4.7 海域使用权的争议调解

海域使用权争议是指海域使用权当事人之间因海域使用权的归属而发生的争议。海域使用权当事人协调解决不成的海域使用权争议,可向县级以上人民政府海洋行政主管部门提交调解申请书,申请协调处理。调解申请书包括:①申请人和对方当事人的姓名或名称、法人代表人姓名和通讯地址;②请求事项、事实和理由;③有关证据;④证人有关情况。海域使用权当事人也可以委托代理人代为申请调解处理海域使用权争议。为了提供详细准确的证据,海域使用权当事人可委托代理人进行调查举证,也可委托有资质的单位对有争议的海域进行测绘,以向海洋行政主管部门证明各自的要求。

如果发生争议的海域使用权发证机关为同一海洋行政主管部门,则由该海洋行政主管部门负责处理。如果发生争议的海域使用权中发证机关有隶属关系海洋行政主管部门,则由其中级别高的海洋行政主管部门负责处理。如果发生争议的海域使用权中发证机关为无隶属关系的海洋行政主管部门,则由其共同的上一级海洋行政主管部门负责处理。

海洋行政主管部门认为有必要对争议的海域进行实地调查的,应通知当事人及有关人员到场,并可邀请有关部门协助调查。在查清事实的基础上进行调解,促成海域使用权当事人协商解决,达成协议。协调达成协议后签订协调书,以作为海域使用权登记的依据。协调处理海域使用权争议需要重新确认海域使用权的,由海洋行政主管部门按程序办理相关手续。如果不服处理结果,海域使用权当事人可申请行政复议或向人民法院起诉。

第三章

海域使用权立体分层设权内涵

3.1 海域立体分层使用的需求及意义

3.1.1 海域开发利用的特性及现实需求

海域的利用是人们根据海域的区位、资源与环境状况所进行的开发利用活动。随着经济的发展,近海后备空间接近枯竭,据统计,海岸线向海 1 千米范围内的海域开发利用强度已超过 80%。然而沿海地区用海需求依然不减,单纯依靠以往的平面式海域使用已经不能满足多种用海种类的需要。海域在利用过程中也难以避免地出现交叉用海、重叠用海的现象,例如海底电缆管道、跨海桥梁、海底隧道等长距离的线性工程项目在工程选址时面临近海空间被各类用海活动占用而不得不穿越航道、养殖区等难题,以及核电温排水需要对近岸大范围海域面积进行确权而不得不与跨海桥梁等用海活动交叉。人类对海洋的利用经历了由单一到全面、由平面利用到立体利用的发展历程。海洋科技和设备的进步使得人们对海域的利用方式越来越多,对海域的利用也越来越深化。对海域资源进行立体开发利用符合人类开发利用海洋的趋势和现实需求。

首先,海域是多种复合资源的载体,既有生物资源、海水化学资源、海洋能(如潮汐、波浪发电),也有港口与交通资源、油气或其他矿产资源,海域中的每一种资源都可以成为开发对象。同一海域多种资源共生共存的特点是海域立体开发利用可行的根本原因。随着人们开发利用海洋技术水平的提高和方式手段的丰富,海域的资源禀赋正在被深刻地认识并被逐步地立体化开发利用。人类使用海域的方式不仅在用海类型上已扩大到海水养殖、海洋油气、滨海旅游等多种行业,而且已经开始对不同深度、不同层次的海域空间进行有效利用。现代海洋空间利用除了较为常见的海水养殖、港口码头、滨海旅游等用途外,已发展到建造人工岛、海上工厂、跨海桥梁、海上机场、海底隧道、水下仓库、海洋石油平台,以及铺设海底管道、电缆等多种行业。这些行业对海域空间的利用是从海平面垂直向下分层利用水面、水体以及底土。围绕不同的海域资源形成相应的海洋产业,保持海洋经济快速平稳发展势必要以海洋资源作为保障和依托,进行海域立体化开发利用是解决当前近岸海域资源"瓶颈"制约的有效手段。

其次,不同于陆地、林地、草地等功能单一、区域独立、界线明确的区块,海域具有功能的多宜性、生态系统的复杂性、资源的多样性和开发利用的立体性等诸多特点,不可避免地造成了同一海域空间多种功能的重叠,决定了在同一空间海域范围内进行不同类型的开发利用活动是可行的。随着人们对海洋开发利用环境影响研究的深入,发现并非所有的海域利用活动都是绝对排他的,有的用海活动可能是部分排他或是限制性排他。换言之,不同用海活动间的兼容性决定了海域使用权的排他性是有限的、有范围的、有条件的,同一海域空间中多个海域使用权是可以共存的。例如,在同一海域可以开展风机建设、捕捞作业、海水养殖等,也可以开采海洋矿产资源。又如,在海域中建设跨海大桥或者修建海底隧道等,当工程完工后,对于海上执法或者从事海洋科技调查的船舶在其上覆水面通过就不具有排他性。海洋开发利用的目的就是要物尽其用,在环境承载能力范围内,最大限度地发挥海洋资源的经济效益,并且选择海域资源配置的最有效途径。通过海域立体分层使用,可以使海域各个层面的资源都得到科学合理的开发和利用。

3.1.2 海域立体分层使用的重要意义

海域立体分层使用以海域空间的立体性和利用方式的多宜性为基础,以实现不同用海活动兼容用海为目标,本质上是试图协调不同用海活动之间的矛盾,建立不同用海活动之间相互和谐、避免冲突,甚至相互促进的关系。海域立体分层使用的重要意义在于:

(一)提高海域节约集约利用水平

从海域空间资源丰度上看,海域使用权立体分层设权实质上是将海域资源的使用由二维平面扩展到三维空间,从而有效地扩大了海域资源的范围;从海域空间资源利用角度来看,海域包括水面、水体、海床和底土等多层空间,每个层面的海域资源都有其独特的开发利用价值。进行立体化开发利用,可以显著提高海域资源的节约集约利用水平。

(二)提高海域资源产权效率和准确性

当前的海域使用权管理制度是在空间上排他的产权制度,涵盖水面、水体、海床和底土。但在实际的海域使用中,大部分用海活动仅涉及特定层面的海域。例如,筏式养殖不会利用海底区域,跨海桥梁则主要使用水面区域,海底电缆管道基本用不到水体及水面区域。海域物权界定的清晰程度直接影响到海域开发利用程度和国家海域资产保值增值程度。若将全部海域空间资源确权给仅使用某一特定层面海域空间的用海活动,则会导致海域资源资产配置的低效率,进而造成资源的闲置浪费以及海域物产的隐性流失。相反,若当海域使用权确权的对象为海域空间的每一层时,就可从根本上避免对海域使用权从整体界定产权所产生的模糊性,使得产权界定更加清晰。

(三)实现海域使用的综合效益

随着海洋经济的快速发展,近岸海域的开发强度和开发密度不断提高,人们对于海域空间资源的需求已经不仅仅局限于海域的某一特性区域。海域的开发利用不再是简单的平面开发,而会更注重立体层面的开发活动。实施海域使用权立体分层设权管理会更贴合海域资源实际,是海域空间资源配置的现实需要,使不同主体的用海需求得以满足,进一步提高海域使用权经济价值,更客观地反映海域资源的实际收益。

3.2 立体分层设权法理依据的协调性

3.2.1 从所有权角度看立体分层设权

《海域使用管理法》第二条规定,"本法所称海域是指中华人民共和国内水、领海的水面、水体、海床和底土",这一定义清晰地表明,海域不仅是一个平面概念,更是一个立体的空间资源,且包含四个明确的层次:水面、水体、海床和底土。这样的定义从立体空间范围上确立了海域的国家所有权,意味着国家对整个海域空间拥有主权。海域与土地在法律特征上有许多相似之处。尽管海水具有流动性或可移动性,但海床和底土是固定的,不可移动的,因此可以被归类为不动产。就像土地所有者对其土地拥有占有、使用、收益和处分的权利一样,国家作为海域的所有者,也拥有对海域的这四项基本权利。

因此,国家作为拥有海域所有权的主体,对海域享有将水面、水体、海床和底土的任何部分的使用权转让给他人的权利。国家行使这一权力是其作为海域所有权人的固有权利,不需要得到任何第三方的同意或批准。然而在实际操作中,当国家将不同海域空间层的使用权转让给不同的使用权人时,需要特别注意各使用权人在使用各自海域时的行为及其可能产生的影响,避免用海过程发生冲突或纠纷,例如一个在海面进行航运的公司可能会与一个在海底进行矿产开采的公司发生冲突。因此,从海域所有权角度看,对海域使用权进行立体分层设权是可行的。这样的制度设计可以更有效地管理和利用海域资源,确保不同使用权人的权益得到平衡和保护。

3.2.2 从使用权角度看立体分层设权

《海域使用管理法》第二十三条对于海域使用的权利和义务作了详细规定。首先明确"海域使用权人依法使用海域并获得收益的权利受法律保护,任何单位和个人不得侵犯"。这一规定确保了海域使用权人的合法权益,使其在使用海域和获得相关收益时能够得到法律的有效保障。这意味着,一旦获得海域使用权,使用权人就可以在法律允许的范围内自由使用海域,并获得由此产生的收益,而无需担心其权益受到侵犯。同时该条款也规定了海域使用权人的义务,即"海域使用权人有依法保护和合理使用海域的义务"。这意味着海域使用权人在享有权利的同时,也必须承担起相应的责任,确保在使用海域的过程中不违反法律法规,不损害公共利益和他人权益。此外,使用权人还应采取必要的措施,保护海域环境,防止污染和破坏,确保海域资源的可持续利用。另外,该条款还规定"海域使用权人对不妨害其依法使用海域的非排他性用海活动,不得阻挠"。这一规定也体现了海域使用的公共性和共享性特点。虽然海域使用权具有排他性,但法律也允许存在非排他性的用海活动。这意味着,在同一海域的不同层次空间,如果各种用海活动能够相互兼容,不会相互干扰或冲突,那么这些活动就可以被允许进行。这一规定为多层开发、立体使用海域提供了法律依据。

涉海空间规划在设计时已经充分考虑了海域多层开发、立体使用的现实需求。之前的海洋功能区划以及现在的海岸带保护与利用规划等在划定海域的主导功能之外,还会考虑其他兼容功能。例如,在海洋功能区划中,可能会划定某个海域的主导功能为渔业养殖,但同时也允许进行海洋旅游、海底管线铺设等兼容活动。这种规划方式提供了海域立体开发的可能性。

总的来说,《海域使用管理法》和相关涉海空间规划为海域的多层开发和立体使用提供了法律依据和规划指导。这种综合考虑不仅有助于提高海域资源的利用效率,也有助于平衡不同用海活动之间的利益冲突。通过允许在同一海域进行多种兼容的用海活动,可以最大限度地发挥海域资源的潜力,同时减少不同用海活动之间的冲突和矛盾。

3.2.3 从物权角度看立体分层设权

《民法典》第三百二十八条规定"依法取得的海域使用权受法律保护",明确了海域使用权是用益物权的性质。海域使用权是我国在广袤海域国土上所创设的一种新型的用益物权,与土地上的土地承包经营权相类似。这种权利的确立和行使,对于优化海洋资源配置、促进海洋经济发展具有重要意义。

首先,海域使用权的设定遵循一物一权原则。海域是一个立体的空间资源,包括水面、水体、海床和底土等不同层次,每一层都蕴藏着独特且具有经济价值的资源。例如,水面可用于航运,水体中蕴含着丰富的生物资源,海床和底土则可能含有矿产资源。在现代海洋科技的助力下,我们可以通过登记的方式,精确划定各海域层次的范围和边界。在这样的特定范围内,权利主体可以依法支配并排除他人的干涉,从而确立并行使相应的使用权。

其次,海域立体分层设权与海域所有权并非相互排斥,而是相辅相成。在我国的法律体系中,国家被明确赋予海域的所有权,这意味着国家拥有对水面、水体、海床和底土的全面主权。因此,国家有权对其任何部分进行处分,包括将特定范围的海域使用权转让给个人或组织。这种转让不仅不违反所有权原则,反而是通过市场化手段实现资源优化配置的有效途径。

再者,海域立体分层利用是现代社会发展的必然趋势,也是解决资源短缺问题的有效手段。随着科技的进步和经济的发展,人类对海洋资源的需求日益增长。在这种背景下,法律应当适应时代需求,承认并保护海域立体分层设权的合法性。这种产权设定方式不仅有利于实现海域所有权和海域使用权在经济价值上的最大化,还能够鼓励海域所有主体和使用主体将其不利用的空间资源转让给有需求的第三方,从而实现资源的合理流动和高效利用。

然而,海域立体分层设权的实施也面临着诸多挑战和问题。如何在多层次的海域使用中避免权利冲突,如何确保不同空间层使用权主体的权益得到平等保护,这些都是法律需要认真考虑和解决的问题。为此,法律需要制定详细的设权行为规范和权利行使约束机制,确保同一海域的不同空间层使用权主体能够在法律框架内和谐共处、共同发展。

综上所述,海域使用权作为我国海域国土上的一种新型用益物权,其立体分层设权不仅符合一物一权的原则,也与海域所有权相辅相成。同时,它也是社会发展和资源优化的必然要求。为了充分实现其经济和社会价值,法律应当对其进行合理规范,并在实践中不断完善相关法律制度。

3.3 立体分层设权技术支持的可行性

(1) 海洋测绘技术：确定海域不同层次的精确边界是立体分层设权的基础。现代海洋测绘技术已经实现了高精度、高分辨率的海域测量，目前卫星遥感和 GPS 定位系统已经达到较高精度，可以实现海域亚米级、厘米级的定位和测量；声学多普勒流速剖面仪（ADCP）、侧扫声呐等可以实现海洋深度和海底地形的精确测量。这些技术为测量和划定海域的三维空间范围提供了支撑，为海域立体分层设权提供了准确的空间基础。

(2) 资源探测与评估技术：对于不同海域层次中蕴藏的资源，需要有先进的探测和评估技术。例如，水体中的生物资源可以通过生态调查和遥感技术进行监测和评估；海床和底土的矿产资源则需要地球物理和地球化学勘探等方法。随着深海探测技术的发展，深海机器人、深海潜水器等设备可以实现对深海环境的直接观测和取样，为立体分层设权提供深海环境的基础数据。

(3) 环境监测与保护技术：立体分层设权必须考虑环境保护因素。现代海洋环境监测技术，如浮标、潜标、遥感等，可以实时监测海域的环境质量，确保不同用海活动符合环保要求。例如通过遥感技术借助卫星或航空飞机等平台获取大范围的海洋环境信息，如海面温度、叶绿素浓度、悬浮物浓度等，可以用于评估不同海域层次的环境质量和资源状况。

(4) 信息技术与管理平台：建立统一的海域空间信息管理平台，集成空间数据、资源数据和环境数据，可以为立体分层设权提供决策支持。通过 GIS、大数据和云计算等技术，可以对海域空间数据进行有效的管理和分析，实现海域空间的可视化和动态监测。

(5) 海洋工程技术与实践经验：对于不同的用海活动，需要有相应的工程技术来保障其安全和效率。例如，海底管道铺设、海上风力发电、深海养殖等技术已经相对成熟。海洋工程技术的发展为海域立体分层设权提供了技术保障。

3.4 立体分层设权的内涵剖析

《民法典》明确了海域使用权是用益物权的性质。《海域使用管理法》的相关规定也认可用海活动存在着可以兼容的情形，并非是完全排他的。因此，对海域空间进行立体分层设权与现行法律法规并不冲突。但现行法律并未对海域立体分层设权具体的范围以及设权方式作出明确的规定和解释。若不从制度上予以明确界定，将会引发海域使用主体之间的冲突，从而增加实际操作和使用监管的难度。

海域立体分层使用强调海域空间的多层次开发利用，科学界定海域立体分层设权的内涵是海洋空间立体分层开发利用的现实需要和海域使用管理制度建设的基本需求。海域立体分层设权不是一个平面的权利概念，而是三维立体的权利概念。换言之，海域立体分层设权是在同一海域空间的多层次立体开发过程中，单位或个人基于特定功能用途在特定空间范围内占用、收益和处分的权利。其内涵主要包括两个方面：一是设权的客体系三维海域空间，范围囊括海域空间多个层次；二是在同一海域范围可存在多个用海主体，且不同性质或用途的用海活动可以相互兼容。

3.4.1 海域立体分层设权的权利性质

根据第二章海域资源资产产权制度的介绍可知，我国的海域使用管理实行所有权与使用权分离制度，海域属于国家所有，国家对海域使用权出让有着严格的制度要求。海域使用权人在缴纳海域使用金之后方能开展海域使用权登记，获取海域使用权证书，依法取得海域使用权。我国理论界将海域使用权一直定位于用益物权，对海域使用权制度的设计也是围绕用益物权的性质展开。海域立体分层设权是在海域空间立体分层出让中形成的一种民事权利，属于一种独立权利。其立法应基于海域属于国家所有的实际，明确海域上下空间属于公有性质以及标的物为三维海域空间。海域立体分层设权的设置以不影响已存在的用益物权为准则。但是，由于我国海域使用权与用益物权并不完全相同，因此对海域立体分层设权制度设计形成了较多束缚。现阶段，在我国只有以出让方式获取的海域使用权才能够自由交易，且能够流转、出租、抵押、继承和作价入股等。

基于此，海域立体分层使用权的取得可借鉴"平面化"海域使用权的取得方式，根据实际需要设立多个立体分层的海域使用权主体。但是，任何对海域空间的立体分层开发和使用都不应影响原有的海域使用权人，并且需要妥善处理与相邻空间的关系。海域立体分层使用权的流转将有利于实现海洋空间资源的有效配置。

海域立体分层使用权是一种权力集，与传统的平面化海域使用权不同，在海域立体分层设权制度中，各分层空间因其独特性而展现出以下三个主要特征：

一是层次性。海域空间具有多层次性的特征，这使得按层次设立海域立体分层使用权成为可能。对海域空间进行立体分层开发，是国家鼓励探索的一种用海新模式，也是从海域资源稀缺性切入开发海域资源的现实需要，更是实现海域资源物权效用最大化的有效路径。此种海域使用权利体系将海域空间分为水面、水体、海床和底土四个层次，基于相应规则和标准对各分层空间范围的权属关系进行划分，从而实现海域空间开发效能的最大化。

二是独立性。只有独立的物才可作为物权客体，独立的物是指在物理、观念、法律等方面能与其他物相互区别而独立存在的物，体现在如物理属性、存在形式，以及其使用或交易需求、设定和行使权利方式等方面的独立性。作为一项他物权指向的标的物独立存在，每个层次的海域空间资源都可成为一个权利客体，具有一定的经济价值和空间范围边界。在海域立体分层开发环节，海域使用人在特定的范围内可以支配并排除他人的干涉，设定相应的海域使用权，体现了物权的排他性和支配性特点。

三是清晰性。海域分层空间物权界定的清晰程度将直接影响到海域开发利用程度和国家海域资产保值增值程度。海水具有流动性与开放性等特征，加之水面的位置和水体深度一直处于动态的变化中，因此海域空间的界限是难以准确界定的。若推行海域立体分层设权制度，就必须对海域使用者及其使用海域的层次、范围予以明确登记，避免不同使用主体在用海过程中因海域界限问题而发生冲突。在明确宗海水平边界范围的原有基础上，以三维海籍管理技术为基础，建立海域立体分层设权管理体系，以避免立体分层相邻宗海界定矛盾纠纷。

3.4.2 海域立体分层设权的相关关系

以海域上下空间开发为内容的海域立体分层开发，是海域资源实现集约高效利用的重要方式。在海域立体开发过程中，海域立体分层使用权与不动产相邻关系、海域役权形成关联是无法避免的。因此，从学理上就其相互联系与区别进行探究显得非常必要。

（一）相邻权利关系的处理

《民法典》第二百八十八条规定："不动产的相邻权利人应当按照有利生产、方便生活、团结互助、公平合理的原则，正确处理相邻关系"。相邻关系是指不动产权利人因相互邻接所产生的权利义务关系，同一海域空间的不同海域使用权属于相邻关系的权利。海域立体分层使用权人应为相邻权利人开展用海活动提供必要的便利。

《海域使用管理法》第二十三条规定："海域使用权人对不妨害其依法使用海域的非排他性用海活动，不得阻挠"。这在一定程度上维护了相邻使用权人的权益。可见，在海洋空间平面化利用的过程中，现行立法规定较为完善，对海域空间管理有很大的意义，而海域立体分层使用则强化了相邻关系的作用，同时对其要求也进一步提高。

相对于现行的平面化海域相邻关系，海域分层开发利用使得相邻关系无论是在垂向范围还是在平面范围的海域不动产之间均可适用。首先，海域立体分层使用权的设立和实施不应侵犯相邻权利人的合法权益。相邻权利人指的是在海域空间上与立体分层使用权相邻的其他用海主体，他们享有合法的用海权益。因此，在设立和使用立体分层使用权时，必须尊重相邻权利人的权益，避免对其造成不利影响。妥善处理相邻权利关系是保障海域立体分层使用权实施的基础。

其次，相邻权利人之间应建立合理的协调机制。由于海域立体分层使用的特殊性，权利人的用海活动或多或少需要涉及一部分周边人的权利。例如，水面使用权需要借助水体部分空间作为支点，水体、海床和底土使用权需要借助水面部分空间作为入口。如果海域立体分层使用权的设立给在先权利人的权利行使造成轻微妨碍和不便，二者之间可以通过相邻关系的规定进行处理，在先权利人应在保障自身权益的基础上支持相应的协调机制，通过用海协商、资源共享、利益补偿等方式，实现资源的合理配置和利益的平衡。

此外，相邻权利人还应共同遵守海域管理法律法规和相关规定。海域管理涉及多个领域和部门，包括海洋、环保、渔业等。各相邻权利人应共同遵守相关法律法规，加强合作与沟通,共同维护海域的生态环境和资源安全。为了更好地处理与相邻权利人的关系,可以借鉴其他国家和地区的成功经验。例如,一些国家在海域管理领域建立了完善的法律体系和权利保障机制,为不同用海主体提供了明确的权益界定和争议解决途径。我们可以学习这些先进做法,不断完善海域立体分层设权制度。

(二)与海域役权的衔接

海域役权是指为特定目的而使用他人海域的权利。它是海域使用权的一种特殊形式,允许在符合一定条件的情况下,对他人的海域进行使用和限制。海域役权的设立通常需要经过相关部门的审批和许可,根据合同而设立,是协调和约束用海主体之间行为关系的重要依据。为他人海域提供方便和利益的一方为供役方,因使用他人海域而获得方便和利益的一方为需役方。

海域役权与海域立体分层使用权的目的一样,均为提高自身所使用海域的效益,海域立体分层使用权是对海域空间分层开发和使用的权利,强调对空间资源的有效利用;海域役权则是一种为了特定目的而使用他人海域的权利,强调对他人海域的利用和限制。海域立体分层使用权的取得通常需要与原海域使用权人协商一致并达成协议;海域役权的取得则可能需要通过申请、审批等程序获得相关部门的许可。二者都承认海域利用并非完全排他,而是存在着很多可以合作互补的情形。在某些情况下,海域立体分层使用权和海域役权可能存在交叉或重叠,例如在建设跨海桥梁或海底隧道等项目中,可能同时涉及立体分层使用权和海域役权。

相较于海域立体分层使用权,海域役权也具有自身独特之处。一是,海域役权具有主体的复杂性。我国海域属于国家所有,但国家并不会直接对海域进行开发利用,因此也不会作为供役方与他人签订合同,在他人的不动产上为自己设立海域役权。据《民法典》可知,诸如海洋等归国家所有的自然资源,组织或个人可依法享受占有、使用和收益的权利,因此海域使用权人可以作为供役方为他人在自己所使用的海域上设立不动产役权。二是海域役权不具有排他性。排他性是物权的基本特征之一,即同一物上不允许两个或两个以上物权的存在。而海域役权不同,在同一海域范围既可以为不同的用海主体同时设立同一类别的海域役权,也可以为同一用海主体设立不同的海域役权。

海域役权与海域立体分层使用权之间既具有相通性,又具有差异性。首先,海域役权建立于需役方与供役方签订协议的基础上,海域立体分层使用权则是从海域使用权分层利用中衍生出来的法律予以确认的一种权利。其次,海域役权属于从物权,而且是以海域役权人对需役海域所享有的权利为主物权的从物权,不可单独流转,而海域立体分层使用权是一项独立的物权,可以通过合法途径独立进行转让。

3.5 立体分层设权的具体界定

海域立体分层设权,是指对不同用海活动,按照海域的水面、水体、海床和底土等不同空间层分别进行使用权确权。可以界定为：水面使用权、水体使用权、海床使用权以及底土使用权。除此之外，有的用海行为可能涉及两种或者多种海域空间层，因此，还要设立综合使用权。

3.5.1 立体分层设权的主体对象

海域作为自然生态空间的重要组成部分，属于国家所有，即国家是海域使用权立体分层设立的唯一主体。自然资源主管部门作为政府职能部门，代表国家行使海域所有权。已设定海域使用权海域的用海主体无权在自己所享有海域使用权的海域立体空间范围内给其他组织或个人分层设立海域使用权，主要包括3个方面理由：第一，海域作为一项不动产，包括所有权、使用权及其他项权利。《海域使用管理法》规定了海域的所有权属于国家，而不属于对海域进行开发利用的用海主体。第二，国家将海域使用权、收益权、处分权等权能转让给他人是国家作为海域所有权人的固有权利。国家设立海域使用权的初衷在于促进海域要素市场化配置，使不同的组织和个人能够享有海域使用权。因此，用海主体在已设定海域使用权的海域开展用海活动，完全符合国家设立海域使用权的要求，但如果要在已设定海域使用权的海域立体空间范围内为其他组织或个人设立新的海域使用权，则与国家给其设立海域使用权的初衷相背离。第三，由于海域使用权立体分层设权制度在国家层面刚刚提出，地方实践与探索时间还不到10年，相关法律制度尚未建立，如果允许海域使用权人任意将已设定海域使用权的海域空间出让给他人，将会使海域立体分层使用权的管理处于无序状态，必将引发国家海域资源性资产流失。

3.5.2 立体分层设权的客体范围

海域作为财产权利客体，也是海域使用权的客体。水面、水体、海床和底土作为独立的经济资源，每一层空间资源都可以是一类开发利用客体。明确海域使用权立体分层设权的客体范围，对海域立体分层产权管理立法具有理论价值，更能够为沿海地区的探索实践提供科学参考。根据《民法典》和《海域使用管理法》，自然资源主管部门代表国家行使海域所有权，理论上讲在水面、水体、海床和底土4个层次的任一空间范围内都可以分层设立海域使用权。但在实际操作中，很多海域已经有既定的海域使用权。此时，海域使用权立体分层设立的海域空间范围必然受原用海使用权设定的空间范围所影响。所以，确定海域使用权立体分层利用的客体范围，关键是要明晰同一宗海域已设定用海使用权的空间范围，除此以外的海域范围属于海域使用权立体分层设立的客体范围，国家可根据海域开发利用需要重新设定海域使用权。

海域作为海域使用权的客体，通常是以四至坐标确定一定面积的海域作为海域使用权的客体范围，立体分层设立后海域使用权客体范围则通过三维立体空间进行界定，即通过八至坐标来确定某一层次的海域空间。海域所有权包括海域立体的全部空间范围，而海域使用权包括海域立体的全部空间范围或海域分层的部分空间范围。海域使用权人开发利用的海域范围仅包括其实际需要利用的分层空间范围,对于海域其他的纵向空间,不享有使用权。其他组织和个人要利用同一宗海域上下的其他空间,仍然需要向国家取得海域使用权。

3.5.3 立体分层设权的实施原则

海域资源本身的特点使得在海域的多层次使用中必然会存在相互影响或者相互矛盾的现象,立体分层设权就是为了提高资源利用率以及减少冲突而进行的,但是在立体分层设权的时候应遵循以下原则,以确保各个权利主体能够在最小的相互影响下从事相关用海活动:

(1) 明确空间原则。海域使用主体必须明确其使用海域的层次和范围,即对其使用海域的界限有准确的界定。这有助于避免不同主体在使用海域时因层次和界限模糊而引发冲突,同时也有利于充分利用海域资源。

(2) 鼓励协同原则。支持将使用的海域空间、时限相近的用海活动设置于同一海域,鼓励同一海域不同层次的海域使用主体从事的用海行为尽量达到用途互补。有助于减少用海活动权利主体之间的矛盾或影响,形成共同发展、进步的局面,提升海域空间资源的整体利用效率。

(3) 效力优先原则。即对于同一海域各层次的确权用海,一是后确权的用海需取得在先权利人的同意,避免给在先权利人的正常活动带来明显不利影响;二是剩余未利用空间资源优先供应给在先权利人,以便于海域使用管理。

(4) 效率优先原则。在海域空间多层次利用中要充分考虑各个用海项目本身以及相互组合后的资源配置效率问题,要实现资源的可持续发展,须提高资源的配置效率。即市场导向下,同一海域各层次空间资源优先供给空间利用率高以及对周边资源环境影响较小的用海活动。

(6) 综合统筹原则。海域空间多层次利用过程中,受到的影响因素很多,既有国家政策方面的,也有用海项目性质方面的,还有环境保护方面的。因此,在海域空间多层次利用中,既要考虑海域功能区划的要求,也要充分考虑用海项目的类型、用海项目的范围以及用海项目对环境造成的影响等。只有这样,才能保证海域空间多层次利用中的有序、有度,实现海域资源的合理利用。

3.5.4 立体分层设权的设立方式

海域立体分层设权应充分考虑国防安全、工程安全、生态安全和防灾减灾等因素,用海主体功能须符合国土空间规划,兼容功能须符合用途管制要求、国家产业政策和相关规划。对于未设定海域使用权的海域,仅使用单一层海域的跨海桥梁、海底电缆管道等线性工程,以及建设相互之间互补性强、兼容性高的海上风电、光电、海水养殖等用海项目,通过有偿方式设立海域立体分层使用权。对已设定海域使用权的海域,不同用海主体通过协商确立立体分层权属关系。

无论是水面、水体、海床还是底土,都蕴藏着不同种类的资源,基于现代海洋科学技术水平,通过登记的办法可以确定各个海域层次特定的范围,在特定的范围之内,权利人便可以予以支配并排除他人的干涉,从而设定相应的使用权。正是由于不同种类的资源具有独立的经济价值,因此可以根据海域资源的种类进行相应的分层确权。另外,一些特殊的或者比较复杂的用海行为,可能涉及水面、水体、海床和底土中的两种或者多种资源。因此,在根据不同资源类型进行分层确权的同时,也要根据用海活动的具体内容,进行综合使用权的界定。海域使用权的分层确权是指对不同用海活动使用的特定海域分别设置使用权。海域使用权就可以根据不同的海域层面设立水面使用权、水体使用权、海床使用权、底土使用权以及综合使用权。

(1) 水面使用权是指海域使用主体依法在一定期限内排他性的使用某一特定海域水面,并享有对该水面的占有、使用、收益和处分的权利。此类用海行为主要包括交通运输用海、旅游娱乐用海等,比如跨海桥梁、航道、海水浴场等。

(2) 水体使用权是指海域使用主体依法在一定期限内排他性的使用某一特定海域水体,并享有对该水体的占有、使用、收益和处分的权利。此类用海行为主要是渔业用海、工业用海等,比如筏式/网箱养殖、温(冷)排水等。

(3) 海床使用权是指海域使用主体依法在一定期限内排他性的使用某一特定海域海床,并享有对该海床的占有、使用、收益和处分的权利。此类用海行为主要是海底工程用海、渔业用海等,比如海底电缆管道、底播养殖、人工鱼礁等。

(4) 底土使用权是指海域使用主体依法在一定期限内排他性的使用某一特定海域底土,并享有对该底土的占有、使用、收益和处分的权利。此类用海行为主要是海底工程用海,比如海底电缆管道、海底隧道、海底场馆等。

(5) 综合使用权是指海域使用主体依法在一定期限内排他性的使用某一特定海域水面、水体、海床和底土,并享有对其的占有、使用、收益和处分的权利。综合使用权的设立主要是因为某些用海行为不只用到某一层的海域,可能用到多层的水域,因此在审批海域使用权时,可以根据用海行为所能够用到的海域层面进行确权。

分层确权后,海域不同层次的使用权具有几个共同的特征:一是使用海域是特定的,利用海域的任何一个部分,如水面、水体、海床、底土,都构成海域使用;二是固定使用海域,而非游动性使用;三是使用主体具有排他性;四是使用主体有权依法对特定的使用权进行处置。

3.5.5 立体分层设权的时效设置

立体分层设权的时效是指不同层次的用海项目取得某一空间层的海域使用权的有效时间。根据《海域使用管理法》规定,不同的用海项目其使用权的时效是不同的,在海域多层立体利用的过程中,其使用时效也不应该超过《海域使用管理法》所规定的期限要求,但可以更加灵活一些。由于不同层次的海域使用权其使用性质肯定是不同的,这也就造成不同层次的海域使用权按照其最高时效来说也是不同的。

一种模式是海域使用权立体分层设权的时效要求根据实际情况来确定。另一种模式是在充分考虑不同用海活动之间兼容性和协调性的基础上,将不同层次的海域使用权的使用时效设定为相同时间,这样不同性质、不同层次的用海项目在同一时间同时取得海域使用权,同时失去海域使用权,便于统一管理。

3.5.6 立体分层设权的注意事项

海域使用权立体分层设权后必须特别注意的是:第一,海域使用者在依法取得海域的使用权之后,海域使用者未经海域所有权主体的同意,不得擅自将一定的海域空间部分转让给他人,形成在同一海域空间存在多个相同或者相似使用权的现象。第二,如果海域使用者不能确定各层海域使用权的特定范围,即使海域使用者征得了海域所有权主体的同意,也不能将海域使用权转让给他人,以避免造成各层海域使用范围的交叠冲突。第三,海域所有权主体在同一海域设置不同层的使用权后,将不同层的海域使用权确认给不同的主体时,各权利主体在行使其权利时必然相互影响,两个权利人之间可能会发生矛盾。因此,海域所有权人设定海域使用权时必须对海域使用权的空间范围进行限定,并对可能存在影响或者矛盾的行为进行解释,以确定在使用不同层次的海域时各权利主体能够相互协作,避免冲突。

总之,海域使用权立体分层设权无论是从所有权的角度,还是从物权理论角度来看,都是讲得通的,同时在技术上、管理上都具有可行性。但海域使用权立体分层设权应在不相互排斥的前提下,根据水面、水体、海床和底土分层设立海域使用权,而且还可以设立海域综合使用权。除此之外,权利人所支配的空间必须要通过合同特别约定或者依法由政府机关确定进行特定化,同时应当登记。权利人必须在特定的空间行使其权利,不能延伸至他人所享有的空间范围,否则将构成对他人权利的侵害。

第四章

立体分层用海的基础理论框架

第四章 立体分层用海的基础理论框架

4.1 立体分层用海的生态环境承载力评估

4.1.1 评估对象

海域资源立体使用在高效使用海域资源的同时,对于海洋生态环境的影响也具有叠加和累积效应。明确海洋生态环境的影响对象,才能针对海洋生态环境影响对象的属性与特征建立海域资源立体使用下的海洋生态环境承载力评估指标体系,其评估结果可以作为生产要素质量变化分析的工具。

《海域使用管理法》第一章第二条界定了海域资源范围:"本法所称海域,是指中华人民共和国内水、领海的水面、水体、海床和底土。本法所称内水,是指中华人民共和国领海基线向陆地一侧至海岸线的海域"。

那么,海域资源立体使用下的海洋生态环境承载力评估对象可以分为海岸线、水面、水体、海床和底土五个层次。本书将水面和水体作为同一评估对象进行研究,因此,海域资源立体使用下的海洋生态环境承载力评估对象为海岸线、水体(含水面)、海床和底土。

4.1.2 评估原则

(1) 评估科学性。掌握评估对象的自然属性与发展特征,针对海岸线、水体(含水面)、海床和底土主要影响要素,确定评估对象主要影响要素的基线水平,以此作为海洋生态环境承载能力的依据。

(2) 指标可量化。海洋生态环境承载力所选取的评估指标应在现实、现时情况下可量化。

(3) 管理有效性。评估对象影响要素和评估指标的选择应具有管理及政策上的时效性、可操作性及有用性。

4.1.3 评估指标

(一) 海岸线

1. 自然属性与发展特征

(1) 砂(砾)质海岸线:潮间带底质主要为沙砾,是由粒径大小为 0.063~2.000 mm 的沙、砾等沉积物质在波浪的长期作用下形成的相对平直岸线(图 4.1-1)。

(2) 淤泥质海岸线:潮间带底质基本为粉砂淤泥,是由粒径为 0.01~0.05 mm 的泥沙沉积物长期在潮汐、径流等动力作用下形成的开阔岸线(图 4.1-2)。

(3) 基岩海岸线:潮间带底质以基岩为主,是第四纪冰川后期海平面上升,淹没了沿岸的基岩山体、河谷,再经过长期的海洋动力过程作用形成岬角、港湾相间的曲折岸(图 4.1-3)。

（4）生物海岸线：潮间带是由某种生物特别发育而形成的一种特殊海岸空间。生物海岸线多分布于低纬度的热带地区，主要有红树林海岸线、珊瑚礁海岸线、贝壳堤海岸线等。

图 4.1-1　砂（砾）质岸线

图 4.1-2　淤泥质岸线

第四章
立体分层用海的基础理论框架

图 4.1-3　基岩岸线

图 4.1-4　生物岸线

2. 相关管理制度与政策

(1)《海岸线保护与利用管理办法》

国家对海岸线实施分类保护与利用。根据海岸线自然资源条件和开发程度,分为严格保护、限制开发和优化利用三个类别。

①自然形态保持完好、生态功能与资源价值显著的自然岸线应划为严格保护岸线,主要包括优质沙滩、典型地质地貌景观、重要滨海湿地、红树林、珊瑚礁等所在海岸线。

严格保护岸线按生态保护红线有关要求划定,由省级人民政府发布本行政区域内严格保护岸段名录,明确保护边界,设立保护标识。

除国防安全需要外,禁止在严格保护岸线的保护范围内构建永久性建筑物、围填海、开采海砂、设置排污口等损害海岸地形地貌和生态环境的活动。

②自然形态保持基本完整、生态功能与资源价值较好、开发利用程度较低的海岸线应划为限制开发岸线。

限制开发岸线严格控制改变海岸自然形态和影响海岸生态功能的开发利用活动,预留未来发展空间,严格海域使用审批。

③人工化程度较高、海岸防护与开发利用条件较好的海岸线应划为优化利用岸线,主要包括工业与城镇、港口航运设施等所在岸线。

优化利用岸线应集中布局确需占用海岸线的建设项目,严格控制占用岸线长度,提高投资强度和利用效率,优化海岸线开发利用格局。

(2)《围填海管控办法》

2017年,国家发展改革委会同国家海洋局、国土资源部以自然岸线保护要求、围填海总量控制目标为基础,依据国民经济和社会发展规划纲要、海洋主体功能区规划、海洋功能区划,结合相关行业规划和国防安全、地方经济发展需要,制定全国围填海五年计划。

围填海项目应当依法编制海域使用论证报告和海洋环境影响报告。海域使用论证应当重点对项目用海的必要性,海洋功能区划及相关规划符合性,开发利用协调性,用海选址、方式和面积合理性,自然岸线占用等进行综合分析,提出海域使用管控措施。

(3)《自然资源部关于进一步明确围填海历史遗留问题处理有关要求的通知》

坚持生态优先、集约利用。对围填海工程开展生态评估,提出合理可行的生态修复措施,最大程度降低对海洋水动力和生物多样性等影响。将集约利用原则贯彻始终,最大限度控制填海面积,提升海域海岸线资源利用效率。

加快开发利用。对闲置或低效利用的围填海区域,参照《建设项目用海面积控制指标(试行)》和空间准入政策及相关行业用地标准要求,结合当地土地利用总体规划、城乡规划优化用海方案设计,统筹安排生产、生活和生态空间,严格限制围填海用于房地产开发、低水平重复建设旅游休闲娱乐项目及污染海洋生态环境的项目,提升海域海岸线资源利用效率。

进行必要的生态修复。结合项目围填海实际情况和生态保护目标要求或措施要求,参照《围填海项目生态保护修复方案编制技术指南(试行)》中提出的修复措施,由省级自然资源主管部门监督指导海域使用权人开展围填海工程生态建设,修复受损生境,提升新形成岸线的公众开放程度和景观生态效果,构建自然化、生态化的新海岸。

最大限度控制填海面积。对尚未完成围填海的,按照《建设项目用海面积控制指标(试行)》有关要求,充分体现生态用海理念,优化围填海平面设计,尽可能减少岸线资源的占用,科学合理确定围填海面积。其中围填海项目在海洋生态保护红线区域内的,原则上应中止,确无法中止的,拟从事的开发利用活动必须符合红线管控要求。

(4)《浙江省海洋与渔业局关于加强海岸线保护与利用管理的意见》

以习近平新时代中国特色社会主义思想为指导,坚持新发展理念,贯彻落实海洋生态文明建设要求,遵循保护优先、集约利用、科学整治、绿色生态原则,加强海岸线保护和利用管控,严格落实自然岸线保护要求,推进海岸线整治修复,发挥岸线资源在经济、社会和生态文明建设中的最大效益。到2020年,全省大陆自然岸线保有率不低于35%,海岛自然岸线保有率不低于78%,海岛现有砂质岸线长度不缩短,沿海设区市自然岸线保有量不低于省政府批准下达的控制指标。

健全海岸线管控机制。组织实施全省海岸线资源调查、自然岸线认定和保有量统计工作,组织拟订海岸线调查统计技术规范,制定海岸线整治修复评价导则,及时会同测绘与地理信息部门开展海岸线修测,指导沿海市、县(市、区)具体执行海岸线资源调查工作,切实掌握全省海岸线类型、利用状况、保护与整治修复等基本情况。

实施海岸线分类管控。根据海岸线自然资源条件和开发程度,将全省海岸线分为严格保护、限制开发和优化利用三个类别,实行分类保护与利用。

推进海岸线节约集约利用。禁用岸线不得占用,非禁用岸线限制占用。建设项目不必使用岸线进行生产经营的,原则上不得占用岸线。建设项目确需占用非禁用自然岸线的,要进行严格论证和审批,其海域使用论证报告应明确提出占用自然岸线的必要性和合理性结论。不能满足自然岸线保有量管控目标和要求的建设项目用海,负责审批的政府不予批准。

利用人工岸线的建设项目要按照节约集约利用的原则,优化平面布局,减少对水动力条件和冲淤环境的影响,增加新形成岸线长度,提高人工岸线利用效率。新形成的岸线原则上应缓坡入海,并进行生态建设,营造植被景观,促进海岸线自然化和生态化。

切实加强自然岸线保护,落实自然岸线占用整治修复责任。围填海项目确需占用非禁用自然岸线的,所在地市、县(市、区)政府要按照"占用与修复平衡"的原则,占用大陆岸线的应修复大陆岸线,占用海岛岸线的应修复海岛岸线,主导开展同址修复或异地修复。新形成的岸线应是具有自然海岸形态特征和生态功能、可以纳入自然岸线保有量统计范畴的岸线,统称为"生态岸线"。生态岸线认定标准,按照海岸线整治修复评价导则进行界定,国家另有规定的按国家规定界定。港口规划范围内的国家重大项目和省重点海洋港口建设项目占用非禁用自然岸线的,经过规定程序批准后,可采取统筹平衡的办法解决,具体办法由省海洋港口部门会同省海洋行政主管部门另行制订。

全面推进海岸线整治修复。整治修复应主要采取恢复海岸自然形态特征、维护海岸生态功能、美化海岸自然景观的工程措施。

(5)《山东省海洋局关于建立实施自然岸线占补制度的通知》

自然岸线占补是指项目用海用岛范围内涉及自然岸线或生态恢复岸线,在项目实施后将损害海岸地形地貌、改变海岸自然形态或影响海岸生态功能,导致海岸线类型、位置发生变化(以下简称"占用自然岸线"),要进行岸线整治修复,按要求将人工岸线恢复为自然岸线或生态恢复岸线。

自然岸线占补范围。我省管理海域范围内新增用海用岛项目、"已批未填类"围填海历史遗留问题项目及其他用海用岛项目等开发利用活动,凡涉及占用自然岸线的,必须落实自然岸线占补。

自然岸线占补方式。具备恢复成自然岸线、生态恢复岸线潜力的区域,利用本级财政资金或社会资本实施岸线整治修复,恢复成的自然岸线或生态恢复岸线,经认定合格后,可统筹用于自然岸线占补。

自然岸线占补比例。大陆自然岸线实际占比不低于全省自然岸线保有率管控目标的设区市,新增用海项目占用大陆自然岸线的,按照不低于1∶1的比例进行整治修复。大陆自然岸线实际占比低于全省自然岸线保有率管控目标的设区市,新增用海项目占用大陆自然岸线的,按照不低于1∶1.2的比例进行整治修复。非新增用海项目占用大陆自然岸线的,按照不低于1∶1的比例进行整治修复。项目占用海岛自然岸线的,按照不低于1∶1的比例进行整治修复。

自然岸线占补质量。新增用海用岛项目占用自然岸线,因落实自然岸线占补实施岸线整治修复,恢复成的自然岸线或生态恢复岸线的质量原则上不得低于占用岸线的质量。占用砂质岸线的,应恢复为砂质岸线;占用基岩岸线的,可恢复为砂质岸线、基岩岸线;占用泥质岸线的,可恢复为砂质岸线、基岩岸线、泥质岸线;占用生态恢复岸线的,可恢复为砂质岸线、基岩岸线、泥质岸线、生态恢复岸线。非新增用海用岛项目占用自然岸线,可恢复为自然岸线或生态恢复岸线。

(6)《福建省自然资源厅关于进一步加强自然岸线保护管理的通知》

严控建设项目占用自然岸线。将海岸线修测成果纳入国土空间规划"一张图",落实自然岸线保护要求。严格限制建设项目占用自然岸线,项目选址和平面设计应当避让自然岸线。国家重大项目需要新增围填海等改变海域自然属性,以及线性工程等基础设施,渔港、陆岛交通码头、防灾减灾等民生工程,海洋生态修复等公益项目,需要建设非透水构筑物且无法避让的,可以占用自然岸线。确需占用自然岸线的建设项目,要落实集约节约利用等要求,严格进行论证,海域使用论证报告应明确提出占用自然岸线的必要性与合理性结论。

建立自然岸线占补制度。按照规定允许建设项目占用自然岸线的,应当通过整治修复等措施补充生态恢复岸线,补充长度不少于占用长度。涉及占用自然岸线的建设项目,在上报用海申请时,应同步提交县级自然资源主管部门出具的自然岸线占补方案,明确补充生态恢复岸线的位置、长度,尚未完成整治修复的,还应当明确修复完成时间。不合理占用自然岸线或不能满足自然岸线保有率管控目标和要求的建设项目用海不予批准。已批未填围填海历史遗留问题项目继续填海占用自然岸线的,应当补充不少于占用长度的生态恢复岸线。探索跨设区市交易自然岸线占补指标。

建立自然岸线储备库。沿海各地要对新修测的海岸线进行全面摸排,对整治修复后可具有自然岸线形态特征和生态功能的岸线,纳入自然岸线储备库。对储备库中的岸线,各地要结合"蓝色海湾"等海洋生态保护修复项目进行整治修复,重点安排沙滩修复养护、近岸构筑物清理与清淤疏浚整治、滨海湿地植被种植与恢复、海岸生态廊道建设等工程,经省厅组织专家认定具有自然岸线形态特征和生态功能的,纳入自然岸线管理,可用于项目的自然岸线占补;对已经用于占补的生态恢复岸线,应当及时调出储备库。沿海地方人民政府要完善海岸线整治修复资金投入机制,积极引导社会资本参与。社会资本投入并完成修复生态岸段的,在符合规划和产业要求的前提下,允许依法依规取得一定份额的海域使用权,从事旅游、康养、渔业生态养殖、渔港设施等产业开发利用。

3. 指标体系

根据海岸线的自然属性和发展特征,结合管理政策要求,海岸线生态环境承载力包括环境质量和生态服务功能两个方面。按照人工岸线和自然岸线分布评估(表4.1-1)。

人工岸线,主要从海岸线作为生活、生产要素的建设环境和服务水平来考虑。其中,环境质量的评价因子包括海岸防护设施破损程度、亲海环境质量、景观观赏水平、文化设施建设水平、交通运输基础设施建设水平、渔业基础设施建设水平、商住与工业设施成熟度;生态服务功能的评价因子包括海岸防护服务、旅游文化服务、渔业服务、交通运输服务、商住与工业服务。

自然岸线,主要从海岸线的自然属性且将自然岸线向着建成国家公园的发展方向来考虑。环境质量的评价因子包括海岸粒度水平、海岸景观破碎度、海岸环境质量、生物栖息空间环境质量、岸线长度;生态服务功能的评价因子包括生物多样性和海洋碳汇。

表4.1-1 海岸线生态环境承载力评估指标

评估对象	评价指标	评价因子
人工岸线	环境质量	海岸防护设施破损程度
		亲海环境质量
		景观观赏水平
		文化设施建设水平
		交通运输基础设施建设水平
		渔业基础设施建设水平
		商住与工业设施成熟度

续表

评估对象	评价指标	评价因子
人工岸线	生态服务功能	海岸防护服务
		旅游文化服务
		渔业服务
		交通运输服务
		商住与工业服务
自然岸线	环境质量	海岸粒度水平
		海岸景观破碎度
		海岸环境质量
		生物栖息空间环境质量
	生态服务功能	岸线长度
		生物多样性
		海洋碳汇

(二)水体(含水面)

1. 自然属性与发展特征

(1)海洋环境属性

海洋环境容量是指特定海域对污染物质所能接纳的最大负荷量。通常,环境容量越大,对污染物容纳的负荷量即越大;反之越小。环境容量的大小可以作为特定海域自净能力的指标。海洋环境容量大小以自然属性为基础。自然属性是指特定环境本体所具有的性质或条件,如海洋环境空间的大小、位置、形态等地质条件,潮流、温度等水文条件,以及污染物的理化性质等。自然客观属性的不同在一定程度上决定了不同环境对特定污染物自净能力的不同。通常所说的海洋环境容量一般是指年环境容量。

环境容量这一定义还隐藏着三层含义:污染物只要不超过一定的阈值就不会对环境造成影响;在不影响环境特性的前提下,任何环境容纳污染物的容量都是有限的;环境容量可以定量化。在给出海洋环境容量的准确定义后,其概念主要应用于海洋环境质量管理,在海洋环境管理中实行对个别污染物排放浓度的控制。当计算海洋中某项污染物总量是否超标时,只有采取总量控制的办法,才能有效地消除或减少污染的危害,避免排入的污染物过量。

海水环境质量评价是海水环境管理和海水环境容量计算的基础,海水环境质量评价方法是海水环境质量评价的核心,有其独特的重要性。常用的环境质量评价模型可以分为以下三种类型:

①环境质量指数模型,如单因子环境质量指数评价方法、环境质量综合指数评价方法等;

②环境质量分级模型,如总分法、加权求和法、模糊数学法和灰色数学法等;

③环境质量综合评价的半定量模型,如生态图法、层次分析法和人工神经网络

法等。

海洋环境容量研究中本底浓度必须一致,才能科学地开展海洋环境容量计算,实施污染物总量控制。在某一特定海域内,根据污染物的地球化学行为计算环境容量的方法,因污染物不同而异。一般有以下几种:

①可溶性污染物以化学需氧量或生化需氧量为指标计算其污染负荷量,通常采用数值模拟中的有限元法和有限差分法,即通过潮流分析计算浓度场;

②重金属的污染负荷量以其在底质中的允许累积量表示;

③轻质污染物(如原油)的污染负荷量则通过换算水的交换周期求得。

(2) 海洋生态属性

海洋生态系统是指在海洋中由生物群落及其环境相互作用所构成的自然系统。整个海洋是一个大生态系统,包括很多不同等级(或水平)的海洋生态系统,每个海洋生态系统都占据一定的空间,包含有相互作用的生物和非生物组分,通过能量流动和物质循环构成具有一定结构和功能的统一体。按生物群落划分,一般分为红树林生态系、珊瑚礁生态系、藻类生态系等。

海洋生态系统服务功能为对人类生存和生活质量有贡献的海洋生态系统产品和服务。海洋生态系统向人类提供的产品和服务有很多,包括各种海产品、化工原料、基因资源等,同时还通过调节气候、废弃物处理、物质循环等,维持着人类赖以生存的自然环境的平衡。海洋生态系统服务功能具体可划分为供给功能、调节功能、文化功能和支持功能四大类。供给功能是指海洋生态系统为人类提供食品、原材料、基因资源等产品,从而满足和维持人类物质需要的功能,主要包括食品生产、原料生产、基因资源提供等功能。调节功能是指人类从海洋生态系统的调节过程中获得的服务功能和效益,主要包括气体调节、气候调节、废弃物处理、生物控制、干扰调节等功能。文化功能是指人们通过精神感受、知识获取、主观印象、消遣娱乐和美学体验等方式从海洋生态系统中获得的非物质利益,主要包括休闲娱乐、文化价值和科研价值等功能。支持功能是保证海洋生态系统供给功能、调节功能和文化功能的提供所必需的基础功能,具体包括营养物质循环、物种多样性维持和提供初级生产的功能。

2. 相关管理制度与政策

(1)《中华人民共和国海洋环境保护法》

为了保护和改善海洋环境,保护海洋资源,防治污染损害,保障生态安全和公众健康,维护国家海洋权益,建设海洋强国,推进生态文明建设,促进经济社会可持续发展,实现人与自然和谐共生,根据宪法,制定《中华人民共和国海洋环境保护法》。

1982年8月23日第五届全国人民代表大会常务委员会第二十四次会议通过;

1999年12月25日第九届全国人民代表大会常务委员会第十三次会议第一次修订;

根据2013年12月28日第十二届全国人民代表大会常务委员会第六次会议《关于修改〈中华人民共和国海洋环境保护法〉等七部法律的决定》第一次修正;

根据 2016 年 11 月 7 日第十二届全国人民代表大会常务委员会第二十四次会议《关于修改〈中华人民共和国海洋环境保护法〉的决定》第二次修正；

根据 2017 年 11 月 4 日第十二届全国人民代表大会常务委员会第三十次会议《关于修改〈中华人民共和国会计法〉等十一部法律的决定》第三次修正；

2023 年 10 月 24 日第十四届全国人民代表大会常务委员会第六次会议第二次修订。

(2)《"十四五"海洋生态环境保护规划》

为深入贯彻落实习近平生态文明思想和习近平总书记关于海洋生态环境保护的重要指示批示精神，扎实有序做好"十四五"期间海洋生态环境保护工作，生态环境部、国家发展改革委、自然资源部、交通运输部、农业农村部、中国海警局联合印发《"十四五"海洋生态环境保护规划》。

《"十四五"海洋生态环境保护规划》以习近平新时代中国特色社会主义思想为指导，深入贯彻习近平生态文明思想，以海洋生态环境突出问题为导向，以海洋生态环境持续改善为核心，聚焦建设美丽海湾的主线，统筹谋划"十四五"海洋生态环境保护目标指标和任务措施，更加注重公众亲海需求，更加注重整体保护和综合治理，更加注重示范引领和长效机制建设，更加注重科技创新与治理能力提升，更加注重深度参与全球海洋生态环境治理，在此基础上研究提出了"十四五"期间的主要指标和 2035 年的远景目标。

从五个方面部署了相关重点工作：一是强化精准治污，以近岸海湾、河口为重点，分区分类实施陆海污染源头治理，深入打好重点海域综合治理攻坚战，陆海统筹持续改善近岸海域环境质量；二是保护修复并举，坚持山水林田湖草沙一体化保护和修复理念，更加注重整体保护和系统修复，着力构建海洋生物多样性保护网络，恢复修复典型海洋生态系统，强化海洋生态监测监管，提升海洋生态系统质量和稳定性；三是有效应对海洋突发环境事件和生态灾害，加强海洋环境风险源头防范，全面摸排重大海洋环境风险源，构建分区分类的海洋环境风险防控体系，加强应急响应能力建设；四是坚持综合治理，系统谋划、梯次推进海湾生态环境综合治理，强化"水清滩净、鱼鸥翔集、人海和谐"的美丽海湾示范建设和长效监管，切实解决老百姓反映强烈的突出海洋生态环境问题；五是协同推进应对气候变化与海洋环境治理、生态保护修复，开展海洋碳源汇监测评估，推进海洋应对气候变化的响应监测与评估，有效发挥海洋固碳作用，提升海洋适应气候变化的韧性。

按照构建现代环境治理体系等要求，从四个方面提出了相关重点任务和支撑保障措施：一是健全完善海洋生态环境保护法律法规和责任体系，推进陆海统筹的生态环境治理制度建设，加强海洋生态环境监管体系和监管能力建设，建立健全权责明晰、多方共治、运行顺畅、协调高效的海洋生态环境治理体系；二是以科技创新驱动海洋生态环境治理能力提升，着力补齐基础性、关键性支撑保障能力，推进国家、海区和地方海洋生态环境治理能力的整体提升；三是践行海洋命运共同体理念，促进海洋生态环境保护国际合作,切实履行海洋生态环境保护国际公约,积极参与全球海洋生态环境治理;四是明确了加强组织领导、加大投入保障、严格监督考核、加强宣传引导等组织保障措施。

3. 指标体系

水体(含水面)生态环境承载力评估分为环境质量和生态服务功能两个方面。环境质量的评价因子包括海水水质质量、海洋生物质量、海洋生态质量、漂浮垃圾;生态服务功能的评价因子包括生物多样性、渔业资源、污染净化(表4.1-2)。

表4.1-2 水体(含水面)生态环境承载力评估指标

评估对象	评价指标	评价因子
水体(含水面)	环境质量	海水水质质量
		海洋生物质量
		海洋生态质量
		漂浮垃圾
	生态服务功能	生物多样性
		渔业资源
		污染净化

(三)海床

1. 自然属性与发展特征

海床是指海洋板块构成的地壳表面,它对陆地形态的演变及地质史有重要影响。如果我们能够把海水全部抽干,便可以欣赏到海床的美丽景色。那里与陆上地形非常相似,有高山和深谷、缓坡和平原以及沟壑和丘脊。

海床周围寒冷、黑暗且寂静。这里的温度从来不会高于冰点,也不会有阳光。植物因吸收不到阳光而无法生长,因此这里非常缺乏食物。深海动物能过滤海水和海床的泥土,筛出一些从水面沉下来的食物碎屑。这里的动物都能很好地适应这种环境。有些动物有很柔软的身体和很大的头,因为没有波浪,不需要有坚硬的皮肤和骨骼。它们很多是盲眼,在水中缓慢地移动。巨大无比的海蜘蛛、无精打采的蠕虫和海绵,都是黑暗的海床中不同寻常的住客。

管栖蠕虫喜欢群居。白色的一端藏在海床下,另一端是红色羽毛状的呼吸器官。

短吻三刺鲀是深海里最古怪的生物之一。它用3个很长的鳍把自己固定在海床上,并以这样的姿势耐心地等待猎物游过。科学家判断,短吻三刺鲀的这个姿势可以让它较容易地嗅到海床上流过的海水中的食物。

2. 相关管理制度与政策

在领海下的海床属于国家的主权;在大陆架和专属经济区下的海床属于国家管辖范围之内;而在公海下的海床,现在按照1982年《联合国海洋法公约》的规定,被称为"区域"(即国际海底区域)和国家管辖范围以外的海床和洋底及其底土。

3. 指标体系

海床是海洋、海底生物的主要栖息和生存空间。因此,对于海床生态环境承载力的评估主要考虑生物群落与组成和海洋沉积物环境质量两个方面。环境质量的评价因子为海洋沉积物环境质量;生态服务功能的评价因子包括生物多样性、生物群落结构(表4.1-3)。

表4.1-3 海床生态环境承载力评估指标

评估对象	评价指标	评价因子
海床	环境质量	海洋沉积物环境质量
	生态服务功能	生物多样性
		生物群落结构

(四)底土

底土是保障海洋地质结构的重要部分。对于底土生态环境承载力的评估主要考虑地质灾害和地质结构稳定性(表4.1-4)。

表4.1-4 底土生态环境承载力评估指标

评估对象	评价指标	评价因子
底土	地质灾害	地震
	地质结构稳定性	断裂层

4.1.4 评估方法

海域资源立体使用下的海洋生态环境承载力评估采用"指数法"。指数法是指各评估层按照评价因子评价结果水平,从高到低打分,每个因子分为高、中、低3级,分值分别为3、2、1。得到评价因子分值后,按照以下方法进行计算,得出海洋生态环境立体承载力评估指数:

$$CAI = \frac{\sum_{i,j=1}^{n} v_{ij}}{V_i}$$

式中,CAI 为海洋生态环境立体承载力评估指数;v_{ij} 为第 i 层第 j 个评价因子的得分;V_i 为第 i 层海洋生态环境立体承载力总分。

4.2 立体分层用海的适宜性分析

立体分层用海的适宜性分析,也是按照海岸线、水体(含水面)、海床和底土四个层次开展分析评价。

4.2.1 海岸线

《海岸线保护与利用管理办法》已经颁布实施，建立了海岸线分类保护制度，是推进自然海岸保护工作顺利开展的重要基础和政策抓手。同时，原国家海洋局制定并印发了《海岸线调查统计规程（试行）》（以下简称《规程》），对自然海岸的概念和分类都给出了明确定义。依据《规程》定义，自然海岸包括两类，一类是基岩海岸、砂质海岸及淤泥质海岸等原生海岸；另外一类是指通过整治修复后具有自然海岸形态特征和生态功能的海岸线。再有，索安宁等在《海岸线分类体系探讨》一文中，依据海岸底质特征和空间形态将自然海岸线划分为基岩海岸线、砂质海岸线、淤泥质海岸线、生物海岸线和河口海岸线。笔者认为，整治修复后具有自然海岸形态特征和生态功能的海岸线已经受到人工干扰，不属于本文评价的海岸类型。因此，本书中参与评价的海岸类型包括基岩海岸、砂质海岸、淤泥质海岸及河口海岸等原生海岸。

依据自然海岸的定义，很多具有自然属性的海岸应被确定为自然海岸，都应纳入自然海岸管理。但是，其中包含了零碎的、受损的以及丧失自然海岸基本功能的自然海岸，应展开对其的修复和治理。因此，为贯彻落实《海岸线保护与利用管理办法》，保障自然海岸的保护、修复和治理工作顺利开展，本书通过建立多指标评价体系，将自然海岸分为严格保护、加强保护、修复维护和整治恢复4个级别，对于不同保护级别海岸进行分级管控，有针对性地进行保护和治理，为海岸综合管理、整治修复、资源开发等工作提供参考依据。因此，海岸线使用适宜性分析是从自然岸线保护适宜性角度考虑的。

（一）自然海岸保护适宜性评价指标体系构建

评价指标的选择应遵循全面性、代表性、空间差异性等原则，本研究建立了岸线形态、岸线地质结构、近岸海水动力、岸线开发利用程度、岸线受损程度、岸线规模以及岸线生态服务功能7个评价指标，如表4.2-1所示。

表4.2-1 自然岸线保护适宜性评价指标

序号	指标	指标说明
1	岸线形态	反映岸线健康情况
2	岸线地质结构	反映岸线的稳定性
3	近岸海水动力	影响岸线的自然形态和地质结构的健康稳定性
4	岸线开发利用程度	人工干扰影响岸线自然属性的稳定性
5	岸线受损程度	影响岸线的健康和稳定性
6	岸线规模	反映岸线的抗侵蚀能力
7	岸线生态服务功能	岸线周边具有典型服务功能。比如林地、耕地、草地、河口湿地、生物栖息地、生物海滩、产卵场、索饵场、越冬场，生态景观，旅游文化等具有生态服务功能价值的岸线

岸线形态是海陆相互作用的最直接自然产物,其形态特征、曲折度、长度等要素在一定程度上能够反映出岸线的健康情况,因此选用岸线形态作为评价指标之一,通过形态指数来评价岸线形态的优美度。岸线地质结构的稳定性直接影响岸线整体的稳定,应选用作为评价指标。近岸海水动力的强弱对岸线的健康和稳定性至关重要。人工对自然岸线的干扰有可能会改变岸线的自然属性,影响自然岸线的稳定性,继而选用岸线开发利用程度作为评价指标。岸线受损程度直接反映出岸线的受损情况,可以明确岸线应采取的管理措施。根据调查研究发现,规模较大、岸线完整的岸线较规模小、零碎的岸线抗侵蚀能力强。从提供生态服务功能的重要程度来看,可以基本反映出岸线的生态服务功能价值。

综上所述,从岸线的自然属性、人为干扰以及生态服务功能三个角度确立适宜性评价指标,基本能够反映出岸线的保护适宜性,从而划分出严格保护、加强保护、修复维护和整治恢复4个保护级别。

(二)评价指标评价标准及原则

(1)岸线形态指数计算模型级量化赋值:

$$Q_i = \frac{L_i}{d_i}$$

式中,Q_i为岸线形态指数;L_i为岸线总长度;d_i为岸线的起始点距离。Q_i能体现出岸线的曲折程度,曲折度越大,Q_i越大,说明岸线形态越优美,越健康(表4.2-2)。

表 4.2-2　岸线形态量化赋值表

分级阈值	基本分类	赋值
$Q>1.5$	岬角或海湾式岸线	4
$1.5 \leqslant Q \leqslant \text{Min}\{中值,平均值\}$	自然形态保持完好岸线	3
$Q \in \{中值 \sim 平均值之间\}$	基本保持自然形态岸线	2
$1.0 \leqslant Q \leqslant \text{Min}\{中值,平均值\}$	自然形态受损岸线	1

(2)岸线地质结构评价模型及量化赋值

由于不同岸线类型地质结构不同,无法构建统一评价模型,因此本书分类构建评价模型。

①基岩岸线

针对基岩岸线现状状况、稳定程度采用以下3个因子进行评价:a.风化程度,指岩体在遭受物理、化学、生物等多种风化作用下,发生碎裂、层解、崩塌等后岩体遭受破坏的程度;b.裂隙发育程度,指岩体表面及内部节理、裂理等构造发育程度;c.岩性组成,指反映岩石特征的一些属性,如颜色、成分、结构、胶结物等,不同岩性组成的岩体其稳定性相差很大。岩体风化程度按以下标准进行评判(表4.2-3)。

表 4.2-3 岩体风化等级定性划分

风化程度	描述
未风化	岩质新鲜,偶见风化痕迹
中等风化	结构部分被破坏,沿节理面有次生矿物,风化裂隙发育,岩体被切割成岩块。用镐难挖,岩芯钻可钻进
强风化	结构大部分被破坏,矿物成分显著变化,风化裂隙发育,岩体破碎,用镐可挖,干钻不易钻进
全风化	结构基本被破坏,但尚可辨认,有残余结构强度,可用镐挖,干钻可钻进

裂隙发育程度采用 RQD(Rock Quality Designation)指标进行评价。按 RQD 值的高低,将岩体裂隙发育程度划分为 4 类(表 4.2-4)。

表 4.2-4 裂隙发育程度划分

RQD(%)	裂隙发育程度
90~100	不发育
75~90	较发育
50~75	发育
25~50	强烈发育

岩性组成能够直接体现出岩体抵抗风化作用前强度,进而反映出岩体的稳定性,岩性组成可按下列标准进行评判(表 4.2-5)。

表 4.2-5 岩性评价标准

岩体稳定性	岩性		
	火山岩	沉积岩	变质岩
极稳定	酸性岩	陆源碎屑岩	高级变质岩
稳定	中性岩	火山碎屑岩	接触变质岩
较稳定	基性岩	碳酸盐岩	中级变质岩
不稳定	超基性岩	生物沉积岩	低级变质岩、动力变质岩

从岩体风化程度、裂隙发育程度和岩性组成 3 个方面采用打分制对基岩岸线的稳定性进行评价,各因子权重为 1∶1∶1,最终给出因子总得分,评价标准如表 4.2-6 所示。

表 4.2-6 基岩岸线稳定性量化赋值表

风化程度	裂隙发育程度	岩性组成	赋值
未风化	90~100	极稳定	4
中等风化	75~90	稳定	3
强风化	50~75	较稳定	2
全风化	25~50	不稳定	1

②砂质岸线

在全地形监测的基础之上，以沙滩年际损失量变化程度和岸线变化速率作为评价因子，对沙滩稳定性进行评价。

a. 均变沙滩

该类型沙滩整体以稳定速率遭受侵蚀，变形平缓，无局部强烈侵蚀或淤积状况，对于该种沙滩采用年际损失量变化程度进行单因子评价。

以第一年监测数据为基准，将后期逐年监测数据与其进行对比，进行年际损失量计算。年际损失量变化程度按照下面公式进行计算：

$$L = \frac{V_0 - V_x}{V_0} \times 100\%$$

式中，L 为年际损失量变化程度；V_0 为第一年监测沙滩存量，一般以 m^3 为单位；V_x 为后期逐年监测沙滩存量，一般以 m^3 为单位。

b. 突变沙滩

该类型沙滩受某些特定因素影响，如在沙滩内部存在河流入海口、拦沙堤、管道、构筑物等外在因素，在局部岸段会发生强烈侵蚀或淤积，影响沙滩整体美观效果。对于该种沙滩，采用年际损失量变化和岸线变化速率双因子进行评价。

以第一年监测数据为基准，将后期逐年监测数据与其进行对比，进行年际损失量计算。岸线变化速率可按照下面公式进行计算：

$$R = \frac{\sum_{i=1}^{n} f_i (B_i - B_0)}{n \cdot T}$$

式中，R 为岸线年际变化速率；B_0 为岸线起始位置，即第一次监测的外缘线，可定义为 0；B_i 为现阶段不同位置处岸线与基线 B_0 距离差，一般以 m 为单位；n 为进行岸线位置比对所选取的岸段数量；T 为时间因子，一般以年(a)为单位；则 R 的单位为 m/a。

对于单因子评价的沙滩，其因子权重为 1；对于双因子评价的沙滩，各因子权重均为 0.5，综合后给出因子得分。因子得分可参照表 4.2-7 进行评判。

表 4.2-7 砂质岸线稳定性量化赋值表

年际损失量变化程度 L(%)	岸线变化速率 R(m/a)	赋值
$L \leq 2$	$R < 0.05$	4
$2 < L \leq 5$	$0.05 < R \leq 0.10$	3
$5 < L \leq 10$	$0.10 < R \leq 0.15$	2
$L > 10$	$R > 0.15$	1

③淤泥质岸线

该类型岸线是由小于 0.05 mm 粒级的粉砂、泥质组分构成，淤泥质岸线较为平直,海滩宽广,岸滩坡度极缓,在岸滩形成塑造过程中,潮流起着主导作用,主要分布在大河入海口沿岸。

淤泥质岸线是沉积分异作用最明显的产物之一,也是水动力强弱的敏感指标,其形成后一般处于稳定状态。但随着人类活动加剧、河流入海泥沙减少、极端天气频发等多种因素影响,淤泥质岸线同样会出现侵蚀、淤积状况。高抒通过对沉积物粒度参数研究得出结论——粒度参数的平面差异可以指示物质输运信息,并建立了沉积物粒径输运趋势分析模型,以此为评价因子,对淤泥质岸线的稳定性进行评价。

在待评价岸线潮间带上均匀布设沉积物采样站位,采样比例尺可根据岸线规模自行设定,室内采用激光法对沉积物粒度进行分析,采用粒径输运趋势分析模型对沉积物输运趋势进行分析,根据分析结果进行淤泥质岸线稳定性评价,因子评价准确程度与采样密度密切相关,评价标准如表4.2-8所示。

表4.2-8 淤泥质岸线稳定性量化赋值表

输运方向	稳定性	赋值
均匀分布	稳定	4
向岸输运	淤积	3
沿岸输运	局部侵蚀或淤积	2
离岸输运	侵蚀	1

④河口岸线

河口岸线主要分布在河流入海口,水动力条件较为复杂,采用岸线侵蚀后退速率作为评价因子,对河口岸线稳定性进行评价。

可采用不同年限遥感影像数据进行对比分析,亦可采用现场监测方式进行河口岸线侵蚀后退速率判定。以周年为间隔,以第一次监测数据为基准,将后期监测数据与其进行对比分析,进行岸线侵蚀后退速率计算,可按照下面公式进行计算:

$$B = \frac{C_x - C_0}{T}$$

式中,B为岸线侵蚀后退速率;C_0为岸线起始位置,即第一次监测的外缘线,可定义为0;C_x为现阶段不同位置处岸线与C_0基线距离差,一般以m为单位;T为时间因子,一般以(a)为单位;则B的单位为m/a。

河口岸线稳定性采用单因子进行评价,因子得分标准如表4.2-9所示。

表4.2-9 河口岸线稳定性量化赋值表

岸线侵蚀后退速率(m/a)	赋值
$B \leqslant 0.1$	4

续表

岸线侵蚀后退速率(m/a)	赋值
$0.1<B\leqslant 0.3$	3
$0.3<B\leqslant 0.5$	2
$B>0.5$	1

(3) 近岸海水动力量化赋值

本书的研究重点在于确定岸线的健康情况和稳定性,以分析岸线的保护适宜性,因此不对海水动力进行深入探讨和研究,只对近岸海水动力对自然岸线的岸线形态和地质结构可能造成的侵蚀程度进行分析。采用近岸多年平均波高 H 作为评价因子。波高 H 由高到低,分别表示近岸海水平稳、近岸海水较平稳、近岸海浪较大和近岸海浪大 4 个级别(表 4.2-10)。

表 4.2-10 近岸海水动力量化赋值表

分级阈值(m)	基本分类	赋值
$H\leqslant 0.1$	微浪	4
$0.1<H\leqslant 0.5$	小浪	3
$0.5<H\leqslant 1.5$	轻浪	2
$1.5<H\leqslant 3.0$	中浪	1

(4) 岸线开发利用程度计算模型及量化赋值

提取评价岸线 1 km 范围内的开发利用现状,包括向陆一侧 1 km 的土地利用现状和向海一侧 1 km 的开发利用现状。

$$Z_i = \frac{\sum_{i=1}^{n} x_i^2}{\left(\sum_{i=1}^{n} x_i\right)^2}$$

式中, Z_i 为岸线开发利用指数; x_i 为某类开发利用类型的面积。Z_i 值越大,说明开发利用类型越少,自然性越高,对岸线来说稳定性也相对越高。

岸线开发利用指数 Z 的阈值范围为[0,1],趋近于 0 说明利用程度较小,自然属性保持较好;趋近于 1 说明利用程度高,人工较强。均分为 4 个区间,如表 4.2-11 所示。

表 4.2-11 岸线开发利用程度量化赋值表

分级阈值	基本分类	赋值
$0\leqslant Z\leqslant 0.25$	开发利用程度低	4
$0.25<Z\leqslant 0.5$	开发程度较低	3

续表

分级阈值	基本分类	赋值
$0.5<Z\leqslant0.75$	开发程度较高	2
$0.75<Z\leqslant1$	开发程度高	1

(5) 岸线受损程度计算模型及量化赋值

$$U=1-\frac{L_{受损}}{L_{总长}}$$

式中,U 为岸线受损指数;$L_{受损}$ 为岸线受损长度;$L_{总长}$ 为岸线总长度。U 体现出岸线的受损程度,U 越大,说明岸线受损程度越低,岸线越健康。岸线分为微受损、轻受损、中度受损和严重受损 4 个等级(表 4.2-12)。其中,微受损表现特性为自然修复能力较强,不需要人工干扰修复;轻受损表现为有自然恢复能力,需投入简单的人工干扰修复;中度受损表现为自然修复能力较弱,需投入一定的人工干扰修复;严重受损表现为几乎没有自然修复能力,必须投入人工干扰修复。

表 4.2-12　岸线受损程度量化赋值表

分级阈值	基本分类	赋值
$U>0.9$	微受损	4
$0.7<U\leqslant0.9$	轻受损	3
$0.5<U\leqslant0.7$	中度受损	2
$U\leqslant0.5$	严重受损	1

(6) 岸线规模量化赋值

采用岸线总长度 $L_{总长}$ 来评价岸线的规模大小。根据岸线规模的大小进行分级,分为较大规模、中等规模、较小规模及零碎 4 个等级(表 4.2-13)。

表 4.2-13　岸线规模量化赋值表

分级阈值(km)	基本分类	赋值
$L>3$	较大规模	4
$1<L\leqslant3$	中等规模	3
$0.3<L\leqslant1$	较小规模	2
$L\leqslant0.3$	零碎	1

(7) 岸线生态服务功能量化赋值

海岸带生态系统类型复杂,生态服务功能多样,在维护海洋生态系统、陆地生态系统稳定性中发挥着重要作用。本书采用评价岸线周边典型的提供生态服务功能的数量来衡量岸线生态服务功能价值量。

表 4.2-14　岸线生态服务功能量化赋值表

分级阈值	基本分类	赋值
具有 3 个以上典型生态服务功能区	综合型生态服务功能岸线	4
具有 2 个典型生态服务功能区	协调型生态服务功能岸线	3
具有 1 个典型生态服务功能区	典型生态服务功能岸线	2
没有典型生态服务功能区	简单型生态服务功能岸线	1

（三）自然岸线保护适宜性综合评价模型

自然岸线保护适宜性综合评价模型由 3 个层级构成，分别为压力层、承压层和供给层。通过建立 3 个层级间的模型关系，得出综合评价指数。综合评价指数的数值不同，表示自然岸线的保护适宜性不同。依据计算结果的数据特征，由高到低确定分级，分为 4 个保护级别，分别为严格保护、加强保护、修复维护和整治恢复。综合评价模型如下式：

$$K_i = \frac{承压层}{压力层} \times 供给层 = \frac{\sum_{i=1}^{n} C_i}{\sum_{j=1}^{n} P_i} \times G$$

式中，承压层指标包括岸线形态、岸线地质结构和岸线规模；压力层包括近岸海水动力、岸线开发利用程度和岸线受损程度；供给层包括岸线生态服务功能。K_i 为适宜性综合评价指数，C_i 为承压层评价指标值，P_i 为压力层评价指标值，G 为供给层评价指标值。K_i 的阈值范围为[1,16]，具体分级如表 4.2-15 所示。

表 4.2-15　数值分级表

分级阈值	基本分类
$12 < K \leqslant 16$	严格保护岸线
$8 < K \leqslant 12$	加强保护岸线
$4 < K \leqslant 8$	修复维护岸线
$1 \leqslant K \leqslant 4$	整治恢复岸线

通过建立自然海岸保护适宜性综合评价模型，将自然海岸保护级别分为以下 4 类：

（1）严格保护海岸：该海岸为最高保护级别，海岸特征表现为自然属性和生态功能保持完好，自我修复能力强，海岸健康且稳定；

（2）加强保护海岸：该海岸为次级保护级别，海岸特征表现为自然属性和生态功能基本保持完好，具有自我修复能力，但海岸健康和稳定性有所受损；

（3）修复维护海岸：该海岸为第三级保护级别，海岸特征表现为具有自然属性，生

态服务功能较弱,自我修复能力较弱,海岸健康和稳定性已经有不同程度的破坏;

(4) 整治恢复海岸:该海岸为最低保护级别,海岸特征表现为具有自然属性,生态服务功能弱,几乎没有自我修复能力,海岸健康和稳定性遭到破坏,海岸受损严重。

在实际管理中,针对不同保护级别的自然海岸,建立不同的保护管控制度。建议严格保护海岸应在最大程度上避免人工干扰,保护其自然属性和生态功能,保障其生态服务供给能力,用自然力量保持生态系统平衡;加强保护海岸应尽量减少人工干扰,利用海岸自我修复能力恢复海岸功能;对于修复维护海岸和整治恢复海岸则应适当投入人工干扰以维护和保持海岸的自然属性特征,两者不同之处在于:修复维护海岸投入的人工干扰应以辅助自然修复力量为主,自然能修复的部分交给自然,整治恢复海岸则是着重于整治,利用人工干扰来恢复、维持和保护海岸的自然属性。

4.2.2 水体(含水面)

针对水体(含水面)使用的适宜性分析建立在海洋生态红线、国土空间规划、海岸带空间规划等海域资源保护利用管理制度基础上。那么,水体(含水面)使用的适宜性分析原则如下:

(1) 遵守"三区三线"管控制度;
(2) 按照国土空间规划、海岸带空间规划等资源使用要求执行;
(3) 在承载力评估的基础上,充分考虑各功能区的生态环境承载能力;
(4) 以海洋事业高质量发展为根本,满足海洋可持续发展的要素供给。

综上所述,针对水体(含水面)使用的适宜性分析为海洋功能分区(国土空间规划或海岸带空间规划)。评价指标如表4.2-16所示。

表 4.2-16 水体(含水面)使用的适宜性评价指标

评价对象	评价级别	评价指标	量化指标
水体 (含水面)	一级	海洋生态红线	面积
		海洋环境容量底线	容量
		海域资源利用上线	体积(面积×水深)
	二级	海洋生态环境承载力	现状(基准值)与保护目标的差值
	三级	海洋经济发展与资源环境禀赋的协调性	经济发展目标与海洋生态环境承载力的比值
		人海系统发展	人类生存、生活、生产要素的单位拥有量

如上表,评估级别分为三级,对于水体(含水面)的使用适宜性评价是按照一级、二级、三级的顺序依次评价。对三次的评价结果进行综合分析,以确定各评价单元的水体(含水面)的使用适宜性。

当评价级别为一级时,是对于水体(含水面)使用适宜性的基础评价,包括海洋生态红线、海洋环境容量底线、海域资源利用上线。这是从海洋自然属性角度出发考虑的。

当评价级别为二级时,是在"一级"评价的基础上进行的,水体(含水面)的生态环境承载力是现状(基准值)与保护目标的差值。

当评价级别为三级时,是在"一级""二级"两次评价的基础上进行的,这一部分主要考虑海洋事业可持续发展和人海和谐发展两个方面。评价指标包括海洋经济发展与资源环境禀赋的协调性,即经济发展目标与海洋生态环境承载力的比值;人海系统发展,即人类生存、生活、生产要素的单位拥有量。

经过三次评价后,将三次评价结果进行空间叠加,来综合分析各功能区的适宜性。

4.2.3 海床

海床使用的适宜性分析,按照生态环境承载力分区执行。

4.2.4 底土

底土使用的适宜性分析,按照生态环境承载力分区执行。

4.3 立体分层用海的兼容性评价

海域立体分层的兼容性是海域立体确权的基础和依据,其本质是用海活动间的协调性,是不同用海方式在同一海域不同空间下的协调程度,用于判定一种用海活动是否会对另外一种用海活动的基本功能造成不可逆转的改变。兼容性是相对的、有条件的。兼容的前提是不会对基本功能造成不可逆转的改变,不存在完全兼容的两种用海方式,兼容并非绝对的,通常给予兼容的结论都需要加以一定的限制条件。

4.3.1 立体分层用海的必要条件

(一)自然条件适宜性

1. 地质地貌条件适宜性

(1)渔业用海

我国海岸带有着海水养殖的优越自然条件,按利用空间的不同可分为浅海养殖和滩涂养殖。人工鱼礁一般选择水深 20～200 米、底质较硬、无泥沙回淤、干潮线延伸较近、潮流流速和风浪不太大且在经济鱼类洄游栖息安宁的海区。除了应根据不同的增养殖用海项目进行合理选址外,更重要的是要分析此类用海项目对海底和岸滩地形的影响。对于人工鱼礁,除建礁点要避开定置渔具作业区、主要航道、沿岸贝藻类养殖区、重金属和石油等污染区,以及海防设施所在地外,还要对礁后岸滩的蚀淤变化和规模,以及平面布置对水动力的影响进行预测并充分论证。

(2)交通运输用海

港口的位置不仅受到水域条件(如停泊条件、航行条件)的影响,还要受到陆域条件(如腹地条件、筑港条件)的影响。作为港口,首先要考虑的是其自然环境条件,应具备一定的水深和陆地面积、足够的水域、适于建港的工程水文环境和工程地质条件。因此，根据港口功能选择适当的自然条件，可节约工程费用，并将港口建筑物对环境的影响减至最小，适宜建港的地形条件有：天然海湾、河口、弧形海岸、平直冲积海岸。港口水工建筑物（包括防护建筑物、导堤及入海航道）对沿岸动力条件及泥沙运动会产生一定影响。其影响程度与建筑物的规模和形式、自然环境的本底条件以及布置上的得当与否有密切关系，要给予充分的论证。开挖通海航道穿越沿岸沉积物，沉积物会进入航道使其淤塞。沿岸沉积物运动主要发生在波浪变形、破碎区域，即在水深3～5米处，这正是海岸工程所涉及的区域。

(3) 工矿用海

盐业用海最适宜的地形是淤泥质海岸，这里岸线平直，坡度千分之一，岸滩平坦，其物质组成以黏土为主，渗透性小，适于纳潮蓄水。对于油田用海要进行充分的海底地形勘测，判断和识别出如浅地层、滑坡体、浅层高压气等灾害地质因素，防止地质灾害的发生。不合理的海洋工程拦截沿岸沉积物运动，会引起海岸上游一侧淤积，下游海岸侵蚀。沿岸的一些工程建筑选址要合理，不合理的海滩建筑物将破坏海滩平衡，引起连锁性环境恶化。重砂矿和砂矿主要集中于砂质海岸和基岩海岸。海砂开采可能造成海底砂脊降低或断口，使越过砂脊（或断口）传向岸边的流场和波浪场发生变化，增加海岸动力作用，使海滩遭受侵袭。

(4) 旅游娱乐用海

海水浴场用海最适宜的地形条件是坡缓、浪平、沙细。而娱乐和体育项目主要是指在海面和水下开展的钓鱼、风帆、冲浪、赛艇、游艇、滑水、潜水、海底公园游览、海底考察等旅游项目，应从安全和舒适两方面考虑，如合适的水深、无危险礁石、绮丽而雄壮的景色等。对于游泳设施，要充分考虑对环境造成的影响和其对环境的适应性。

(5) 海底工程用海

海底电(光)缆用海需综合考虑深度和距离的因素，选择敷设电缆长度最短的用海方案。沙滩作为全年沿岸潮流较弱的地段，是理想的登陆端，但要避离地震、洪水、河流排出口、岩礁和断崖等不利地形条件。凡要埋设施工的海底，必须具备可以进行埋设的地质条件，同时要求泥沙底层厚度在1米以上。选址时要判断和识别出海底浅地层、埋藏古河道、滑坡体、浅层高压气等灾害地质因素，防止地质灾害的发生。

(6) 排污倾倒用海

排污倾倒用海适宜区域要求海域开阔、水体交换条件好、自净能力强，且附近没有旅游区、养殖区、自然保护区等功能区，不对港口、航道水域构成实质性危害。倾倒区分为扩散型倾倒区和沉降型倾倒区，在进行倾倒区选划时，要根据倾倒物合理选划倾倒区域。并通过对海洋倾倒区的检测，了解倾倒物在倾倒海域的输移、扩散情况，在海底的物质交换过程、堆积情况和最终归宿，由倾倒活动所产生的生态影响和生物效应，以及倾倒活动对倾倒区周边环境的扰动范围和影响程度。

(7) 围海造地用海

围海造地主要发生在淤泥质海滩和海湾，沿海围垦筑堤后极易破坏原来的流场，改变原有的地貌形态和底质分布，使局部地形发生变化。在港湾内围海造地，会减少纳潮量，使港湾水质恶化、航道淤积衰亡。

2. 泥沙与底质分析

(1) 渔业用海

渔业用海包括渔港建设和养殖用海两种基本类型。其中，渔港用海可参照交通运输用海中港口用海的分析；而养殖用海的使用海域底质类型适应性较为宽泛，不同的底质类型适应不同的养殖品种。在养殖用海项目的海域使用论证中，应该根据特定的工程情况作出论证和分析。

(2) 交通运输用海

交通运输用海包括港口、栈桥、码头、航道、突堤、锚地等，4种底质类型对港口、码头的用海适宜性由好到差的排序分别为基岩、砂、泥和砂泥。基岩底床海域用作港口码头类型项目的优点是自然水深条件和工程地质条件良好，同时由于底床工程性质较为稳定，有利于工程项目的长期使用，其不足之处在于锚泊条件较差、港池开挖等需要较大的工作量。砂、泥和砂泥海域也可以建设港口码头类的工程项目，但是在此类海域进行港口码头类项目建设势必要承担更多的风险，因此应该持有更为谨慎的态度，在合理的工程设计基础上，制定合理的检测和管理措施，尽量避免水浅、易淤等不利因素的影响，提高工程项目的利用率和综合效益。

(3) 工矿用海

工矿用海中最为常见且与底质类型关系最为密切的是盐业用海。最适合进行盐业生产项目建设的底质类型为泥或砂泥，因为此种底质类型的海滩坡度往往较小、水深浅、可供发展的水域空间广阔，同时底质渗透率低，适于修造滨海盐田，波浪作用较弱。而对于基岩底的海域来说，一般较难发展盐业生产项目；另外，从资源、环境的角度考虑，砂质的海底也较少进行盐业生产项目的建设。

(4) 旅游娱乐用海

目前国内的滨海旅游项目多是海滨浴场或者海滨浴场辅以其他娱乐项目，最适宜进行旅游项目建设的海域底质为砂，其次为基岩、砂泥和泥。基岩底床及其所依附的基岩海岸常常可以发育成具有较高景观资源价值的自然地貌，因此也可以形成优良的旅游资源；砂泥底和泥底的海域一般不容易形成旅游资源，但如果有发育独特的生态群落，此种底床类型也可以适应旅游项目的建设和开发。应该明确的是，为了保护海岸景观资源和生态环境，明确滨海旅游资源的开发和利用是对具有景观价值的滨海系统施加人为影响的过程。在此类项目的海域论证使用过程中，应着重论证项目建设对原始海岸系统的影响，并针对影响方式和作用过程提出相应的保护目的和保护措施。

(5) 海底工程用海

泥或砂泥是最适宜进行海底工程建设的底质类型，其次为砂和基岩。在底质类型为泥或者砂泥的海域铺设海底管线或管道有利于管线、管道本身的掩埋和保护。海底管线的路由论证选址时,尤其是在近岸部分应尽力避免基岩底或者砂底的海域,若无法避免则应采取合理的保护措施以确保海底工程的安全。原因是,对于基岩底质的海域尤其是在近岸区域,铺设的管线容易产生距离的悬空段,在波浪的作用下容易被破坏,同时裸露的管线也容易遭到外力如船只走锚或拖网的破坏;而对于近岸海域的砂质床底来说,由于沉积物本身内聚力较差,比较容易在波浪的作用下产生液化破坏。

(6) 排污倾倒用海

排污倾倒用海中与底质关系较为密切的是倾倒用海。一般来说,海上倾倒的物质应最大程度地停留在原地,以确保海上倾倒区周边的海洋生态环境受到尽可能小的影响,因此在选择倾倒区时一般选择在沉积物搬运能力差、水动力条件较弱的海域。底质颗粒越细表明当地的水动力环境越弱、沉积物运移和交换能力越差,其本身就在很大程度上指示了海域的沉积环境和搬运能力。因此,最适于作为海上倾倒区海域的底质类型是泥。

(7) 围海造地用海

由于当海域回填变为陆地后其原有海域便会永久地变为陆地,因此围海造地是一种改变海域原始属性的用海类型。填海工程本身对海域底质类型没有特殊要求,也没有哪种底质类型特别适于填海,但正是由于此类工程对海域属性的永久改变,在论证工作中应该对填海项目谨慎对待,首先要尽可能减小填海项目对海洋生态环境造成的影响,其次应该分析填海海域底域的种类和矿物成分,以免稀有矿物资源被掩埋。

3. 海域环境质量要求

不同项目类型的用海对海域环境质量有不同的要求,《全国海洋功能区划(2011—2020年)》、《海水水质标准》、《海洋沉积物质量》和《海洋环境保护规划纲要》对主要类型功能区海域环境质量作出了相应的规定并进行了级别划分。其中,一级保护目标是海水环境质量不低于国家二类标准,沉积物环境质量不低于国家一类标准;二级保护目标是海水环境质量不低于国家三级标准,沉积物环境质量不低于国家二类标准;三级保护目标是海水环境质量不低于国家四类标准,沉积物环境不低于国家三类标准。同时,对各类海洋功能区环境保护目标提出管理要求:

(1) 渔业基础设施区、农业围垦区、养殖区、增殖区执行不劣于二类海水水质标准;捕捞区、水产种质资源保护区执行不劣于一类海水水质标准;渔港区执行不劣于现状海水水质标准。

(2) 海洋自然保护区执行不劣于一类海水水质标准;海洋特别保护区执行各使用功能相应的海水水质标准。

(3) 固体矿产区执行不劣于四类海水水质标准;油气区执行不劣于现状海水水质标准;盐田区和可再生能源区执行不劣于二类海水水质标准。

(4) 港口区执行不劣于四类海水水质标准;航道、锚地和邻近水生野生动植物保护区、水产种质资源保护区等海洋生态敏感区的港口区执行不劣于现状海水水质标准。

（5）旅游休闲娱乐区执行不劣于二类海水水质标准。

（6）保留区执行不劣于现状海水水质标准；对于污水达标排放和倾倒用海，要加强监视、监测和检查，防止对周边功能区环境质量产生影响。

4. 海洋自然灾害

（1）渔业用海

对渔业用海影响较大的海洋自然灾害类型有赤潮、风暴潮等。风暴潮可以摧毁围海养殖的堤坝，同时也会威胁到捕捞作业船只的安全。赤潮对海洋养殖的危害尤为严重，一次大的赤潮往往可以使养殖品种大面积死亡，造成减产甚至绝产。因此，在对渔业用海的论证工作中应该充分分析赤潮、风暴潮等海洋灾害的情况，尽量避免在上述灾害多发海域进行渔业用海的开发。

（2）交通运输用海

对港口、航道等用海活动影响较大的海洋灾害有海冰、风暴潮、海底滑坡等。风暴潮可以危及堤坝、码头等港口设施的安全，严重时更可能危及人类的生命安全，因此在风暴潮多发海域修建港口航道时应充分分析风暴潮等的历史资料，采取有效措施提高港口设施的规格，避免不必要的损失。冰期的长短直接关系到港口、航道的有效运营时间，因此此类用海应该避开冰期较长的海域。此外，应科学分析工程海域的底质状况和工程地质性质，工程地质不良时应采取有效措施，加大基槽的开挖深度，避免工程主体坐落在软弱的地层上，并避开海底断裂，确保工程设施的安全。

（3）旅游用海

对旅游用海潜在影响较大的海洋灾害种类有赤潮、风暴潮、海啸等。赤潮可以使海域水质严重恶化，影响旅游用海项目功能的正常发挥，并对人类健康产生潜在的威胁。在赤潮多发海域进行旅游用海开发时应充分评估赤潮的危害，制定应急措施以确保人类的健康和安全。风暴潮和海啸对旅游用海造成的破坏更加巨大，旅游用海项目应尽力避免建设在风暴潮和海啸多发海域，如确实无法避免，应针对此类海洋灾害制定完备的预警机制与应急预案，在灾害发生时最大程度地保护游客的生命财产安全。

（4）海底工程

对铺设海底线缆、管道等海底工程影响最大的海洋灾害是海底断层、滑坡等。由于海底工程铺设难度大，设施处于海底而无法使用常规手段检视，因此一旦被破坏，其修复存在着极大的难度，造成大量经济损失，海底输油管道等被破坏还有可能严重污染当地的海洋环境。因此在进行海底工程海域使用论证工作时，一定要彻底查清海底的沉积物物质和工程地质性质，必要时采取钻孔、柱状取样、浅剖、声呐等手段进行补充调查，使海底工程绝对避开海底断层、工程地质软弱带、沙土液化等区域，确保海底工程设施的安全。

（二）海洋资源适宜性

（1）港口工程用海

含沙量较大的河流入海口有大规模拦门沙、沙嘴、水下沙坝的湾口，不宜用作港口用海。应选择工程地质条件较好，没有或很少出现水下溶洞、断裂带及软土层薄的地区建港。对于挖航道的水动水平衡及水深维护要作出科学的预测。对于水深较浅而加长引堤或疏浚量过大而增加投入的淤泥岸港口用海，要特别加强泥沙强度的计算。锚地位置应从水深、底床平坦性、底质锚抓力、水域开阔程度、浪、流，以及是否便于进出航道等条件进行对比和确认。在港口群海域另辟新港而申请用海，必须对周边港口、临海工业、旅游、锚地、航道、回旋水域、制动水域等进行协调分析，作出准确判断，避免事故发生。需查明港口用海与周边其他用海的关联性，做好港口工程行为与毗邻区相关利益者的协调分析。在港口群区域内进行改扩建工程的，应该明确水深条件、水面大小是否与该工程规模相适应，能否保证深水深用、保障航行安全，以及是否存在排他性行为。

（2）养殖用海

目前渔业用海的主要方式是在浅海底床、滩涂、河口浅滩，利用天然固着基或人工鱼礁的增殖用海，应选择海水初级生产力、敌害生物、浮游生物等作为分析指标。潮滩或浅海以增设水泥板、堆石、竹木或废船为附着基的人工鱼礁用海，同样需要对适养对象的生态习性和当地水质、底质等适宜条件进行深入分析判断，尤其要注意浅水区投入的人工礁体的分布、规模、高度应以不影响航运，礁体毗连岸滩不发生蚀淤为前提。此外，在潮滩中，低潮位的粉砂、极细沙带透气性好，营养盐丰富，水动力相对活跃，总生物量高，是底播贝类优越的栖息地，通常可作为文蛤、蛤仔、杂色蛤、青蛤等的人工养殖区域。

（3）旅游用海

对于滨海旅游用海，应选择气象、地质地貌、海况、海域环境质量等指标分析海域资源条件适宜性，其选取的指标视地区和用海内容具有一定的差异性。一是自然条件，包括日照、水温、海流、可浴时间、水下地形、水深与海床坡度、海滩宽度、坡度、长度、底质废弃物；二是海域环境质量，包括透明度、漂浮物、悬浮物、油膜、大肠菌群等；三是障碍物，包括礁石、水下沙堤、危险物等。

（4）围填海用海

以填海造地为目的的围填海工程的适宜性分析大体包括施工期和完工期两个阶段。前者论证重点主要有围海堤坝工程地质基础是否有利于堤坝的安全稳定，以及施工期因搅动海底泥沙引起的悬浮物扩散。填海造地完工后，根据工程建筑物对近岸流系、海岸线变化、泥沙输送、岸滩与底床冲淤等是否产生局部的环境效应来判别项目用海对海域资源的影响。

（三）社会经济协调性

项目用海的社会经济协调性分析主要包括社会经济发展水平、区域产业布局、社会资源配置以及可持续发展理念等几个方面。

（1）区域社会经济发展水平

用海项目开发与区域经济、社会发展是否协调越来越为人们所重视，其与可持续发展是密切相关的。社会经济发展是以各种开发项目为载体的，海洋经济可持续发展是用海项目开发的目标之一。用海项目为其地区社会经济可持续的生存和发展提供服务，是社会经济实现可持续发展的用途。因此，研究用海项目在施工、运营过程中与社会经济发展的协调关系，可以促进项目用海的可持续性。

(2) 产业布局的协调性

产业布局主要是指项目归属的产业与其他产业之间的关系。协调与否取决于它们之间能否互为依托、相互带动和促进，例如港口物流业的发展将带动第一、第二、第三产业的全面提升和发展。目前在沿海地区，港口物流业为优先发展的产业之一，临海工业的发展对地区经济发展起着至关重要的作用，它将大大舒缓城市的工业用地压力，增加就业机会，加快农村城市化进程；滨海电厂的建设优化了能源结构，缓解了地区供电压力，促进了区域经济的发展等。

(3) 社会资源配置的协调性

社会资源配置的协调性主要是指海域资源的合理利用，即从发挥最大效益出发，分析配置的合理性和协调性。海洋资源的传统利用途径主要是渔业（包括养殖、捕捞）和交通运输。科学技术的发展以及人类对空间拓展的需求使得当前对海域资源的利用远远超越了这个范畴，如矿产资源开发、空间资源利用（围填海）、滨海旅游（含休闲渔业）、港口物流业等。这就导致海域资源存在合理协调配置问题，应从区域社会经济发展总体规划的角度出发，考虑各类资源开发利用的经济效益，以社会资源合理配置和发挥海域整体效益为原则，分析项目用海是否合理可行。

(4) 符合可持续发展理念

可持续发展思想的宗旨是既能相对满足当代人需求，又不对后代人发展构成潜在的负面影响，是建立在社会、经济、人口、资源与环境相互协调和共同发展这一基础上的理念。可持续发展的理论和纲领虽然对于世界各地具有普遍适用性，但不同地区、不同发展阶段所存在的阻碍地区可持续发展的问题和矛盾有很大差异。目前我国正在进入工业化国家行列，区域可持续发展的瓶颈主要表现在人口众多和快速工业化过程在资源与环境方面所引发的问题，各类资源对人口的承载容量是中国可持续发展研究的基本问题。项目用海是否符合可持续发展理念，必须根据项目所在地的社会经济发展状况、海域资源状况以及产业布局等多方面进行分析。

4.3.2 立体兼容性用海的考虑因素

不同用海活动分层使用海域时，既要保证用海需求得到满足，又不能对其他层用海活动造成影响。主要统筹考虑的因素包含空间排他性、用海活动的安全性、海域空间连续性、环境质量及景观性等，从而对用海活动分层使用海域的可行性进行判别。

(1) 空间排他性，即不同用海活动所使用的海域空间不重叠。主要考虑主要空间和附占空间，并认为当不同用海活动的主要空间重合时，不具有分层用海可行性；一种用海活动的主要空间或附占空间与另一用海活动的附占空间重合时，需根据实际情况判别。空间排他性是判别用海活动分层使用海域可行性时首要考虑的因素。

（2）安全性，即既要考虑用海活动中的人、构筑物、设备或设施等直接面临的危险，也要考虑用海活动开展过程中可能存在的潜在威胁。

（3）海域空间连续性，即某些用海活动集中连片使用海域的需求不受影响，大多数构筑物的建设可能会影响海域空间的连续性。

（4）海洋环境质量，即满足不同用海活动对海洋环境质量的要求，应从海水水质质量、海洋沉积物质量、海洋生物质量和生态环境等方面综合考虑。

（5）景观性，即用于滨海旅游海域的自然景观不被破坏，通常海洋环境污染、不合理的海洋产业布局等会影响海域的景观价值。

4.3.3 兼容性用海的评价方法

（一）用海活动的规划符合性分析

判断海域使用类型是否符合涉海空间规划是立体分层用海兼容性的必要条件。《国土空间调查、规划、用途管制用地用海分类指南》《海域使用分类》等技术标准为海洋功能区划符合性分析提供了技术支持。对于增养殖区、渔业品种保护区以及风景旅游区等对海域自然属性改变较少的功能区，不能出现排污倾倒等用海方式，更不能采用填海造地等严重影响海域自然属性的用海功能。此外，在区域的海洋管理要求中有些明确禁止的用海方式，例如在渔业设施基础建设区内严格进行跨海大桥等建设项目的审批等。

首先，重点分析立体分层用海项目的开发利用是否服务于海域的主导功能。主导功能是指在海域诸多用海功能中处于突出地位和起主导作用的功能，它影响和左右着海域单元其他功能的运行，甚至决定海域单元的性质和发展方向。例如某海域单元的主导功能为水产养殖，那就应该在海洋生态环境特别保护和海洋资源可持续利用的前提下，发展水产养殖，同时适当兼顾港口、旅游的开发。为了服务港口功能，可以在港口区建设跨海桥梁；为了方便海域使用者进行养殖活动，可以在养殖区内建设小型的渔业码头。通过分析，如果用海项目开发的目的是服务于该海域单元的主导功能，则说明该功能与所在海域的主导功能兼容并可以长期共存。不过，海域空间的主导功能也是不断发展变化的，已有的主导功能可能会被新的主导功能所取代，使海域空间的性质发生显著变化，从而也使整个海域空间的结构发生质的变化。

其次，论证该用海项目是否符合海域空间的环境保护要求。一般来讲，海洋空间可以兼容开发时对海域的自然属性改变较少，并且对水质、沉积物和生物质量要求一致或要求更高的类型。这样就可以解决海洋开发多宜性和海域区划平面化单一化的矛盾。但是在项目论证时必须注意，只有在主导功能未开发前进行上述用海项目的适度开发且不能建设固定设施，并且要求根据实际情况确定海域的使用年限不宜过长。

（二）用海活动的相互影响性分析

研究从用海活动在建设期、运营期和维护期的海域使用特性入手，分析用海活动对所在海域的自然环境、生态资源和环境产生的影响,评价不同用海活动立体使用海域空间的可行性。由于影响用海活动正常开展的因素较多,而且即使是同种用海活动,也会因海域自然条件、工程规模、施工技术等诸多因素而对其他用海活动产生不同程度、不同类型的影响。在具体的海洋开发与管理实践中,应针对具体用海项目开展针对性论证分析,并严格规范用海行为,提出协调用海方案,以避免分层用海时不同用海活动的相互影响(表4.3-1)。

表4.3-1 用海活动对其他用海行为的影响分析示例

用海类型	对海域其他用海活动的影响
港口工程用海	项目施工期主要污染物为悬浮泥沙,营运期主要问题是对沿岸泥沙流的改变可能导致的海岸演变不确定性的增加
	综合码头的修建对开发旅游市场、发展旅游经济意义重大,增加区域交通能力,促进周边旅游业的发展和海洋产业的发展,主要的排他性行为是与水产养殖业的矛盾
	改变使用海域的自然属性,对工程所在海域的自然环境、生态资源和环境将产生影响
路桥用海	项目施工队工程占用的海域,其渔业资源和渔业生产所受影响较大,可能导致渔业作业与工程建设和通航安全保障之间的矛盾
临海工业用海	电厂码头、航道、锚地等涉海工程与港口工程具有兼容性,对附近船只航行所产生的影响不大,对海洋捕捞不会产生大的影响,但对周边滩涂养殖和围塘养殖具有明显影响
开采用海	短期内对浮游生物光合作用不利,初级生产力下降,对局部底栖动物造成毁灭性破坏。开采位置如不处于船舶运行的交通运输航道上则对海上交通运输不存在影响
海上娱乐用海	在工程施工过程中产生悬浮物,对附近海域的透明度有一定的影响。在正常情况下不会产生明显的污染源,不会对当地生态造成大的影响

例如相互有益的用海项目为工矿用海和交通运输用海;相互有害的用海项目为交通运输用海与渔业用海、海底工程用海与交通运输用海、海底工程用海与工矿用海;对渔业用海项目有害的用海项目有工矿用海、海底工程用海和排污倾倒用海;对旅游用海项目有害的用海项目有排污倾倒用海。此外,还有一些用海项目之间关系不确定,需要根据实际情况进行论证,例如渔业用海与旅游用海、交通用海和围海造地、旅游用海和海底工程用海等,用海活动兼容性分析如图4.3-1所示。

(1)跨海桥梁及附属设施用海仅使用水面上方空间,由于船舶航行需占用水面上方空间,难以保证大型船舶通过,故不宜与各类港池、航道和锚地等用海活动分层使用海域;跨海桥梁及附属设施与海水浴场的用海空间不重叠,但跨海大桥会影响海水浴场的空间连续性和景观性,故不建议两类用海活动分层使用海域;游艇、帆板、冲浪等海上娱乐活动容易发生桥墩碰撞事故,且跨海大桥影响海域的空间连续性和景观性,故不建议两类用海活动分层使用海域;跨海桥梁及附属设施可与海底电缆管道等分层使用海域,但需两类用海活动严格规范施工,避免相互影响;应禁止跨海桥梁及附属设施与海底隧道及其他海底场馆等分层使用海域,以防止后者坍塌,影响双方的安全;跨海桥梁及附属设施与各类取排水口、温排水区和污水达标排放区在海域空间、海水环境等各方面基本不会相互影响,故两类用海活动可以分层使用海域,并且可行性高。

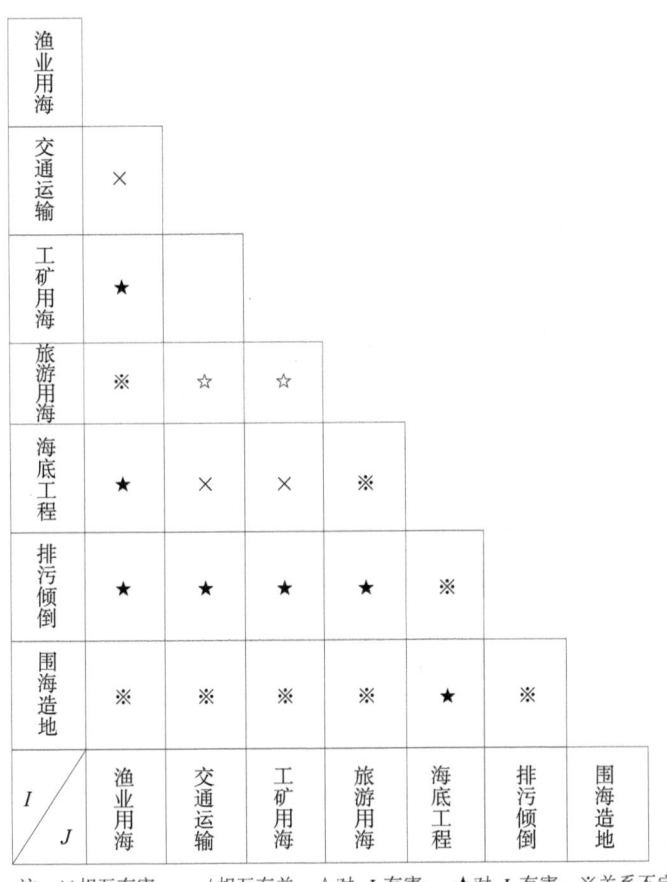

J\I	渔业用海	交通运输	工矿用海	旅游用海	海底工程	排污倾倒	围海造地
渔业用海							
交通运输	×						
工矿用海	★						
旅游用海	※	☆	☆				
海底工程	★	×	×	※			
排污倾倒	★	★	★	★	※		
围海造地	※	※	※	※	★	※	

注：×相互有害； √相互有益； ☆对 J 有害； ★对 I 有害；※关系不定

图 4.3-1　用海活动的兼容性分析

(2) 港池、航道等的服务对象为船只，除了使用水面空间，还附占水面上方和水体两层空间，因此难以与桥梁、浴场、海水游乐场、海水养殖等用海活动分层使用海域；港池、航道等对海水质量要求较低，故与取水口、温排水区甚至污水达标排放区可以分层使用海域，但后者是否会造成港池、航道淤积需严格论证。多数港池、航道需定期疏浚，船舶候潮、待泊、联检、避风等需要抛锚，这对埋设在海床中的海底电缆管道会产生较大威胁，故建议海底电缆管道路由选址尽量避开港池、航道和锚地，确需分层使用海域的需合理增加电缆管道埋深和保护措施，并要求船只按相关要求作业。海底隧道及其他海底场馆等一般埋置深度较大，与港池、航道等分层使用海域基本不会相互影响。

(3) 浴场和海上游乐场与海底电缆管道、海底隧道及其他海底场馆等用海活动，不存在竖向用海空间的冲突，可以分层使用海域，但海底电缆管道要合理增加埋设深度，并采取一定保护措施。由于各类排水口、温排水区和污水达标排放区会对水质有较大影响，且取水口对水质有较高要求，故不建议浴场和海上游乐场与上述用海活动分层使用海域。

（4）开放式养殖用海与海底电缆管道、海底隧道及其他海底场馆等用海活动不存在竖向用海空间的冲突，可以分层使用海域，但若采用打桩方式安装养殖设施，会对海底电缆管道产生严重威胁，应予以禁止。

（5）各类取排水口、温排水区及污水达标排放区域在空间上对其他用海活动的影响可以忽略，但需要考虑取水口对水质的要求以及排水口或温排水区对水质的影响，故排水口、温排水区及污水达标排放区域与跨海桥梁、港池、航道、海底电缆管道、海底隧道及其他海底场馆等可以分层使用海域，但取水口能否与上述用海活动分层使用海域需要严格论证。

（6）海底电缆管道由于埋设在海床中，故可与多种用海活动分层使用海域，但必须禁止打桩行为，并且港池、航道疏浚和船舶抛锚需考虑海底电缆管道的安全性，需严格论证埋设深度，并增加保护措施等。

（7）海底隧道及其他海底场馆一般建设在海床下数十米，通常情况下与其他用海活动均能实现分层使用海域，但其上方建设跨海大桥的情况应予以禁止，以防止发生坍塌。

（三）用海活动的兼容性判别结果

结合各地不同类型用海的实际情况，根据评价单元海域的自然特点及周边社会经济特点，选取能体现海域自然、资源、环境及社会经济地域差异的，对沿海区域海域质量与价格有重大影响的，并且覆盖面广、有典型代表性、指标值变化范围较大的因素，建立兼容性评价体系。评价指标体系一般分为三层：目标层、准则层和指标层。首先，将立体分层用海兼容性评估作为指标体系的总体目标，设置为目标层；其次，将总体目标下的子目标设置为准则层；最后，将准则层的各个主要因素设置为评价指标层。对不同的评价准则，选取海域自然契合度、海域需求空间、海域使用情况、投资收益能力及海域资源环境承载力五个方面的指标开展评价。

基于研究分析，不同用海活动分层使用海域的兼容性判别结果列于表4.3-2中。

第四章 立体分层用海的基础理论框架

表 4.3-2 用海活动兼容性评估表

	渔业基础设施用海	开放式养殖用海	人工鱼礁用海	盐业用海	固体矿产开采用海	油气开采用海	船舶工业用海	电力工业用海	海水综合利用用海	其他工业用海	港口用海	航道用海	锚地用海	路桥用海	旅游基础设施用海	浴场用海	游乐场用海	电缆管道用海	海底隧道用海	海底场馆用海	污水达标排放用海	倾倒区用海	城镇建设填海造地用海	农业填海造地用海	废弃物处置填海造地用海	科研教学用海	军事用海	海洋保护区用海	海岸防护工程用海
农业围垦区	○	○	○	○	○	○	○	○	○	○	○	○	○	○	○	○	○	○	○	○	×	×	×	√	×	○	○	○	○
渔业基础设施区	√	○	○	●	●	●	●	●	●	●	●	●	●	●	●	●	●	×	×	×	×	×	×	×	×	○	○	○	○
养殖区	●	√	√	×	×	×	×	×	×	×	×	×	×	●	●	●	●	×	×	×	×	×	×	×	×	○	○	○	○
增殖区	●	●	○	×	×	×	×	×	×	×	×	×	×	●	●	●	●	×	×	×	×	×	×	×	×	○	○	○	○
捕捞区	○	●	○	×	×	×	×	×	×	×	×	×	×	●	●	●	●	×	×	×	×	×	×	×	×	○	○	○	○
重要渔业品种养护区	×	●	●	×	×	×	×	×	×	×	×	×	×	×	×	×	×	×	×	×	×	×	×	×	×	●	●	○	●
港口区	○	○	○	●	●	●	●	●	●	●	●	●	●	●	●	●	●	○	○	○	×	×	×	×	×	○	○	○	○
航道区	×	○	×	●	●	●	●	●	●	●	√	●	●	●	●	●	●	○	○	○	×	×	×	×	×	○	○	○	○
锚地区	×	○	○	×	●	●	●	●	●	●	●	√	●	●	●	●	●	○	○	○	×	×	×	×	×	○	○	○	○
工业建设区	○	○	○	●	●	●	●	●	●	●	●	●	●	●	●	●	●	○	○	○	×	×	×	×	×	○	○	○	○
城填建设区	○	○	●	●	●	●	●	●	●	●	●	●	●	●	●	●	●	○	○	○	×	×	√	√	√	○	○	○	○
油气矿区	○	○	●	●	●	●	●	●	●	●	●	●	●	●	●	●	●	○	○	○	×	×	×	×	×	○	○	○	○
固体矿厂区	○	○	●	√	√	●	●	●	●	●	●	●	●	●	●	●	●	○	○	○	×	×	×	×	×	○	○	○	○
盐田区	●	○	●	√	●	●	●	●	●	●	●	●	●	●	●	●	●	○	○	○	×	×	×	×	×	○	○	○	○

095

续表

	渔业基础设施用海	围海养殖用海	开放式养殖用海	人工鱼礁用海	盐业用海	固体矿产开采用海	油气开采用海	船舶工业用海	电力工业用海	海水综合利用用海	其他工业用海	港口用海	航道用海	锚地用海	路桥用海	旅游基础设施用海	浴场用海	游乐场用海	电缆管道用海	海底隧道用海	海底场馆用海	污水达标排放用海	倾倒区用海	城镇建设填海造地用海	农业填海造地用海	废弃物处置填海造地用海	科研教学用海	军事用海	海洋保护区用海	海岸防护工程用海
可再生能源区	●	○	○	●	●	●	●	●	●	●	●	●	●	●	●	●	○	○	○	○	×	×	×	×	×	×	○	○	○	○
风景旅游区	●	●	○	×	×	×	×	×	×	×	×	×	×	×	●	●	○	○	○	●	●	×	×	×	×	×	○	○	○	○
文体娱乐区	●	○	●	×	×	×	×	×	×	×	×	×	×	×	●	●	×	×	×	○	○	×	×	×	×	×	○	○	√	●
海洋自然保护区	×	×	×	×	×	×	×	×	×	×	×	×	×	×	×	×	×	×	×	×	×	×	×	×	×	×	●	●	√	●
海洋特别保护区	●	●	●	×	×	×	×	×	×	×	×	×	×	×	×	×	×	×	×	×	×	×	×	×	×	×	●	●	√	●
军事区	×	×	×	×	×	×	×	×	×	×	×	×	×	×	×	×	×	×	×	×	×	×	×	×	×	×	×	√	●	●
其他特别利用区	●	×	●	●	●	●	●	●	●	●	●	●	●	●	●	●	●	●	●	●	●	√	√	×	×	×	√	○	○	√
保留区	×	×	×	×	×	×	×	×	×	×	×	×	×	×	×	×	×	×	×	×	×	×	×	×	×	×	○	○	○	●

注：√一致；○兼容；●有条件兼容；×不兼容。

第五章

立体分层设权管理制度及协调机制探究

5.1 立体分层设权配套制度研究方向

当前,我国在海域使用权立体分层设权相关法律制度层面仍有滞后,与海域使用立体分层管理现实需求不匹配。《民法典》指明海域使用权是一种用益物权,但为概括性规定而无明确界定,更未从海域立体使用维度考虑设立分层海域使用权。《海域使用管理法》虽在法律层面给出了海域使用权的概念,但缺少从物权角度对海域使用权内涵的确切界定。简而言之,尽管相关法律提出海域空间权益,海域三维空间资源开发利用在权属和权利管理、空间规划、技术标准等方面仍存在制约,需开展一系列研究。

5.1.1 建立海域三维产权法律制度

海域立体多层次开发必然产生海域资源三维多层产权,即将海域资源在立体空间分层,并对每一层海域资源性资产开展产权界定。然而,我国目前尚未构建完善高效的海域空间三维产权制度。《海域使用管理法》规定海域范围是水面至底土的立体空间,但未明确其三维立体空间的权限范围。此外,该法注重海域使用管理,对海域使用权相关民事权利的规范欠完善。这一现状,致使当前海域空间资源在开发利用中出现产权配置效率不高、产权流转不畅、产权保护不力、使用过度与不足并存、供需形势严峻、利益主体间存在矛盾冲突等现象。建立和完善海域空间三维产权法律制度是海域空间资源立体开发利用亟待解决的首要问题。须在《民法典》的基本框架下,改进海域使用权用益物权规定,并充分吸收和借鉴国内外海域开发利用实践和立法经验,适时修订《海域使用管理法》,以构建和完善海域空间三维产权相关的法律制度,为促进我国海域立体开发利用、妥善解决用海纠纷、平衡各方利益搭建良好的法律制度平台。

5.1.2 研制海域立体空间规划

当前,海洋空间规划如海洋功能区划、海洋主体功能区规划、海岸带保护与利用规划等均从平面视角对海域进行功能分区,未体现海域立体空间规划的理念。现行法律法规与空间规划缺少"立体利用"的概念,相应增加了海域使用权立体分层设权的实施难度。根据《海域使用管理法》,用海活动须符合海洋功能区划,而任何海域单元只能赋予一种用途,并且不能擅自改变。在实践中,往往分层使用海域的用海活动不属于《海域使用分类》中规定的同一类用途,因此,很可能有一种用海活动不符合海洋功能区划的要求。由于海洋功能区划也是用海项目审批的依据,因此这也给海洋主管部门用海审批带来困难。

需以立体思维为切入点,刻画海域三维空间结构特征,摸清海域立体空间资源底数,掌握立体分层用海需求数据,科学设计海域立体空间布局,推动国土空间规划由

"平面化"向"立体化"转变。国土空间规划的海域部分，应当明确立体使用海域范围，允许立体开发利用的组合模式，遵照分层协作的原则，执行平面与立面空间管制，明确海权、环保和安全等要求。针对沿海省（自治区、直辖市）需求量大的用海类型，将立体分层设权内容在国土空间总体规划中予以补充完善，探索划定海洋功能立体分区，从控制性用海指标视角提出对各类项目的规划管控和指引要求。

因此，如何做到节约集约使用海域立体空间，更加科学合理地设计海域立体空间功能布局，更好地衔接国土空间规划体系，将成为海域立体分层设权使用要切实解决的问题。对全部海域进行空间立体规划将极大增加规划的技术难度、成本和时间，可行性低。因此，建议针对近海用海密集且立体分层用海需求大的海域编制立体空间规划：①在资源环境承载能力评价和用海活动适宜性评价环节，结合近岸海域立体分层用海需求，针对跨海桥梁、养殖用海、海底电缆管道、取排水口等特定用海区域进行立体分层用海的规划设计；②加强跨海桥梁、海底电缆、海底隧道等线性用海活动的立体规划，明确允许交越的形式，提出不同用海活动立体分层使用海域的搭配清单；③在海岸带综合保护与利用规划中区分主体功能和兼容功能，明确海域空间立体分层分级和分类体系，但是兼容功能不能对主体功能发挥造成影响，同时要考虑到海洋权益、国防安全、生态安全、防灾减灾等安全要素，主体功能和兼容功能也要符合国家产业政策和相关规划。

5.1.3 探索三维海籍管理制度

将海域资源在立体空间进行分层，需对每一层海域资源性资产进行产权界定。然而，我国传统的海域权属管理模式一直是以平面二维信息为基础的，采用平面"四至坐标"的方法界定宗海界址，宗海描述的是由界址点、界址线组成的一个二维封闭空间。如果按照这种平面海籍管理模式，很难将海域的水面、水体、海床和底土每一层的权属较好地标识出来，不能实现海域空间产权的明晰化管理。

海域立体分层设权必然会带动海籍管理由二维向三维的转变。对海域单元竖向范围的界定，《海籍调查规范》（HY/T 124—2009）提出"遇特殊需要时，应根据项目用海占用水面、水体、海床和底土的实际情况，界定宗海的垂向使用范围"，但并未明确具体方法。如果将现行宗海界址"四至坐标"的表达方法扩展至立体"八至坐标"，在当前阶段不具备可操作性：一是技术难度大，管理成本高；二是由于海平面高度时刻变化，海床因底层海水冲刷也会发生缓慢变化，导致水面和海床上下一定范围的空间属性处于动态变化中，无法准确界定宗海垂向空间范围。建议现阶段探索平面"四至坐标"＋立面"空间层"的三维空间海籍管理方式。宗海平面边界，采用现有海籍管理制度体系，以最外围界线确定宗海的平面界址；宗海竖向边界，采用"水面""水体""海床""底土"的定性表述。例如，对埋设的海底电缆宗海范围的表述为"四至坐标"＋"底土"，对海水养殖项目宗海范围的表述为"四至坐标"＋"水体"。长远来说，可以探索以用海体积替代用海面积的宗海界址界定方法。海域三维信息并非简单地通过二维海域图形拔高生成,唯有明确宗海内部单元各产权体的信息,才能构建真正意义上的三维产权体的海籍模型。

5.1.4 优化海域使用论证制度

海域使用论证制度是依法、科学用海的基础,更是进行用海许可审批决策的重要依据。针对同一海域不同空间层次的用海申请,须对宗海界定、利益相关者、海域使用论证等级判据等内容予以必要调整和优化。在论证中需增加海域立体使用兼容性、协调性、海域资源环境承载力或适宜性等分析,明确海域使用权立体分层设权的利益相关者分析、开发协调性分析和宗海图绘制等具体要求,在满足海域资源环境承载力的前提下,保障海域空间资源的立体分层、合理高效利用。应重点论证:

(1) 立体分层设权的必要性、合理性。以《海域使用论证技术导则》为基础,依据项目性质和项目总体布置,从项目对海域资源的依赖性及对海域功能的需求等方面,论证实施立体分层设权管理的不同类型项目使用海域的必要性;从项目选址区域的区位条件、自然资源和环境条件、项目用海风险等方面,论证项目用海是否与水动力环境、地形地貌和冲淤环境、区域海洋生态系统及周边用海活动等相适宜。

(2) 不同用海活动的兼容性。依据国土空间规划、海岸带综合保护与利用规划等确定的基本功能和兼容功能,充分论证实施立体分层设权管理的不同类型用海活动的兼容性,原则上兼容功能不得影响基本功能的发挥。

(3) 利益相关者协调一致性。依据已界定的利益相关者及其受影响特征,论证实施立体分层设权管理的不同类型用海活动与各利益相关者的矛盾是否具备协调途径和机制,分别提出具体的协调方案,明确协调内容、协调方法和协调责任等,并分析引发重大利益冲突的可能性;明确不同类型用海活动的海域使用权人之间的用海权利、权属关系、作业安排、利益补偿,明确责任义务和潜在矛盾化解机制,提出项目用海到期后的退出方案等管理对策。

5.1.5 完善海域有偿使用制度

海域有偿使用制度是在市场经济条件下,依法维护国家海域所有权、保障海域使用权流转、实现海域空间资源配置优化的重要举措。一是完善同一海域不同主体海域使用权的出让、转让、抵押等配套制度,设定主体约束条件,以避免主体间产生冲突或不利影响;二是遵循市场经济规则,制定和完善海域使用权立体分层设权配套法律制度,如海域价值评估制度、经营性用海招标与拍卖制度以及海域承包、租赁经营制度等。

5.1.6 探索立体分层不动产登记制度

海域使用权登记是海域使用权设立、变动以及失效的成立要件。当下,在我国海域立体利用进程中,海域立体分层使用权权属登记存在比较突出的问题。首先,海籍管理模式已经无法适应海域开发需要。现行以二维平面关系为依据划定宗海四至边界的海籍管理模式,体现了海域开发使用的"平面化"管理思维。但在海域立体利用中,不动产登记既要登记空间范围四至界址,还要登记使用空间起止深度。其次,海域上下构筑物及其附属设施登记困难,不仅使得其产权范围难确定、产权归属不明确,还会造成不必要的权属争执,更让其无法正常出让,制约了海域资产属性的充分发挥与深度利用。最后,登记事项缺失,诸多海域上下构筑物及其附属设施在海籍图中没有呈现。

当前,沿海各地在探索海域立体分层使用权登记的过程中做法各异,亟待统一认识、统一标准、统一登记制度。因此,基于现行权属登记范式,引入三维海籍管理技术,改革创新海域空间分层使用权登记模式,给海域立体分层开发提供相应保障就显得尤为必要。建议:①在登记客体层面,要把分层空间与产权空间之间的关系彻底理顺。特别是在地方海域空间立体分层设权改革实践中,产权空间一般取决于分层空间的设定,产权边际和物理边际彼此交叉重叠,致使产权界定存在较大难度。②在登记制度层面,找到产权空间不确定性与立体分层使用成本之间的均衡点。如果在已设定使用权的空间海域开展立体分层设权审批,原使用权人应持海域立体分层设权审批文件或出让变更合同、协调协议等相关材料,到属地不动产登记机构变更登记海域使用权;如果是新申请用海单位则应持海域使用论证、海域立体分层设权审批文件或出让合同等相关材料,到属地不动产登记机构进行首次海域使用权确权登记。③在登记方法层面,在不动产登记系统增加海域使用权分层登记业务流转板块,添加宗海不同层间切换以及水面、水体、海床和底土信息编辑功能,探索三维登记模式,创新电子发证方式。④在登记内容层面,应当在宗海图中标注立体分层空间坐标宗海界址,增加海域立体分层空间相邻关系记载,按照审批文件标注实际用海水面、水体、海床或底土等海域立体分层空间信息和立面示意图。

5.2 海域资源立体产权纠纷和解决机制

5.2.1 潜在矛盾分析

(一)产权纠纷

根据《海域使用管理法》,用海主体的海域资源使用权具有排他性特征。那么,在海域资源立体确权下,可能造成各层次用海主体间产权重叠纠纷。

(二)海域使用金重复征收问题

根据《海域使用管理法》,我国实施海域资源有偿使用,用海主体根据用海方式、用海面积缴纳相应的海域使用金。那么,在海域资源立体确权下,可能出现两种情况:第一,用海主体为同一主体,但在不同层次用海方式不同;第二,用海主体为不同主体。这样就出现了海域使用金如何征收的问题,关于是否直接按照用海方式、用海面积缴纳相应的海域使用金需进一步探究。

(三)使用权期限矛盾

在同一用海主体申请海域的水面、水体、海床和底土全部使用权时,可能存在不同用海方式的使用年限不统一的矛盾;在不同用海主体申请用海在立体空间上存在重叠时,也存在不同用海方式的使用年限不统一的矛盾。

(四)立体分层利用在时间和空间上的冲突

在土地分层使用实践中,常见的如地下空间开发,由于地表和地下空间能够通过混凝土结构进行物理隔离,从而确定垂向的范围,使地上、地下的各层活动相互之间基本无影响。但是对海域来讲,由于海域各层空间的隔离难以通过物理方式实现,同时由于潮汐等原因,各层的实际界限又是会发生变化的,各层在用海活动中可能会受到干扰。例如,航道虽然使用的是水面的海域使用权,但是与使用水体的养殖用海重叠时,容易造成养殖户的损失;使用底土的采砂采矿,可能会破坏使用海床的海底电缆或海底管道。因此,在海域使用论证时,项目实际使用的海域立体单元必须考虑到可能影响的单元。对于可能产生的影响,需做出全面且有实际操作性的预案。

不只是在空间上可能存在用海冲突的问题,在时间上也可能存在一定的冲突。从时间上看,海域使用可分为施工期、营运期。不同用海活动取得的海域使用权及建设期不一致,使不同用海活动之间的影响更为复杂。例如海底电缆管道、风电、光伏发电等用海活动的施工期,可能会导致养殖用海在营运期时利益受损;但到了营运期,这些用海活动对养殖用海的营运期所产生的影响又很小。所以,用海活动立体确权的时间顺序也值得研究。政府部门在立体确权时,需要对申请的项目进行充分的适应性考量,确认对于已确权项目的影响可以消除,必要时还需要进行一定的现场核查。

时间、空间上的用海冲突问题必然会导致各利益相关方的沟通难度较大。立体分层的用海主体,必须在立体确权申请前与已确权的主体充分沟通,取得同意意见。政府部门也必须保证已确权者的权益不会因为立体确权而产生重大损失,也要求在政策制定时,考虑到产生损失时利益相关方的责任分配问题。这对政府部门的协调能力提出了更高的要求。

5.2.2 矛盾解决原则

赋权是实现海域资源有效配置的必要条件,从海域空间相邻关系双向使用、综合使用的特征切入,创设海域分层空间相邻关系约定制度,允许相邻不同用海主体事先协商权属关系,将有助于避免在海域空间立体分层利用过程中产生权属纠纷。对于海域分层开发使用过程中各层空间存在互相关联的范围,各层空间相邻关系权利主体应当建立特殊协同规则。

(一)功能优先规则

一般来说,海域使用人是通过对海域空间的开发利用来获取经济效益,并非依靠占有空间而盈利,因此,海域的功能用途应是海域使用权配置的重要考虑部分。每宗海域都并存着多种功能用途,设置海域分层使用权的初衷是要将海域使用人闲置的特定范围空间资源转让给他人,进而提高资源的利用效率。在设立海域分层使用权时,应优先保障海域的基本功能不受影响,将同一海域不同层次的宗海优先分配给用海行为不冲突乃至互补的用海主体,在互不排斥或存在有限影响且可控的前提下,兼容多种用海行为,实施部分或整体设立海域使用权。例如英国在对爱尔兰海海域进行空间规划时便提出,对于以水产养殖为主要功能的海域,风电场将在这些地区获得优先考虑或分配,融合开发对风电企业以及养殖企业来说各有利好。若有一些需要水面、水体、海床和底土多种资源的复杂用海行为,应根据用海活动的内容进行具体判定。此外,随着用海类型的多样化发展,以功能优先规则进行海域空间资源分配更符合海域立体分层利用的管理需求。在此前提下,同一海域空间范围内的多种用海活动便可同时存在,且用海活动主体之间的矛盾也会极大减少,只要海域使用权人遵循平等互利的原则,就能够处理好海上作业中的互动问题,形成共同发展、共同进步的良好局面。

(二)在先权利人优先规则

法律应当把财产权分配给最能有效利用该资源的主体,明确海域使用权人对其海域范围内水面、水体、海床、底土等分层海域使用权的优先取得权,有利于鼓励海域使用权人充分利用所使用海域,缓解用海供需矛盾。首先,出于全局性考虑,将同一海域分层使用权配置给相同的海域使用人,有利于规范水面、水体、海床和底土各层次空间的用海秩序,实现一体化开发建设的统筹规划优势。其次,海域使用权的分层设立使得同一海域上下同时存在多个物权,在对一项资源进行使用、收益的过程中,参与的主体越多,资源利用中的利益责任关系越混乱,从而给行事者带来的成本也越大,在某些情形下,成本会高至行事者无法实现其目标。再次,鉴于海洋空间的公共性质和对获得有限自然资源的经常竞争,可以推断出在利益相关者群体之间存在更大的空间目标冲突的可能,很少有用海活动能严格限制在某一海域空间范围内进行,如在对海底某一空间资源进行开发利用时,必须从海面才能进入,势必会对海域水面使用权人产生或多或少的影响甚至造成用海矛盾纠纷。主体越复杂,相关利益者之间的协调难度越大。因此,应当优先考虑对产权主体进行整合,从而减少矛盾,实现同一海域各分层空间用海活动的协同发展。

(三)生态优先规则

权利人在海域进行用海活动时应将生态保护置于优先位置加以考量选择。海域分层使用权的设立虽然可以提高海域资源的利用率,但海洋环境是一个空间复杂的社会生态系统,活动强度和多样性的增加也会增大海洋生态系统的压力,甚至会导致海域资源的隐性流失。《民法典》第三百二十六条也明确"用益物权人行使权利,应当遵守法律有关保护和合理开发利用资源、保护生态环境的规定"。这就要求在海域的多层次利用中,必须站在全局和整体的立场上统筹兼顾,应始终以可持续发展为中心原则,使海域资源开发利用的规模和程度与海域资源和环境的承载能力相适应,走海洋可持续发展道路。

(四)效力优先原则

效力优先原则是指:第一,在同一个标的物上同时存在两个以上相同内容或性质的物权时,先成立的物权具有优先于后成立的物权的效力;第二,在同一标的物上物权与债权并存时,无论物权成立先后,其效力均优先于债权;第三,在同一标的物上同时存在两个以上相同内容或者性质的物权时,效率高的物权优先于效率低的物权。因此,在进行海域使用权的重新界定时,在充分尊重已产生权利类型优先效力的同时,也要兼顾效率高的权利效力。

(五)因地制宜原则

在海域多层次利用中要充分考虑海域资源的地区差异以及不同地区的海洋功能区划差异,在不同地域采取与之相适应的开发活动。这样,在海域空间多层次利用过程中既要考虑用海项目或者用海活动对该地域的影响,也要考虑该地区社会、经济、文化水平等,充分与该地区的海洋功能区划功能相适应。根据资源的海区分布规律和所处的自然与社会条件,以科学技术为指导,因地制宜地组织各类海域资源的开发活动,根据具体海域资源的分布特点,合理安排各种资源利用活动,实现海域多层次利用过程中科学性和可操作性的相互结合。

5.2.3 矛盾解决途径

(一)"谁受益,谁负责"

按照获得海域资源产权的不同类型和不同受益程度,明确各产权主体的责任。一是所有权主体要保障海域资源的收益效率,明确最底层的海域资源使用准则,如生态环境保护要求、资源开发强度、海域使用金征收标准及征收方式等,负责生态环境监测与保护养护、资源监测与配置、海域使用金征收与核算统计等工作,建立各产权主体的资产收益分配机制,建立海域资源立体产权纠纷和救济机制;二是使用权主体必须遵守国家、地方的法律法规获得海域资源使用权,必须按照国家、地方政府的规定缴纳海域使用金,符合产业的生态环境标准。

(二)海域资源资产化

海域资源资产化是厘清海域资源产权边界的必要手段。资产化范围包括水面、水体、海床和底土,分层次进行海域资源资产核算。资产化后,有利于界定海域资源使用过程的侵权行为,根据《民法典》《海域使用管理法》,侵占、侵犯权利人资产的一切行为都可以被定义为侵权行为,更有利于量化侵权行为造成的权利人的损失或损害程度。

(三)建立海域资源立体产权的审批制度

明确国家和地方政府的审批范围:

(1)填海造地用海。申请填海造地的项目由国家负责审批。填海造地对海域资源的使用包括水面、水体、海床和底土的整体。

(2)跨海桥梁、海底隧道、海底电缆管道、海上风电、光伏、养殖、温排水等用海。除国家项目外,由地方政府负责审批。确定项目主体用海占用海域资源的空间范围,包括水面、水体、海床和底土的其中之一或整体。

①人工岛式填海用海。项目主体的用海范围包括水面、水体、海床和底土的整体。审批范围是水面、水体、海床和底土的整体，权属范围为项目主体。

②跨海桥梁用海。项目主体（包括保护范围外扩10米）的用海范围在水面，审批范围是水面，权属范围为项目主体（包括保护范围外扩10米）。

③海上风电用海。项目主体主要由变压站（包括保护范围外扩50米）、风机及其平台（包括保护范围外扩50米）、海底电缆（包括保护范围外扩10米）组成，审批范围是水面、水体和海床，权属范围为变压站（包括保护范围外扩50米）、风机及其平台（包括保护范围外扩50米）、海底电缆（包括保护范围外扩10米）；海域资源权属的申请范围由用海主体确定，可以是水面、水体、海床和底土的其中之一，也可以是整体。如用海主体仅申请水面、水体、海床和底土其中之一的使用权，审批单位原则上按照最大用海范围确定。

④光伏、平台式用海。项目主体的用海范围在水面，审批范围是水面，权属范围为项目主体。

⑤海底隧道、海底电缆管道用海。项目主体（包括保护范围外扩10米）的用海范围在海床，审批范围是海床，权属范围为项目主体。

⑥取排水口用海。项目主体（养殖或盐业生产取排水口以取排水设施外缘线外扩30米；工业取排水口以取排水设施外缘线外扩80米）的用海范围为水体，审批范围是水体，权属范围为项目主体。

⑦养殖用海。养殖用海包括围海养殖和开放式养殖，用海范围均为水体，审批范围是水体，权属范围为项目主体。

⑧浴场用海、游乐场用海及专用航道、锚地用海。浴场用海、游乐场用海（包括保护范围外扩20～30米）和专用航道、锚地用海具有绝对的排他性，因此，审批范围是水面、水体、海床和底土的整体，权属范围为项目主体。

当同一用海主体申请海域的水面、水体、海床和底土全部使用权的用海年限出现矛盾时，按照工程使用的最高年限审批；当不同用海主体申请用海在立体空间上存在重叠时，如果不存在矛盾，则按照用海方式或工程需求审批，如果出现矛盾，原则上第一次申请用海期限不得超过最早获得海域资源使用权的最高年限。

（四）建立海域资源立体使用的有偿使用制度

（1）征收方式：根据用海主体申请权属范围，按照用海方式、用海面积和用海期限，分层征收。

（2）海域使用金减免情况

满足以下条件，可适当对海域使用金进行减免：

①同一用海主体且同一项目申请包括水面、水体、海床和底土的整体海域使用权的；

②符合国家或地方政府规定的海域使用金减免情况。

(五) 构建侵犯海域资源立体产权的补偿/赔偿机制

以下几种情况造成用海主体权利受到侵害时,应按照相关法律规定对受害主体进行补偿或赔偿：

(1) 索赔主体。对于侵害国有资源所有权或其他衍生权利的侵权主体,国家和地方政府作为索赔主体的代理向侵权主体申请补偿或赔偿;对于侵害用海主体使用权或其他衍生权利的侵权主体,由用海主体向侵权主体申请补偿或赔偿。

(2) 补偿或赔偿客体。海域资源的所有权、使用权、收益权以及其他衍生权利。

(3) 侵权行为。①违反国家或地方政府规定的违法行为;②海域资源权利人由于过失造成其他权利人的权利损害或资产损失的行为;③海域资源权利人的生产、经营过程干扰其他权利人正常生产、经营的行为;④其他侵权行为。

(4) 补偿或赔偿范围。补偿或赔偿范围包括资产造成损失、影响权利人的正常生活生产环境等。

(六) 完善立体产权的协调机制

若要保证海域使用权的分层确权能够顺利进行以及顺利实施,必须对海域使用权分层确权的过程进行协调,以保证各权利主体在正常维护自己利益的同时,不至于给其他用海项目造成损失。根据分层确权的过程,可以将协调机制分为确权前的协调机制和确权后的协调机制,如图 5.2-1 所示。

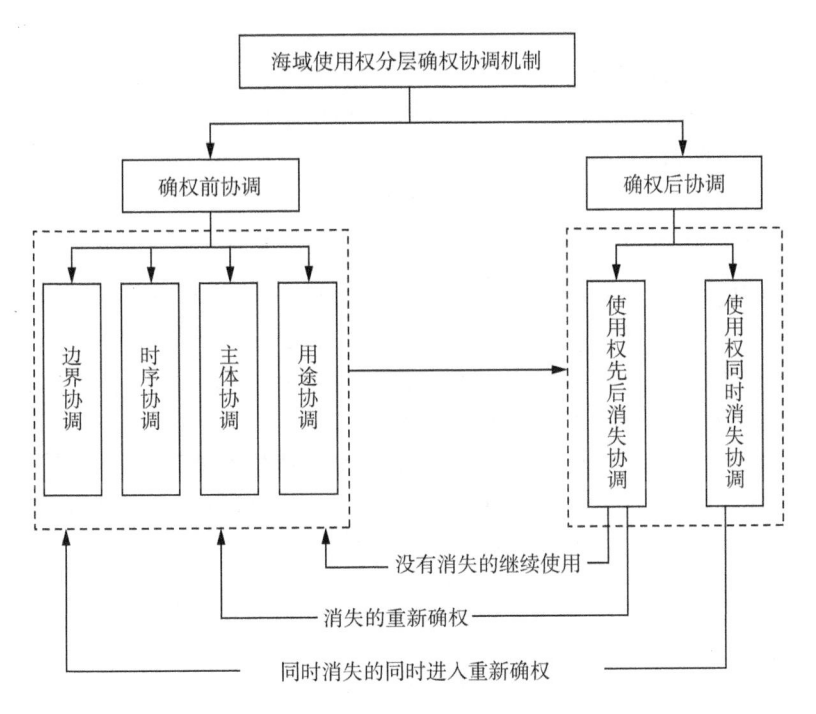

图 5.2-1 海域立体产权协调机制

（1）确权前的协调机制

在筛选用海项目时，海洋管理部门应从四个方面进行综合协调：明确用海边界、规划用海时序、辨识权利主体特性以及具体用海项目的内容。

①边界协调。主要关注不同层次的用海项目在使用层次和范围上的界定。管理部门在审批前应清晰界定各权利主体的用海范围或边界，对于那些相互影响较大或范围界定模糊的项目进行严格审查，以确保同一海域内不同层次的用海项目之间有明确的边界。

②时序协调。这意味着海洋管理部门在确定同一海域不同层次的海域使用权时，应考虑各权利主体用海行为的时间规划。理想情况下，不同层次的用海行为应在不同时间段进行，以避免同时作业带来的相互干扰，从而确保各权利主体能更自由地行使其权利。

③主体协调。在将同一海域不同层次的海域使用权分配给不同权利主体时，海洋管理部门需要与这些主体进行谈判，就各层次用海行为可能产生的相互影响进行讨论。制定一套适用于所有权利主体的行为规范，以约束其行为，确保在确权后出现相互影响问题时，各主体能够自主协调解决，从而提高效率，减少冲突。

④用途协调。是指同一海域不同层次的用海行为之间最好能实现功能互补，因此在进行分别确权前，将具有互补或协同效应的用海项目置于同一海域有助于发挥海域的整体效益并减少潜在冲突。

（2）确权后的协调机制

考虑到不同性质的用海行为拥有不同的海域使用年限，当某一层次的海域使用权届满时，如何妥善协调与其他用海行为间的关系便显得尤为重要。

①不同层次海域使用权同时到期的协调

同一海域不同层次的海域使用权同时到期的现象比较好协调，此时，完全可以按照分层确权前的协调方式进行重新招投标，而且有了以前的经验，重新界定新的用海行为相对来说更简单一些。

②不同层次海域使用权先后到期的协调

首先，海洋管理部门应该就到期的用海行为进行核查。核查的主要内容有其在用海期间的经济效率水平、盈利水平、对环境或者生态造成的危害以及与其他权利主体之间的相互关系等。尽量淘汰资源利用率低、生产效率低、盈利水平低以及环境危害大的用海行为，对于高效且具有可持续发展能力的用海项目要给予支持，并可以优先与之续约。对于已经淘汰的用海行为，就需要重新招标新的用海行为。

第六章

立体分层设权海域使用金征收标准研究

6.1 我国海域资源有偿使用制度

6.1.1 制度沿革

《海域使用管理法》规定:"国家实行海域有偿使用制度。单位和个人使用海域,应当按照国务院的规定缴纳海域使用金"。为了贯彻落实海域有偿使用制度,2005年,国家海洋局启动海域使用金征收标准制定工作,对全国海域进行了等别划分,对不同等别、不同用海类型制定了全国统一的海域使用金征收标准。2007年,《财政部 国家海洋局关于加强海域使用金征收管理的通知》(财综〔2007〕10号)发布;2010年,《财政部 国家海洋局关于印发〈无居民海岛使用金征收使用管理办法〉的通知》(财综〔2010〕44号)发布;2018年,财政部、国家海洋局发布了《关于调整海域 无居民海岛使用金征收标准》(财综〔2008〕15号)的通知,对全国海域使用标准进行调整。

6.1.2 新形势下海域资源有偿使用制度存在的矛盾

矛盾一:海域资源有偿使用制度与海域资源资产核算制度的关系与衔接问题。

海域资源有偿使用制度下用海主体有缴纳海域使用金的责任,海域资源可以通过出让海域使用权的方式获得资源性收益,海域使用金则是海域资源资产收益的客体。我国已经开展海域资源资产委托代理试点工作,主要目的是厘清海域资源各类权利主体的边界与权利,从而保障海域资源资产的保值增值。海域资源资产所有权已经明确,它归属于全体人民,国家和地方政府是全体人民的代理人,享有与全体人民同等且有边界的所有者权利。那么,国家和地方政府可以在法理基础下制定海域资源资产保值增值制度。所以,海域使用金应是海域资源资产的最低收益。

矛盾二:海域立体分层设权下海域资源有偿使用制度及海域使用金标准如何制定和征收的问题。

《海域使用管理法》中的"海域资源有偿使用制度"是基于海域资源二维体系提出的。然而在海域立体分层设权的新形势下,地方和国家层面主要提出了海域使用金征收和探索实施海域使用金减免政策的要求。对于海域资源立体权属的海域采用国家或地方发布的海域使用金标准,即每个层次根据不同用海方式采用统一标准,这样会存在叠加征收的问题。所以,建设海域立体分层设权下海域资源有偿使用制度,制定海域使用金征收标准是目前地方政府解决这个矛盾的途径。

矛盾三:海域立体分层设权下海域资源资产收益如何分配的问题。

海域立体分层设权下海域资源资产收益分配机制是对海域资源资产收益分配的进一步完善。也就是说,该如何在现有管理体制下实现各关系之间的平衡。这里主要是考虑所有权的分配,比如,国家与地方的收益分配比例,地方的增值收益需不需要分配,作为拥有海域资源资产一切权利的全体人民如何通过资产收益获利等。

6.2 我国海域资源使用金的组成结构

6.2.1 海域使用金的含义与特征

海域资源归全民所有,海域使用金是海域资源资产收益的形式之一,征收海域使用金是海域所有权主体的根本权利。可以理解为,海域使用金是国家和地方政府代替全体人民,将海域资源转化成资产后,参与用海活动、经营过程中产生的最低收益。国家和地方政府通过出让海域使用金获得收益,用海主体在使用海域资源获取收益的同时,付出用海成本。因此,海域使用金是在一定时期内、限定经济制度下、实际市场环境中所有权主体与使用权主体关于海域资源使用的一种博弈关系,其根本上是海域资源各部分权利主体的收益分配关系。所以,合理的海域使用金征收标准就是衡量分配关系的尺度。

同时,权责相依,在享有海域使用权的同时应对附属责任负责。根据《海域使用管理法》和《中华人民共和国海洋环境保护法》,保护海洋生态环境是海域使用权附属责任之一,损害海洋生态环境是一种侵权行为。合理制定海域使用金征收标准能够保护海域资源使用各部分主体的合法权益,能够提高我国海域资源配置效率。

6.2.2 海域使用金征收标准的制定过程

根据海域使用金的含义与特征,所有权权利人通过出让海域资源的权利,以海域使用金的形式将海域资源转化成为资产,获得海域资源使用过程中产生的资产收益。同时,用海主体采用不同的用海方式对海洋生态环境造成了不同程度的资源损耗和生态环境损害,这对海域资源资产造成了损失。在一定程度上,这是对海域资源资产所有权主体权利的损害,它属于出让海域资源的成本。所以,海域资源的出让至少涵盖海洋空间资源和海洋生态环境两部分。由此,可以建立海域使用金的组成关系,如下:

$$C = C_1 + C_2 + C_3$$

式中,C 为海域使用金;C_1 为出让海域空间资源收益;C_2 为海洋生态环境损害成本;C_3 为其他收益或成本。

海域空间资源出让收益通过科学测算出让海域空间资源的收益占海域资源使用过程中产生的所有收益总和的比重来确定,方法如下:

$$p = \frac{C_1}{B - A}$$

$$A = C_1 + a_1 + a_2 + a_3$$

式中,C_1 为出让海域空间资源收益;p 为出让海域空间资源的收益占海域资源使用过程中产生的所有收益总和的比例;A 为用海总成本;a_1 为前期勘测费用;a_2 为建设费用;a_3 为后期经营和维护费用;B 为用海形成的总资产。

海洋生态环境损害成本主要包括海洋环境治理、海洋生态修复与恢复、渔业资源补偿等费用:

$$C_2 = m$$

式中,C_2 为海洋生态环境损害成本;m 为海洋环境治理与生态修复、渔业资源补偿等费用。

C_3 为其他收益或成本,是预期性费用,在现有体制与经济环境下不对其进行征收。

6.3 立体分层设权下的海域资源使用金标准研究

6.3.1 立体分层设权下的海域资源使用金标准制定依据

海域立体分层设权下的海域资源使用金标准主要考虑不同层次用海的差异性。这个差异主要来源于海域资源的自然属性。不同用海方式决定了用海空间层,不同的海域空间层具有不同的自然属性,而且不同的用海方式对海域资源自然属性的损耗和损害程度不同。可以推出,海洋生态环境损害是所有用海活动对空间资源的损耗和生态环境损害的集合。也就是说,我们可以把海洋生态环境损害按照海域资源的层次来考虑,即按照不同用海方式来分层分摊。

因此,通过评估不同用海方式对海域资源损耗和生态环境损害的程度,就能制定不同空间层内不同用海方式的海域使用金标准。

6.3.2 不同用海方式对生态环境损害程度评估

步骤一:

以填海造地用海方式为例,选择 10 个具有代表性的海域资源和生态环境指标,评估用海活动对其的损害程度,具体包括气候调节、灾害缓冲、营养盐循环、自净能力、海洋动力、生物多样性、生物量、冲淤环境、海岸地貌和娱乐文化等 10 个指标。邀请五位涵盖海洋地质、海洋生态、海洋管理、海洋环境和海洋经济等不同研究方向的专家,按照 0~1 分,针对填海造地用海活动中 10 个指标的影响程度进行打分。五位专家给出的指标权重打分表见表 6.3-1~表 6.3-5。

步骤二:

不同用海方式影响指标统计,是指不同用海方式可能对指标权重打分表中的某个指标产生影响,如果产生影响,则打"√";如果未产生影响,则空白。五位专家给出的分析评价结果见表 6.3-6~表 6.3-10。

计算公式:

$$E = \frac{D \cdot W}{E_{\max}}$$

式中，D 为五位专家关于不同用海方式对 10 个生态环境指标是否损害给出打分的平均分值；W 为对 10 个生态环境指标损害程度的打分；E_{max} 为 D 与 W 乘积的最大值；E 为相对 E_{max} 的分值。

表 6.3-1　权重赋值（海洋环境领域专家打分表）

序号	打分指标	权重	说明
1	气候调节	0.3	
2	灾害缓冲	0.6	
3	营养盐循环	0.4	
4	自净能力	0.7	
5	海洋动力	1.0	
6	生物多样性	0.7	
7	生物量	0.9	
8	海底沉积	0.8	
9	海岸地貌	1.0	
10	娱乐文化	0.2	

表 6.3-2　权重赋值（海洋经济领域专家打分表）

序号	打分指标	权重	说明
1	气候调节	0.2	
2	灾害缓冲	0.1	
3	营养盐循环	0.5	
4	自净能力	0.8	
5	海洋动力	1.0	
6	生物多样性	0.9	
7	生物量	0.5	
8	冲淤环境	0.5	
9	海岸地貌	1.0	
10	娱乐文化	0.1	

表 6.3-3　权重赋值（海洋管理领域专家打分表）

序号	打分指标	权重	说明
1	气候调节	0.15	大规模成片填海造地可能会对气候调节作用产生一些影响
2	灾害缓冲	0.15	

续表

序号	打分指标	权重	说明
3	营养盐循环	0.50	海湾区域填海后,水动力减弱,海水营养盐循环减弱
4	自净能力	0.50	海湾区域填海后,水动力减弱,海水自净能力下降
5	海洋动力	0.85	填海区域海洋动力局部改变,在海湾区域影响尤为明显
6	生物多样性	0.60	填海造地会导致区域底栖生物的完全损失,若规模较大可能会造成区域生物多样性下降
7	生物量	1.00	填海区域生物量完全损失
8	冲淤环境	0.30	符合要求的填海物料无毒无害,但工程周边海洋沉积物会发生变化
9	海岸地貌	1.00	填海区域海岸地貌完全改变
10	娱乐文化	0.65	填海造地可导致居民亲海空间被挤占,但在无法利用的滩涂等区域进行旅游开发项目则可增加市民的娱乐文化体验

表 6.3-4 权重赋值(海洋生态领域专家打分表)

序号	打分指标	权重	说明
1	气候调节	1.0	
2	灾害缓冲	0.7	
3	营养盐循环	1.0	
4	自净能力	1.0	
5	海洋动力	1.0	
6	生物多样性	0.8	
7	生物量	0.8	
8	冲淤环境	1.0	
9	海岸地貌	1.0	
10	娱乐文化	0.7	

表 6.3-5 权重赋值(海洋地质领域专家打分表)

序号	打分指标	权重	说明
1	气候调节	0.3	
2	灾害缓冲	0.1	
3	营养盐循环	0.1	
4	自净能力	0.5	
5	海洋动力	0.9	
6	生物多样性	0.7	

续表

序号	打分指标	权重	说明
7	生物量	0.9	
8	冲淤环境	0.5	
9	海岸地貌	0.7	
10	娱乐文化	0.5	

表 6.3-6 不同用海方式影响指标统计(海洋环境领域专家评价表)

评估因素		气候调节	灾害缓冲	营养盐循环	自净能力	海洋动力	生物多样性	生物量	冲淤环境	海岸地貌	娱乐文化
用海方式	建设填海造地	√	√	√	√	√	√	√	√	√	
	农业填海造地	√	√	√	√	√	√	√	√	√	
	非透水构筑物			√	√	√		√	√	√	
	跨海桥梁、海底隧道				√	√			√		
	透水构筑物				√	√			√	√	
	港池、蓄水										
	盐田用海	√	√	√	√		√	√	√	√	
	围海养殖	√	√	√	√		√	√	√	√	
	围海式游乐场		√	√	√	√	√	√	√	√	√
	其他围海	√	√	√	√	√	√	√	√	√	
	开放式养殖			√	√		√	√			
	浴场用海								√	√	√
	开放式游乐场										√
	专用航道、锚地						√	√	√		
	其他开放式										
	人工岛式油气开采				√	√	√	√	√		
	平台式油气开采				√				√		
	海底电缆管理										
	海砂等矿产开采				√	√	√	√	√		
	取、排水口			√	√		√	√			
	污水达标排放				√		√	√			
	温、冷排水			√	√						
	倾倒用海						√	√	√		
	种植用海		√	√	√	√	√	√	√		

注:如果某种用海方式的用海活动会对某个海洋生态环境指标产生影响,则打"√"。

表 6.3-7　不同用海方式影响指标统计(海洋经济领域专家评价表)

评估因素		气候调节	灾害缓冲	营养盐循环	自净能力	海洋动力	生物多样性	生物量	冲淤环境	海岸地貌	娱乐文化
用海方式	建设填海造地	✓	✓	✓	✓	✓	✓	✓	✓	✓	✓
	农业填海造地	✓	✓	✓	✓	✓	✓	✓	✓	✓	
	非透水构筑物	✓	✓	✓	✓	✓	✓	✓	✓	✓	✓
	跨海桥梁、海底隧道					✓					✓
	透水构筑物			✓	✓			✓	✓		
	港池、蓄水		✓	✓	✓		✓			✓	
	盐田用海			✓	✓	✓		✓			
	围海养殖		✓			✓				✓	
	围海式游乐场			✓	✓	✓			✓		
	其他围海				✓	✓					
	开放式养殖				✓		✓				
	浴场用海									✓	
	开放式游乐场									✓	
	专用航道、锚地									✓	
	其他开放式										✓
	人工岛式油气开采	✓	✓			✓		✓	✓		
	平台式油气开采			✓	✓	✓		✓	✓		
	海底电缆管理								✓		
	海砂等矿产开采		✓		✓	✓		✓			✓
	取、排水口				✓					✓	✓
	污水达标排放				✓					✓	✓
	温、冷排水				✓					✓	✓
	倾倒用海				✓						
	种植用海										

注:如果某种用海方式的用海活动会对某个海洋生态环境指标产生影响,则打"✓"。

表 6.3-8　不同用海方式影响指标统计(海洋管理领域专家评价表)

评估因素		气候调节	灾害缓冲	营养盐循环	自净能力	海洋动力	生物多样性	生物量	冲淤环境	海岸地貌	娱乐文化
用海方式	建设填海造地					✓		✓	✓	✓	
	农业填海造地					✓				✓	
	非透水构筑物					✓				✓	
	跨海桥梁、海底隧道									✓	✓
	透水构筑物		✓		✓		✓		✓		

117

续表

评估因素		气候调节	灾害缓冲	营养盐循环	自净能力	海洋动力	生物多样性	生物量	冲淤环境	海岸地貌	娱乐文化
用海方式	港池、蓄水					✓			✓		
	盐田用海			✓		✓	✓	✓	✓	✓	
	围海养殖				✓	✓	✓	✓			
	围海式游乐场				✓		✓		✓	✓	
	其他围海						✓			✓	
	开放式养殖			✓	✓		✓	✓			
	浴场用海										✓
	开放式游乐场										✓
	专用航道、锚地					✓	✓	✓			
	其他开放式										
	人工岛式油气开采					✓		✓			
	平台式油气开采							✓			
	海底电缆管道						✓	✓			
	海砂等矿产开采					✓					
	取、排水口			✓	✓	✓	✓	✓			
	污水达标排放			✓							
	温、冷排水	✓				✓	✓	✓			
	倾倒用海			✓	✓				✓		
	种植用海	✓	✓		✓	✓	✓	✓	✓		

注：如果某种用海方式的用海活动会对某个海洋生态环境指标产生影响，则打"✓"。

表 6.3-9 不同用海方式影响指标统计（海洋生态领域专家评价表）

评估因素		气候调节	灾害缓冲	营养盐循环	自净能力	海洋动力	生物多样性	生物量	冲淤环境	海岸地貌	娱乐文化
用海方式	建设填海造地	✓	✓	✓	✓	✓	✓	✓	✓	✓	✓
	农业填海造地	✓	✓	✓	✓	✓	✓	✓	✓	✓	✓
	非透水构筑物	✓	✓	✓	✓	✓	✓	✓	✓		✓
	跨海桥梁、海底隧道				✓	✓	✓				
	透水构筑物		✓			✓	✓	✓			
	港池、蓄水		✓	✓	✓	✓	✓	✓	✓		✓
	盐田用海		✓	✓	✓	✓	✓	✓			✓
	围海养殖			✓	✓	✓	✓	✓			✓
	围海式游乐场		✓	✓	✓	✓	✓	✓			✓
	其他围海		✓	✓	✓	✓	✓	✓			✓

续表

评估因素		气候调节	灾害缓冲	营养盐循环	自净能力	海洋动力	生物多样性	生物量	冲淤环境	海岸地貌	娱乐文化
用海方式	开放式养殖			√			√	√			
	浴场用海			√							√
	开放式游乐场										√
	专用航道、锚地						√	√			
	其他开放式										
	人工岛式油气开采			√	√	√	√	√			
	平台式油气开采			√	√	√	√	√			
	海底电缆管理						√	√			
	海砂等矿产开采	√	√		√	√	√	√	√		
	取、排水口			√	√						
	污水达标排放			√	√						√
	温、冷排水			√	√						
	倾倒用海			√	√	√	√	√			
	种植用海	√	√				√			√	√

注：如果某种用海方式的用海活动会对某个海洋生态环境指标产生影响，则打"√"。

表 6.3-10 不同用海方式影响指标统计（海洋地质领域专家评价表）

评估因素		气候调节	灾害缓冲	营养盐循环	自净能力	海洋动力	生物多样性	生物量	冲淤环境	海岸地貌	娱乐文化
用海方式	建设填海造地	√	√		√	√	√	√	√		
	农业填海造地	√	√		√	√	√	√	√		√
	非透水构筑物	√	√		√	√	√	√	√		
	跨海桥梁、海底隧道						√				
	透水构筑物						√				
	港池、蓄水										
	盐田用海		√	√	√	√	√	√			
	围海养殖		√	√	√	√	√	√			
	围海式游乐场		√	√	√	√	√			√	
	其他围海		√	√	√	√	√			√	√
	开放式养殖			√					√		√
	浴场用海										
	开放式游乐场										
	专用航道、锚地										
	其他开放式										

续表

	评估因素	气候调节	灾害缓冲	营养盐循环	自净能力	海洋动力	生物多样性	生物量	冲淤环境	海岸地貌	娱乐文化
用海方式	人工岛式油气开采					√			√		
	平台式油气开采								√		
	海底电缆管理								√		
	海砂等矿产开采						√	√	√		
	取、排水口				√		√	√		√	
	污水达标排放			√							
	温、冷排水				√		√	√			
	倾倒用海								√	√	
	种植用海	√		√							

注：如果某种用海方式的用海活动会对某个海洋生态环境指标产生影响，则打"√"。

表6.3-11 专家权重打分结果及平均值

序号	打分指标	海洋环境专家	海洋经济专家	海洋管理专家	海洋生态专家	海洋地质专家	平均值
1	气候调节	0.30	0.20	0.15	1.00	0.30	0.39
2	灾害缓冲	0.60	0.10	0.15	0.70	0.10	0.33
3	营养盐循环	0.40	0.50	0.50	1.00	0.10	0.50
4	自净能力	0.70	0.80	0.50	1.00	0.50	0.70
5	海洋动力	1.00	1.00	0.85	1.00	0.90	0.95
6	生物多样性	0.70	0.90	0.60	0.80	0.70	0.74
7	生物量	0.90	0.50	1.00	0.80	0.90	0.82
8	冲淤环境	0.80	0.50	0.30	1.00	0.50	0.62
9	海岸地貌	1.00	1.00	1.00	1.00	0.70	0.94
10	娱乐文化	0.20	0.10	0.65	0.70	0.50	0.43

表6.3-12 不同用海方式海洋生态环境损害系数计算结果

用海方式	气候调节	灾害缓冲	营养盐循环	自净能力	海洋动力	生物多样性	生物量	冲淤环境	海岸地貌	娱乐文化	损害系数
建设填海造地	0.31	0.26	0.30	0.56	0.95	0.59	0.82	0.62	0.94	0.34	1.00
农业填海造地	0.31	0.26	0.30	0.56	0.95	0.59	0.82	0.50	0.94	0.26	0.96
非透水构筑物	0.23	0.20	0.30	0.56	0.95	0.44	0.82	0.50	0.94	0.17	0.90
跨海桥梁、海底隧道	0.00	0.07	0.00	0.14	0.57	0.30	0.33	0.25	0.19	0.09	0.34
透水构筑物	0.00	0.13	0.10	0.28	0.57	0.15	0.66	0.37	0.19	0.00	0.43

续表

用海方式	气候调节	灾害缓冲	营养盐循环	自净能力	海洋动力	生物多样性	生物量	冲淤环境	海岸地貌	娱乐文化	损害系数
港池、蓄水	0.00	0.13	0.20	0.28	0.38	0.30	0.16	0.25	0.19	0.17	0.36
盐田用海	0.08	0.20	0.50	0.56	0.95	0.59	0.66	0.50	0.56	0.17	0.84
围海养殖	0.08	0.26	0.40	0.70	0.76	0.74	0.66	0.37	0.75	0.17	0.86
围海式游乐场	0.00	0.20	0.30	0.70	0.95	0.44	0.66	0.50	0.56	0.17	0.79
其他围海	0.08	0.20	0.30	0.70	0.95	0.44	0.66	0.25	0.56	0.17	0.76
开放式养殖	0.00	0.00	0.40	0.42	0.38	0.59	0.49	0.25	0.00	0.09	0.46
浴场用海	0.00	0.00	0.10	0.00	0.00	0.00	0.00	0.00	0.38	0.26	0.13
开放式游乐场	0.00	0.00	0.00	0.00	0.00	0.00	0.00	0.12	0.00	0.26	0.07
专用航道、锚地	0.00	0.00	0.00	0.00	0.00	0.44	0.49	0.25	0.19	0.00	0.24
其他开放式	0.00	0.00	0.00	0.00	0.00	0.00	0.00	0.00	0.19	0.00	0.03
人工岛式油气开采	0.08	0.07	0.20	0.00	0.95	0.44	0.00	0.50	0.38	0.00	0.55
平台式油气开采	0.00	0.00	0.20	0.14	0.57	0.15	0.49	0.50	0.00	0.00	0.36
海底电缆管道	0.00	0.00	0.00	0.00	0.00	0.15	0.33	0.50	0.00	0.00	0.17
海砂等矿产开采	0.00	0.07	0.20	0.00	0.57	0.74	0.66	0.62	0.56	0.09	0.62
取、排水口	0.00	0.00	0.30	0.56	0.38	0.59	0.66	0.12	0.38	0.17	0.55
污水达标排放	0.00	0.00	0.40	0.42	0.19	0.30	0.49	0.12	0.19	0.17	0.40
温、冷排水	0.08	0.00	0.00	0.42	0.19	0.44	0.66	0.50	0.38	0.00	0.44
倾倒用海	0.00	0.00	0.20	0.42	0.19	0.30	0.66	0.50	0.38	0.09	0.48
种植用海	0.23	0.20	0.30	0.42	0.38	0.44	0.49	0.37	0.56	0.09	0.61

计算结果显示,建设填海造地的海洋生态环境损害系数最高为 1.00,影响最小的是其他开放式为 0.03。其他用海方式的海洋生态环境损害系数见表 6.3-12。

不同用海方式的资源损耗用资源属性灭失程度来衡量,建设填海造地改变海域资源自然属性的程度是 1.00,其他用海方式的资源属性灭失系数通过与建设填海造地的自然属性改变程度相比较进行确定。最终,取生态环境损害系数和资源属性灭失系数的平均值作为资源损耗综合系数 c,结果见表 6.3-13。

表 6.3-13 不同用海方式的资源损耗系数

用海方式	生态环境损害系数	资源属性灭失系数	资源损耗综合系数(c)	分摊比例(r)
建设填海造地	1.00	1.00	1.00	9%
农业填海造地	0.96	1.00	0.98	8%
非透水构筑物	0.90	0.80	0.85	7%
跨海桥梁、海底隧道	0.34	0.70	0.52	4%

续表

用海方式	生态环境损害系数	资源属性灭失系数	资源损耗综合系数(c)	分摊比例(r)
透水构筑物	0.43	0.60	0.52	4%
港池、蓄水	0.36	0.50	0.43	4%
盐田用海	0.84	0.60	0.72	6%
围海养殖	0.86	0.50	0.68	6%
围海式游乐场	0.79	0.40	0.60	5%
其他围海	0.76	0.40	0.58	5%
开放式养殖	0.46	0.10	0.28	2%
浴场用海	0.13	0.20	0.17	1%
开放式游乐场	0.07	0.20	0.14	1%
专用航道、锚地	0.24	0.00	0.12	1%
其他开放式	0.03	0.10	0.07	1%
人工岛式油气开采	0.55	0.80	0.68	6%
平台式油气开采	0.36	0.60	0.48	4%
海底电缆管道	0.17	0.20	0.19	2%
海砂等矿产开采	0.62	0.90	0.76	6%
取、排水口	0.55	0.30	0.43	4%
污水达标排放	0.40	0.30	0.35	3%
温、冷排水	0.44	0.30	0.37	3%
倾倒用海	0.48	0.60	0.54	5%
种植用海	0.61	0.20	0.41	3%

6.3.3 立体分层设权下的海域资源使用金标准测算方法

再根据海洋生态环境损害成本计算方法,建立不同用海方式在不同层次的海洋生态环境损害成本分摊方法,如下:

$$C'_2 = m \times (1+r)^n$$

式中,C'_2 为不同用海方式在不同层次的海洋生态环境损害成本;m 为海洋环境治理与生态修复、渔业资源补偿等费用;r 为海洋生态环境损害成本的分摊比例;n 为用海年限。

第七章

海域立体分层宗海界定及宗海图编绘

第七章 海域立体分层宗海界定及宗海图编绘

7.1 海域空间利用主要形式与特点

7.1.1 不同用海类型的海域使用特征

根据《海域使用分类》(HY/T 123—2009),海域使用类型采用两级分类体系,共分为9个一级类和31个二级类。本小节按照常见的海域使用一类类型,对不同用海活动的海域空间利用特点进行剖析。

(一) 渔业用海

通过在海域中构筑堤坝进行围海养殖,渔业活动在一定程度上已经改变了工程附近海域的潮流动态,从而对该海域的自然属性产生了影响。这种改变破坏了沿岸地区的泥沙平衡,导致毗邻的海岸线出现了侵蚀和淤积的现象。为了确保养殖生物的质量,渔业用海对海水和沉积物的质量设定了较高的标准,并且还要求有丰富的饵料资源、畅通的海域水流,以及适宜的气候、水温、地形和底质条件来支持养殖生物的生长。此外,网箱等水产养殖设施在海域中的密集分布以及产生的消浪作用不仅影响了周围水体的交换,还引起了海底沉积物类型的转变(图 7.1-1)。

图 7.1-1 网箱养殖用海

(二) 工业用海

工业用海一般要求远离人口密集的居民区、海水养殖区、旅游区和对水质环境敏感的相关用海产业。

(1) 盐业用海

盐业用海是指专门用于盐业生产的特定海域,涵盖了盐田、取排水口、蓄水池、盐业码头、引桥以及港池等设施(图7.1-2)。这类用海主要位于滩涂和近岸的浅水域,对于环境有特定的要求:海水盐度高、海水水质优、海洋动力要相对较弱,且周边不能有污染源。此外,对于海水储存池和晒盐池等地基的要求是渗透性差的黏性土,土中的有机质含量需保持在较低水平。盐业用海一般不会引发岸线或海底地形的显著蚀淤变化。然而,晒盐池和海水储存池的建设可能会改变原有的生态系统,影响滩涂植被正常生长。如果高盐度的海水发生渗漏,还可能会导致地下水的盐度增加或引发海水入侵的问题。

图 7.1-2　盐田用海

(2) 固体矿产开采用海

固体矿产开采用海是指开采海砂、底土及其他固体矿产资源所使用的海域,开采活动包括海上直接开采以及通过陆地挖至海底进行固体矿产开采(图7.1-3)。海砂开采对海底沉积物砂含量、粒径有特定要求,需满足相应使用需求。由于直接开采海底砂会导致海底地形地貌和底土性质发生变化,改变水动力条件和水深,损害底栖生物及其生存环境。海砂开采过程会导致悬浮泥沙扩散,影响海水水质、生物资源和水产养殖。特别是在近岸地区进行采砂活动时可能会引发岸滩侵蚀的问题。

图 7.1-3　固体矿产开采用海

(3) 油气开采用海

油气开采用海是指开采油气资源所使用的海域,包括石油平台、浮式储油装置、油气开采用人工岛及其连陆或连岛道路,以及油气开采用码头、引桥、栈桥、电缆、管道等所使用的海域(图 7.1-4)。油气开采用海的固定式平台构筑物对海域环境条件的要求和影响与索道和跨海桥梁等构筑物基本相同。将移动式平台移走后会使海底形成洞穴,造成海底地形变化和局部地基的不均匀性。油气开采海域还存在溢油、井喷等事故风险,这些风险可能会对海洋环境造成严重影响。

图 7.1-4　油气开采用海

(4) 船舶工业用海

船舶工业专用海域是指满足船舶(含渔船)的制造、修缮和拆解需求所使用的海域。这一区域囊括了船厂内的所有关键设施,包括厂区、码头、引桥、作业平台、船坞、滑道、防护堤坝以及港池等所占用的海域(图 7.1-5)。其中的港池部分,涵盖了开放式码头前端的船舶停靠和回旋区域,以及船坞、滑道等设施的前端水域。与港口用海相似,船舶工业海域在使用上也具有其独特性。尤其是在船坞的建造过程中,除了对海域地基的强度、停泊稳定性及整体稳固性有严格要求外,地层还必须具备良好的隔水性。从环境资源影响的角度来看,船舶工业海域所产生的影响与港口工程用海大致相同。

图 7.1-5　船舶工业用海

(5) 临海工业用海

近年来,钢铁、石油、化工、新能源发电等临海工业发展迅速,许多主体或附属设施建设在近岸滩涂区域。临海工业用海除了生产废水排放会对海域资源环境产生影响外,最显著的特点是石油、化工等项目用海存有事故风险。一旦石油化工原料泄露、发生火灾或爆炸,将可损害或影响海洋生态环境及周边利益相关者,造成重大的经济损失。以海水作为冷却水的热电厂取水口被要求设置在海水清澈、水体交换较好、低悬浮物、温排水温度扩散范围以外的海域。取水口附近易形成水流涡漩,导致局部范围流场特性的改变,温排水造成周围海水水温的升高。热电厂的灰场是滨海地区大气粉尘污染的重要物源之一,这些粉尘不仅会随着空气流动扩散到其他地区,还会沉降到海水中,对海洋环境造成进一步的影响。因此,在临海工业的发展过程中,应高度重视环境保护和安全生产,采取有效措施降低对海洋环境和周边利益相关方的影响。海上光伏示意图如图 7.1-6 所示。

图 7.1-6　海上光伏

（三）交通运输用海

（1）港口用海

港口用海是指船舶停靠、进行装卸作业、避风和调动等所使用的海域，包括港口码头（含开敞式的货运和客运码头）、引桥、平台、港池（含开敞式码头前沿船舶靠泊和回旋水域）、堤坝及堆场等所使用的海域（图 7.1-7）。港口用海通常用海面积大，建造的固定建筑物多，会显著改变相关海域的水动力条件（如波浪场和海域潮流场的变化），从而导致沿岸泥沙输移的变化和岸线变形。因此，在选择港口用海时，必须确保海域具备适宜的水深、良好的停泊稳定性和坚固的地基条件。

图 7.1-7　港口用海

航道、锚地等无构(建)筑物用海需要考虑水深地形、强浪方向的关系、航道轴线与强流、泊稳、锚地底质和乘潮条件等因素。航道与码头基床开挖、港池疏浚、围堰与防波堤开工等港口工程建设的基本内容,都会不可避免地扰动海底泥沙,导致悬浮泥沙的扩散。此外,在港口施工过程中,生产和生活污水的排放也不可避免地会对一定范围内的海洋环境造成负面影响,导致海洋环境质量下降。

(2) 路桥用海

路桥用海是指连接陆地与陆地、陆地与岛屿等路桥工程所使用的海域,包括跨海道路和顺岸道路、跨海桥梁及其附属设施所占用的海域(图 7.1-8),但不包括油气开采所使用的连陆、连岛道路和栈桥等海域。在路桥用海中,跨海桥梁和索道等构筑物的建设对海底土地的稳定性有着严格要求。这些构筑物需要建立在无显著灾害地质因素、在多种荷载(如结构荷载、环境荷载、可变荷载)作用下仍能保持稳定的地基上。跨海桥梁和索道具有一定的跨度,因此它们对泥沙输运和沿岸水动力的阻挡作用相对较小。同时,这些构筑物的墩柱截面积也较小,因此只在局部范围内改变海流流场,对整个区域流场的影响有限。然而,跨海桥梁和索道的施工阶段可能会引起泥沙搅动、妨碍航运、产生废水排放等问题,构筑物阻挡海流以及波浪作用造成的涡流还可能会导致出现墩柱周围的海底冲刷和淘空现象。

图 7.1-8 跨海桥梁

(四) 旅游娱乐用海

旅游娱乐用海包含旅游区内为满足旅行、游览和开展娱乐活动需要而建设的配套工程设施所使用的海域,以及开展游泳、嬉水、游艇、帆船、冲浪、潜水、水下观光及垂钓等娱乐活动所使用的海域(图 7.1-9)。我国旅游娱乐用海多在海湾等水动力较弱的近岸或壁障海域,海水浴场、水上运动、水下运动都要求波浪作用弱;水下旅游项目中的潜艇观光、潜水等还要求海水清澈、流速较小;配套的游艇码头、栈桥码头、潜水平台、浮码头等要求有良好的泊稳条件以及布置合理的水域。在选择旅游娱乐用海时，还需综合考虑多种自然因素，如海流、潮差、日照时间、风速、气温、水温等，以确保旅游活动的舒适性和安全性。同时，海底地形、坡度、有无礁石和障碍物、有无鲨鱼等也是必须考虑的安全因素。除了自然因素，卫生和防疫要求也是旅游娱乐用海选择的重要标准。海水中的细菌含量、污染物含量等都必须符合卫生标准，以保证游客的健康。此外，海滩的质量，包括海滩的宽度、沙粒的粒径和坡度等，也是影响旅游体验的重要因素。

图 7.1-9　旅游娱乐用海

（五）海底工程用海

海底工程主要包含海底电缆管道（图 7.1-10）、海底隧道，以及海底水族馆、海底仓库及储罐等海底场馆。海底隧道在施工阶段可产生施工废水、废油、粉尘，以及沉管施工搅动泥沙的悬浮扩散。影响海底电缆管道安全的主要因素是海洋水动力环境、工程地质灾害因素。海底管线荷载小，虽然对海底地层强度无严格要求，但要求海底地形平缓，无礁石、沉船等障碍物，底质均匀。海底电缆管道铺设会部分改变底土性质，引起海底蚀淤，管线路由与锚地及其他海洋构筑物用海相互排他。同时，存在管线断裂、溢油等事故风险。

（六）排污倾倒用海

该类用海需要选择水深较深、流速较急、污染物易向外海迅速扩散的开放海域。倾倒区和污水排放口要远离生态敏感区的原因是，排放的污水和倾倒的废物会随潮流和潮汐变化在一定范围内发生沉积和扩散。

（七）造地工程用海

城镇建设围海造地用海特点可借鉴交通运输用海或工矿用海特点，围垦用海的筑堤与交通运输用海的防波堤、围堰用海类似。

图 7.1-10　海底电缆

（八）特殊用海

特殊用海由于类型多样，其用海特点因科研教学、军事、自然保护区、防岸工程的不同而有所差异，论证时应视具体情况而定。

7.1.2　不同用海形式的空间利用特点

用海活动占用海域空间的主体不同决定了其占用海域空间的范围和特点各有差异，通过对《海域使用分类》中所列的用海活动进行归纳梳理，从用海主体角度将海域空间使用分为四种情况。

（一）填海造地使用海域空间

填海造地是一种重要的空间资源利用方式，它涉及对海域空间的重新塑造和利用（图 7.1-11）。具体来说，填海造地是指通过向海中吹填、抛填砂石、泥土等材料，将原有的海域空间转化为陆域，从而实现对海域的永久性占用。这种占用方式包含多种情形，如建设填海造地、农业填海造地和废弃物处置填海造地等，这类使用海域空间的方式最显著的特点是彻底改变海域的自然属性，使原海域空间不复存在：①建设填海造地通常会在海岸线附近或者近海区域，以扩大城市的建设用地或者建设新的港口、码头等基础设施。这种方式的填海造地通常需要大量的砂石、泥土等建筑材料，以及对海域进行深入的勘察和规划，以确保填海造地的稳定性和安全性。②农业填海造地则是为了扩大农业种植面积、提高农业生产效益而进行的一种填海造地。通过将海域转化为农田,人们可以在新的土地上种植各种农作物,从而增加农产品的产量和种类。不过,农业填海造地也需要考虑到土壤质量、水源供应等因素,以确保农作物的正常生长和产量。③废弃物处置填海造地则是一种相对较为特殊的填海造地方式。它通常是将各种废弃物填埋在海域中,以达到处理废弃物的目的。这种方式虽然可以有效地处理废弃物,但也可能对海洋环境造成一定的污染和破坏。

图 7.1-11　填海造地类型

（二）构筑物和设施使用海域空间

构筑物和设施使用海域空间即为达到海洋开发目的而建设或安装构筑物、设施等使用海域空间,包括码头、防波堤、栈桥等非透水构筑物或透水构筑物,网箱、灯塔等设施以及海底电缆管道、海底隧道及其他海底场馆等,此类使用海域空间的方式时间持久。不同类型的构筑物和设施在使用海域空间时会有不同的影响和特点:①码头、防波堤、栈桥等是常见的桩基式构筑物结构,桩基需要嵌入海床和底土中,以确保其稳固性。同时,构筑物的上方会露出水面,以供人们进行各种海洋活动。这种使用海域空间的方式利用了海域的水面、水体、海床和底土四层空间,对海洋环境的影响也较为复杂。②采用沉箱、抛石等形式的非透水构筑物在使用海域空间时往往需要开挖海床以增加结构物的地基稳定性,因此一般会占用海域的水面、水体和海床空间。虽然这种使用方式没有透水构筑物那么深入海底,但同样会对海洋环境产生一定的影响。③对于海底电缆管道等设施来说,在近海一般埋设在海床下 1~3 米,仅使用海床一层。而海底隧道及其他海底场馆的埋设深度往往更大,在海床下深达 10 米至几十米,且直接在底土层施工,对其他层用海活动基本无影响。海上风电设施如图 7.1-12 所示。

（三）水体使用海域空间

水体使用海域空间是海洋资源利用的一种重要形式,是为了满足人类生产和生活

图 7.1-12　海上风电

需要,涉及向海水中排放水体或通过取水口从海水中取水的各种情形(图 7.1-13)。由于海域体积广阔,从海中取水或向海水中排水对海域空间无明显影响,但用海活动可能对区域海水质量有严格要求或影响,包括取排水、温排水、污水达标排放等。例如,取水口需要能从海水中提取清洁的水源,因此对海水质量有着较高的要求;而排水口、温排水区和污水达标排放区等则可能会对海水质量产生一定的影响,需要通过科学规划和管理来减少其负面影响。

图 7.1-13　取排水用海

（1）在排水口区域，人们通过排水口将各种废水排入海洋，以减轻陆地的排水压力。这些废水可能来自工业、农业、生活等多个领域，其中含有各种有害物质和污染物。因此，在排水口区域的使用海域空间过程中，需要严格控制废水的排放标准和排放量，以避免对海洋环境造成不良影响。

（2）温排水区则是为了满足一些特定工业或能源设施的需要而设立的。在这些区域，人们通过排放温水来调节海洋环境或利用海洋能源。例如，一些核电站和火电站会利用海水进行冷却，并将温水排放回海洋。这种使用海域空间的方式虽然对海域空间本身无明显影响，但可能会对海洋生态系统产生一定的干扰。

（3）污水达标排放区则是指将经过处理的污水排放到海洋中的区域。这些污水已经经过了严格的处理和净化，达到了国家排放标准，因此对海洋环境的影响相对较小。然而，即使是经过处理的污水，也可能含有一些微量有害物质，因此在排放过程中仍需要严格控制。

（四）服务对象使用海域空间

服务对象使用海域空间指海洋开发利用活动的服务对象开展相关活动时使用海域，如船只在航道航行、在码头靠泊（图 7.1-14），游客在海水浴场或游乐场游玩等，此类使用海域空间的方式在时间和空间上具有间断性，而且往往仅使用海域的部分空间。

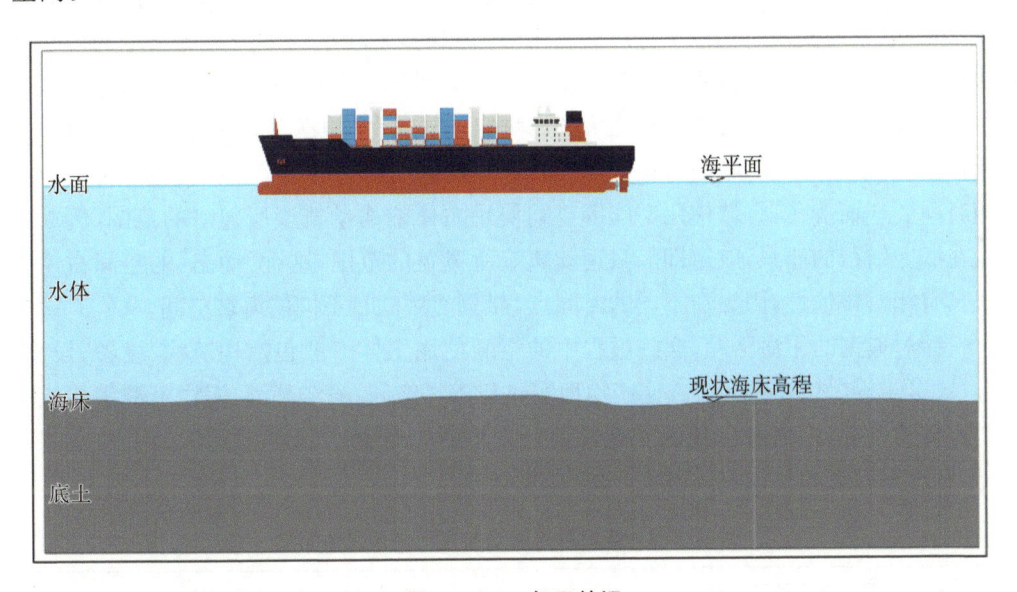

图 7.1-14　船只航运

（1）对于船只来说，航道是他们航行的重要通道。在航道中，船只需要按照一定的航线和规则行驶，以确保航行的安全和顺畅。因此，航道的使用对于船只来说是非常重要的，船只需要在这个特定的海域空间中进行航行活动。与航道类似，码头也是船只使用海域空间时的重要场所。船只需要在码头靠泊，进行装卸货物、人员上下等操作。码头的建设和使用需要充分考虑海域的水深、水流等自然条件，以确保船只的安全和便利。

（2）游客也是使用海域空间的重要群体。海水浴场、游乐场等场所是游客们休闲娱乐的重要去处。在这些场所中，游客可以尽情享受海洋的魅力和乐趣。然而，这些旅游场所的使用也是具有间断性的，游客们只会在特定的时间和空间中进行游玩活动。

7.1.3 海域空间使用主体的认识

海域立体分层利用的出发点在于对竖向空间的合理配置，因而用海活动的空间使用特征成为决定海域立体分层利用的关键因素。在用海活动的实施过程中，空间使用主体的构成及位置变迁具有相对稳定性和规律性。因此，通过对用海活动的空间使用主体进行解构，挖掘用海活动的时空行为规律，有助于海域立体分层利用的宗海界定工作从经验判断向客观评价转变。

海域空间是一个多维度的复合概念，具备了物理、法律和功能等多种属性。以往对于海域空间利用的研究侧重于海域空间的功能或用途，或关注海域空间权利及权利主体。从物理层面来看，海域空间利用实际上是各种物理实体占用海域空间并按照一定规律发生的各种空间行为，包括功能发挥、空间位置变化、与周围环境相互作用等。这些物理实体即海域空间使用主体，它们通过静态和动态两种方式实现对空间的"占用"。一是空间使用主体以工程形式占用海域空间，工程结构本身具有一定的体积和形状，这些物理特性对占用空间的大小具有直接影响。例如，一个大型的海上石油平台由于其庞大的体积，会占用相当大的海域空间。这种"静态"的空间占用方式具有完全排他性，即在同一时间内其他实体无法占用相同的空间。二是空间使用主体的位移随时间变迁而变化，海域使用空间即空间使用主体的运动轨迹所包络的范围，例如一艘在海上航行的船只，航道即船只运动轨迹所覆盖的范围，这种"动态"的空间占用方式具有相对排他性，因为在不同的时间点，船只使用的是不同的海域空间。

针对典型的用海活动，实施过程中的空间使用主体一般包括构筑物、设备、设施、人员、水体等（见表7.1-1）。这些物理实体与海洋空间、海洋环境、海洋资源等构成一个完整的系统，以实现海域的功能价值。管理者则依据空间使用主体占用的空间范围，界定其宗海界址与权属范围，进行权属管理。

表 7.1-1　典型用海活动的空间使用主体示例

海洋开发利用活动		各实施阶段空间使用主体
海水养殖	筏式养殖	设施（浮筏、缆绳、固定设施）、设备（渔船）、人员（养殖工人）
	网箱养殖	设施（网箱、系泊及附属设施）、设备（渔船）、人员（养殖工人）
	底播养殖	设施（渔船）、人员（养殖工人）
	围海养殖	构筑物（堤坝）、人员（养殖工人）
	人工鱼礁	构筑物（礁体）、设备（施工船）

续表

海洋开发利用活动		各实施阶段空间使用主体
港口航运	港口	设备(船只)、构筑物(引桥、堤坝等设施)
	航道	设备(船只)、设施(航行标志)
	锚地	设备(船只)、设施(锚)
休闲娱乐	浴场	人员(游人)、设施(浮标)
	游乐场	人员(游人)、设备(游艇、帆板等)
海上风电	风机	构筑物(风机座墩)、设备(施工船)
	海底电缆	设施(海底电缆)、设备(施工船)
跨海大桥桥梁		构筑物(桥梁)、设备(施工船)
核电温排水		构筑物(取排水渠、管道)、水体(温排水)
海底隧道		构筑物(隧道主体、海底附属设施、通风竖井等)

由此可见，海域开发利用的排他性体现在两个层面。首先是物理意义上的排他性，这是因为每一个海域开发利用项目都需要占用特定的物理空间，而这种占用自然会限制其他物理实体进入该空间。例如，一旦在特定海域建设了石油钻井平台，其他类似的大型设施就无法再在同一空间内建设。这种物理空间的独占性是海域开发利用排他性的直接体现。其次是法律意义上的排他性。在海域使用权制度下，一旦某一特定海域空间被设置了海域使用权，该权利就具有了排他性，即无法在同一空间内重复设置海域使用权。这意味着在法律层面，海域使用权人对其占用的海域空间享有独占的使用权，其他任何单位和个人未经许可不得擅自进入或使用。

这反映出海域空间使用主体是决定用海活动空间使用特征的关键要素，体现为：①空间使用主体的类型、功能、数量等各方面存在显著差异，深刻影响其在海域空间中的位置及变迁。所有空间使用主体运动轨迹的包络范围即用海活动的物理空间范围，是进行竖向空间权属划分的重要依据。②用海活动在建设、运营和维护等不同实施阶段的空间使用主体不同，决定了用海活动在不同实施阶段的空间使用特征存在显著差异。以敷设海底电缆用海为例，建设和维护期主要以施工船(设备)发挥关键作用，使用海域的水面、水体和海床三层空间；在运营期则以海底电缆(设施)发挥关键作用，使用海床空间。③在海洋开发利用过程中，可能不止一种空间使用主体占用海域空间，用海活动的空间使用特征受多种空间使用主体的共同影响。

7.2 海域立体分层宗海界定

海域使用权属以宗海为基本单元，宗海为海域使用权属界址线所封闭的具有特定空间位置、使用用途、使用权归属的用海单元。同一权属不同用海类型的用海单元独立分宗。宗海也是海域使用权属登记的基本单元。宗海可采用宗海图来表达其空间位置、界址点(界址点坐标)、界址线、空间面积、用途、权属及相邻宗海之间关系等相关信息。

宗海界址的界定是一项政策性、技术性和群众性很强的工作，要充分体现界定技术和测量技术的科学性和可操作性。宗海界址的界定有利于维护国家海域所有权，保障海域使用权人的生产活动，促进海域使用管理和海洋经济可持续发展。同时，宗海界址界定也是确保国家海域空间资源的合理利用，避免毗邻宗海的相互穿插和干扰，集约节约海域空间资源，防止海域使用权争议和海域空间资源浪费的重要途径。一贯以来，海域管理体系对于宗海界定的规定是以平面为主，采用平面四至坐标的方法界定宗海界址。在海域立体分层设权的形势下，海籍管理需向三维进行转变，在二维平面界址基础上补充宗海的垂向使用范围。

7.2.1 用海活动的利用空间划分

基于海域的四层空间，根据海域使用需求，将用海活动使用的海域空间分为主要空间和附占空间。

一是主要空间，即为满足用海活动正常开展，用海项目主体工程所在海域空间或用海活动所使用的主要海域空间。这部分空间是满足海域开发利用的最直观、最基本也是最重要的空间。

二是附占空间，包含两类：①为满足运营需求，用海主体因其物理属性（体积）占用的额外的海域空间；②为满足用海活动正常开展而进行定期维护、维修时所需要使用的海域空间。

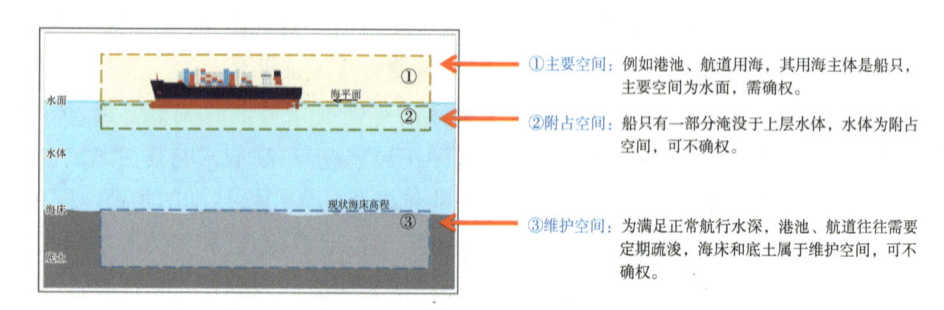

图 7.2-1 用海活动利用空间划分（以航道用海为例）

以航道用海为例（图 7.2-1），其用海主体是船只，主要空间为海域的水面；船只还有一部分淹没于上层水体，水体就是附占空间；为满足正常航行水深，航道往往需要定期疏浚，海床和底土属于维护空间。

以跨海桥梁为例（图 7.2-2），其用海主体工程是桥面，提供了车辆行人通行的使用功能，桥面占用了水面上方一定空间，故跨海桥梁主要用海空间层为水面；桥墩作为基础支撑工程，占用了一部分水体、海床和底土，这部分为附占空间。

另外，某些用海活动本身已经占用了海域多空间，或其开发利用过程具有很强的排他性，不建议进行海域立体开发利用。例如，各类需要填海造地的用海活动，如码头、工业厂区等，用海方式包括建设填海造地、农业填海造地和废弃物处置填海造地；

各类固体矿产或油气开采活动,其用海方式为海砂等矿产开采、平台式油气开采、人工岛式油气开采;以及特殊用海等。

①主要空间:例如跨海桥梁,主体工程是桥面,提供了车辆行人通行的使用功能。桥面占用了水面上方一定空间,故跨海桥梁主要用海空间层为水面。

②附占空间:跨海桥梁的桥墩,作为基础支撑工程,占用了一部分水体、海床和底土。这部分为附占空间,可不进行立体分层设权。

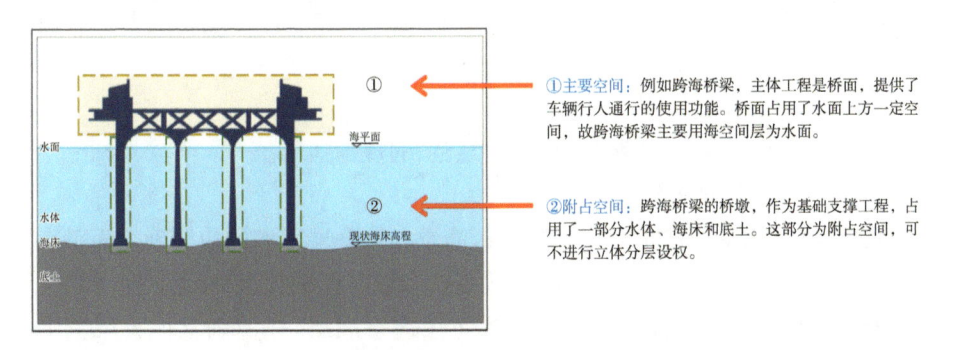

图 7.2-2　用海活动利用空间划分(以跨海桥梁为例)

由于多数用海活动建设期的用海需求包含海域的大部分立体空间,故不考虑建设期的用海空间需求。基于以上思路,将常见用海活动的海域利用空间列于表 7.2-1 中。

表 7.2-1　常见用海活动的海域利用空间划分

用海活动	主要空间	附占空间
筏式养殖、网箱养殖	水体	水面
底播养殖	海床	水体
人工鱼礁	海床	水体
海上光伏	水面	水体、海床、底土
取排水口	水体	海床、底土
温排水	水体	海床
跨海桥梁及附属设施	水面	水体、海床、底土
港池	水面	水体、海床、底土
航道	水面	水体、海床、底土
海床敷设的海底电缆管道	海床	/
底土埋设的海底电缆管道	底土	/
海底隧道及其附属设施	底土	/
海底水族馆、海底仓库及储罐等海底场馆	底土	/
污水达标排放区	水体	/

7.2.2　海域立体分层宗海界定方法

界定的宗海范围一般包括项目实际占用的海域以及该项目周边不准他人占用或干扰的安全区。各类海域使用类型宗海界定方法如下。

本研究在宗海平面界定的现行标准基础上，将宗海界定的内涵从二维平面拓展至三维立体空间。依据《海域使用论证技术导则》(GB/T 42361—2023)规定，宗海平面界址界定按照《海籍调查规范》(HY/T 124—2009)规定执行，在此基础上扩展说明了宗海立面界址界定的方法。

（一）宗海平面界址界定

宗海平面界址的界定，按照《海籍调查规范》的规定执行。

（二）宗海立面界址界定

按照《海域使用论证技术导则》的要求，涉及立体分层用海的应明确立面垂直空间界址。宗海立面界址以用海项目主体工程所在海域空间或用海活动所使用的主要海域空间为依据，分水面、水体、海床、底土界定用海空间层，并明确立体分层范围。其中，海床根据上敷用海高程范围确定上方一定厚度的用海范围。当无法确定准确高程数值时，可采用文字形式表述，如"现状海床高程""实际设计或使用高程"。

用海工程中因物理属性所占据的其他空间以及定期维护需使用的空间，即附占空间，可不进行海域立体分层宗海界定。

宗海立面界址的确定，应考虑空间兼容性，在保证用海活动正常运营的前提下，可将附占空间立体设权给其他用海活动，但应综合考虑用海活动的安全性、生态影响等，避免分层用海时对不同用海活动产生负面影响。

7.2.3　各用海类型宗海界定示例

依据《海域使用分类》的海域使用类型分类，列举了渔业用海、工业用海、交通运输用海、旅游娱乐用海、海底工程用海、排污倾倒用海、海岸防护工程用海等不同类型的用海活动立体分层宗海界定示例。

（一）渔业用海

（1）筏式和网箱养殖

筏式和网箱养殖的用海主体工程是放置的浮筏、网箱。平面界址界定，单宗用海以最外缘的筏脚（架）、桩脚（架）连线向四周扩展20～30米连线为界；多宗相连的筏式和网箱养殖用海（相邻业主的台筏或网箱间距小于60米）以相邻台筏、网箱之水域中线为界；其间存在共用航道的，按双方均分航道空间的原则，收缩各自的用海界线。

筏式和网箱养殖用海的用海空间层为水面和水体，立体分层范围为养殖设备最大下缘线至海平面，或根据实际情况界定为现状海床高程至海平面（参见图 7.2-3）。

（2）底播养殖

底播养殖属于无人工设施的海底人工投苗或自然增殖生产用海，平面界址以实际设计或使用的范围为界。

底播养殖的用海空间层为海床，立体分层范围为现状海床高程至实际设计或使用的高程。

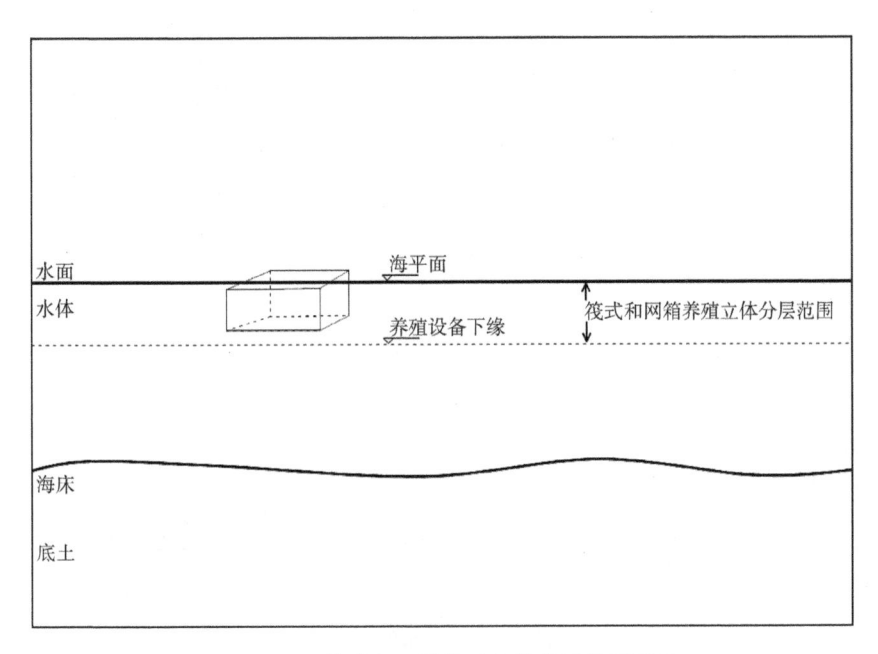

图 7.2-3　筏式和网箱养殖立体分层范围图示

(3) 人工鱼礁

人工鱼礁的用海主体工程是人为放置的构筑物。平面界址以被投置海底人工礁体外缘顶点的连线或主管部门批准的范围为界。

人工鱼礁的用海空间层为海床，立体分层范围为现状海床高程至人工鱼礁礁体上缘高程(参见图 7.2-4)。

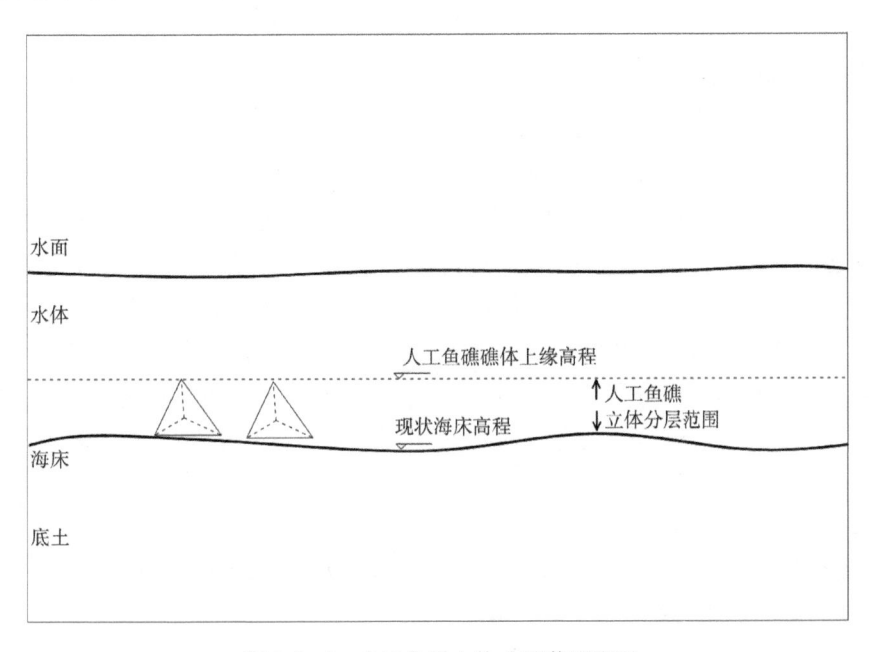

图 7.2-4　人工鱼礁立体分层范围图示

（4）围海养殖

围海养殖的平面界址以围海前的海岸线为界,水中以围堰、堤坝基床外侧的水下边缘线及口门连线为界。

围海养殖的用海空间层为水体,立体分层范围为现状海床高程至海平面(参见图7.2-5)。

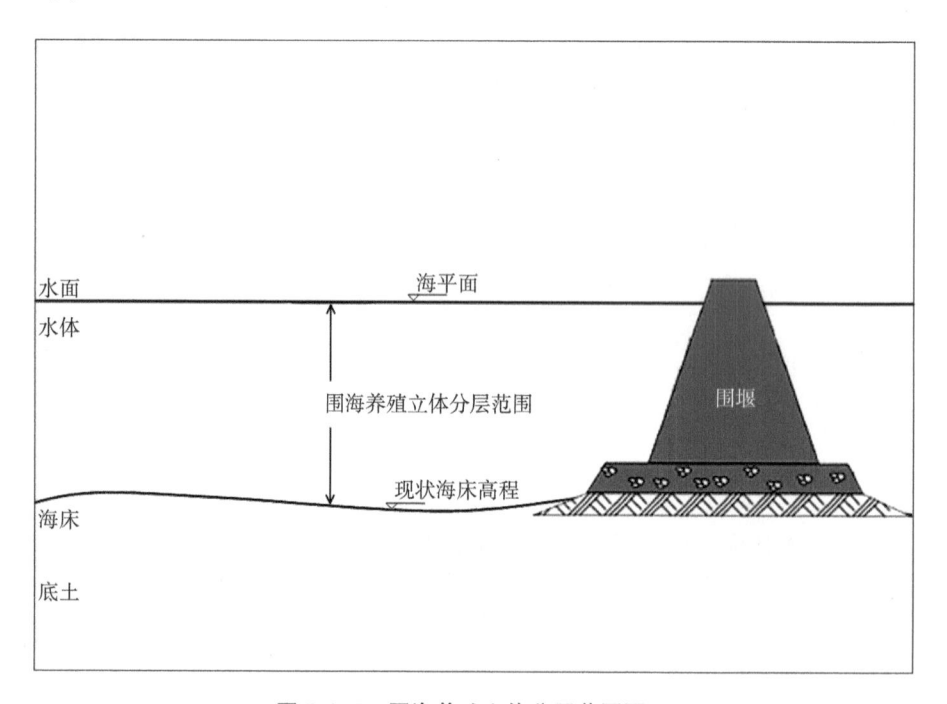

图 7.2-5　围海养殖立体分层范围图示

（二）工业用海

（1）海上光伏

海上光伏的平面界址以光伏项目总用海范围为界,包含光伏阵列、逆变箱、检修通道、升压站及消浪设施等工程使用的海域。桩基式海上光伏,光伏阵列及附属设施的垂直投影外缘线外扩10米范围,整体被界定为透水构筑物用海;漂浮式海上光伏,水上平台和锚固装置外缘线外扩10米范围,整体被界定为透水构筑物用海。

海上光伏的用海空间层为水面,立体分层范围为海平面至光伏板上缘高程(实际设计或使用高程),立体分层范围见图7.2-6、图7.2-7。对于桩基式海上光伏、漂浮式海上光伏,附占空间涉及水体、海床和底土,其他用海活动在立体分层范围内应保证光伏的正常运行。

（2）取排水口

工业用海取排水口的平面界址,岸边以海岸线为界,水中以取排水设施外缘线外扩80米的矩形范围为界。

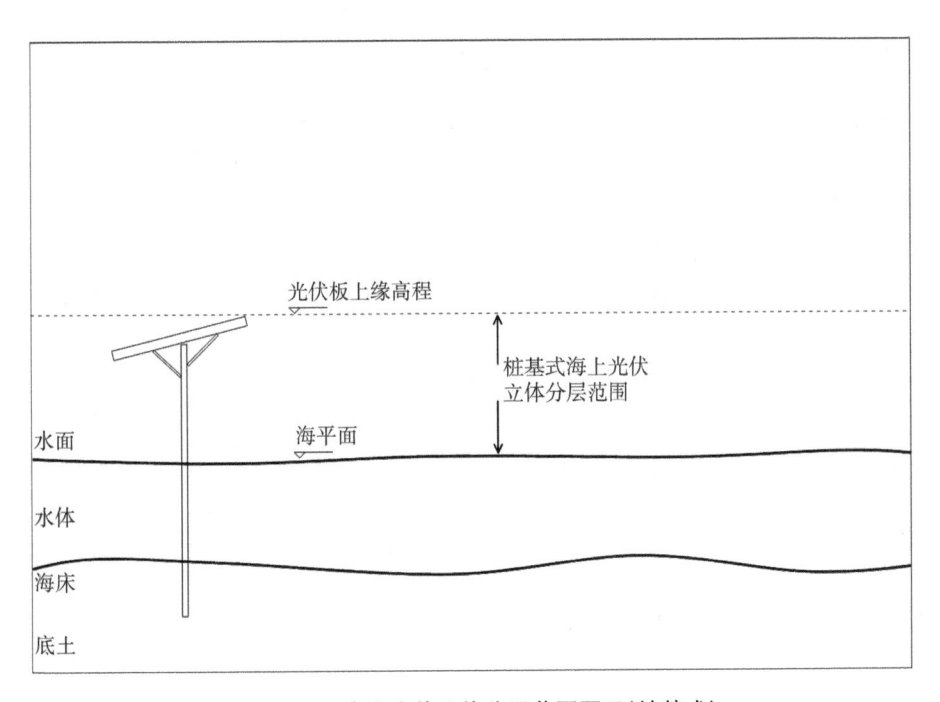

图 7.2-6　海上光伏立体分层范围图示(桩基式)

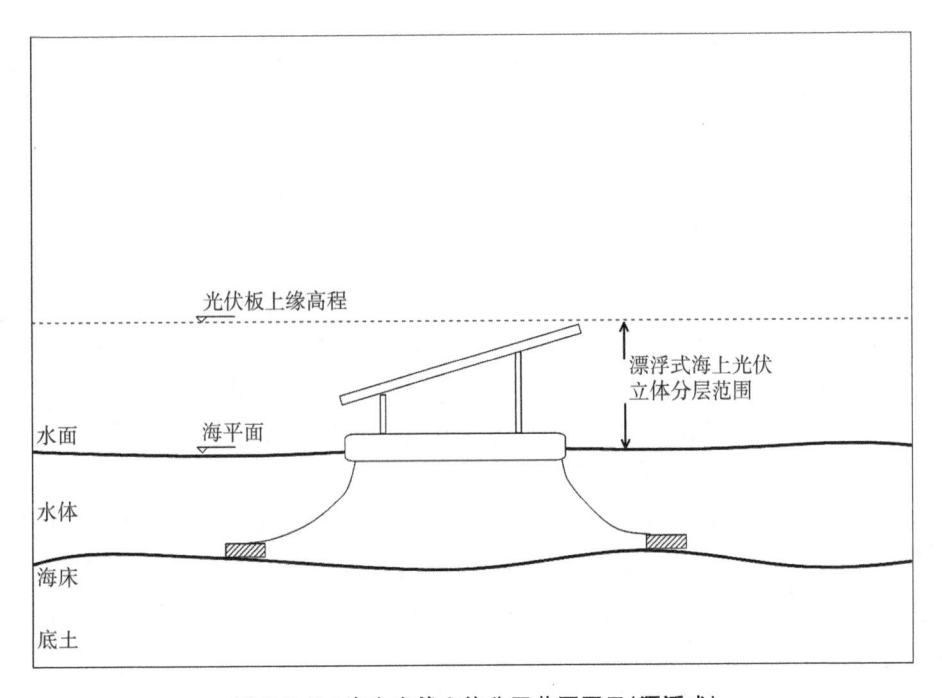

图 7.2-7　海上光伏立体分层范围图示(漂浮式)

工业用海取排水口的用海空间层一般为水体,立体分层范围按实际设计或使用高程确定,或为现状海床高程至海平面(参见图 7.2-8)。

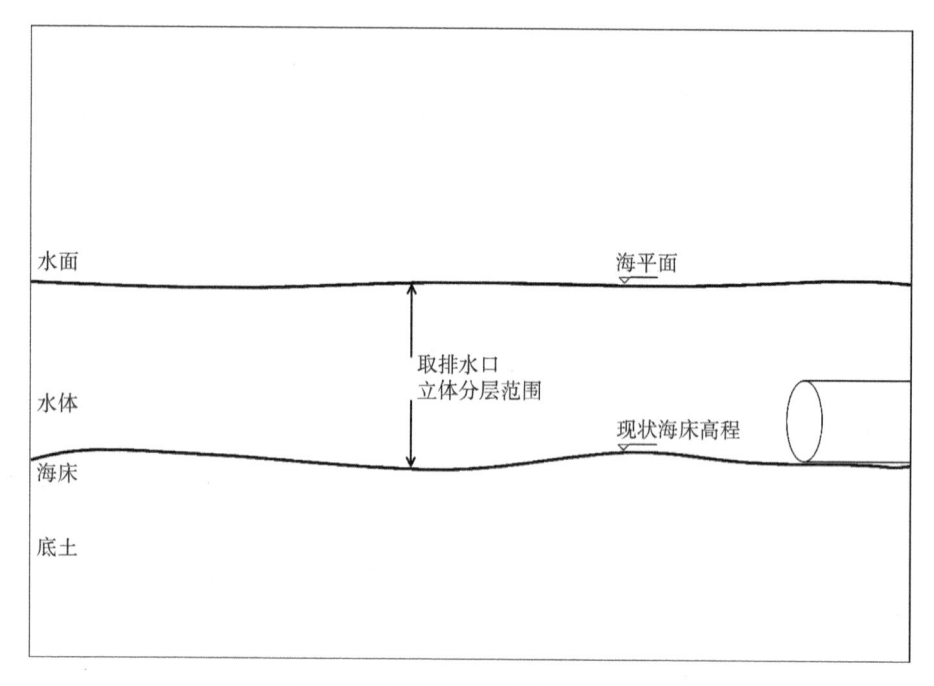

图 7.2-8　取排水口立体分层范围图示

（3）温排水

温排水区域平面界址，以人为造成升温4℃的水体所波及的最大包络线为界。

温排水的用海空间层为水体，立体分层范围为现状海床高程至海平面的整个水体空间。

（三）交通运输用海

（1）跨海桥梁及其附属设施

跨海桥梁及附属设施的平面界址，以桥面垂直投影外缘线向两侧外扩10米为界。

跨海桥梁及附属设施的用海空间层为水面，立体分层范围为桥面设计底高程至桥梁设计顶高程。由于桥墩等构筑物的用海需求，附占空间涉及水体、海床和底土，其他用海活动在立体分层范围内应保证跨海桥梁附属设施的正常运行（参见图7.2-9）。

（2）港池

有防浪设施圈围的港池，其平面界址外侧以围堰、堤坝基床的外缘线及口门连线为界，内侧以海岸线及构筑物用海界线为界；开敞式码头港池（船舶靠泊和回旋水域），其平面界址以码头前沿线起垂直向外不少于2倍设计船长且包含船舶回旋水域的范围为界（水域空间不足时视情况收缩）。

港池的用海空间层为水面，立体分层范围为海平面至实际设计或使用的高程。

（3）航道

航道为灯桩、立标和浮式航标灯等海上航行标志使用的海域，平面界址以实际设计或使用的范围为界。

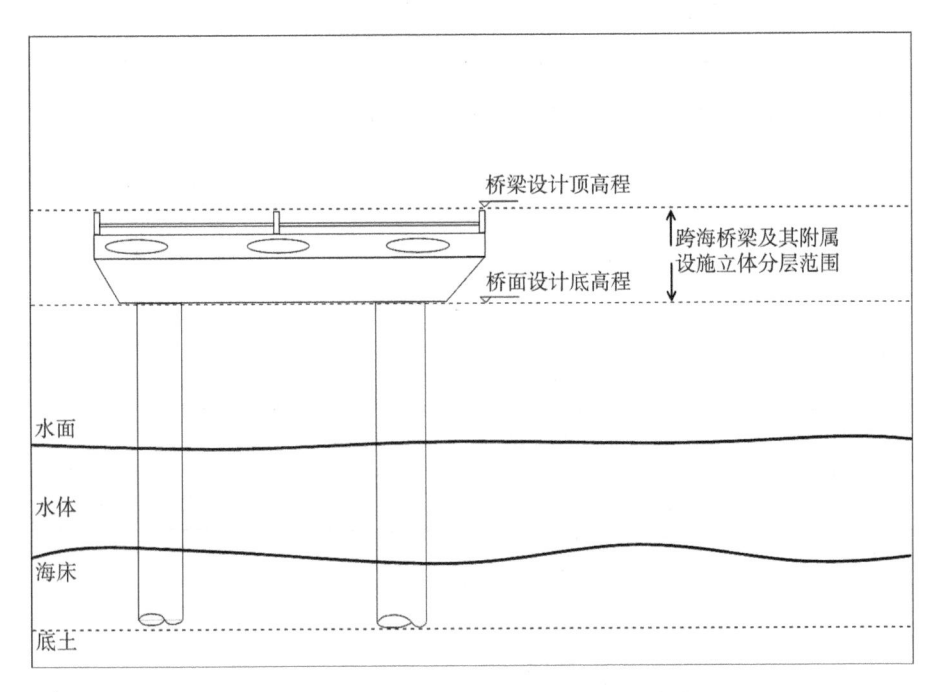

图 7.2-9　跨海桥梁及其附属设施立体分层范围图示

航道的用海空间层为水面,立体分层范围为海平面至海上航行标志顶高程。

(四)旅游娱乐用海

游艇、帆板、冲浪、潜水及垂钓等海上娱乐活动的平面界址以实际设计或使用的范围为界。

海上娱乐活动的用海空间层为水面,立体分层范围为海平面至实际设计或使用的高程。

(五)海底工程用海

(1)海底电缆管道

海底电缆管道的平面界址,以电缆管道外缘线向两侧外扩 10 米为界。

海床敷设的海底电缆管道,其用海空间层为海床,立体分层范围为现状海床高程至实际设计或使用高程。底土埋设的海底电缆管道,其用海空间层为底土,立体分层范围为电缆管道设施下缘高程至实际设计或使用高程(参见图 7.2-10)。

(2)海底隧道及其附属设施

海底隧道及其附属设施的平面界址,以隧道主体及其海底附属设施的外缘线向两侧外扩 10 米为界。

海底隧道及其附属设施的用海空间层为底土,立体分层范围为海底隧道底部高程至实际设计或使用高程,或被界定为海底隧道底部高程至现状海床高程(参见图 7.2-11)。

(3)海底场馆

海底水族馆、海底仓库及储罐等海底场馆的平面界址,以海底场馆外缘线平行外扩 10 米为界。

海底场馆的用海空间层一般为底土，立体分层范围为海底场馆底部高程至实际设计或使用高程，或界定为海底场馆底部高程至现状海床高程。

图 7.2-10 海底电缆管道立体分层范围图示

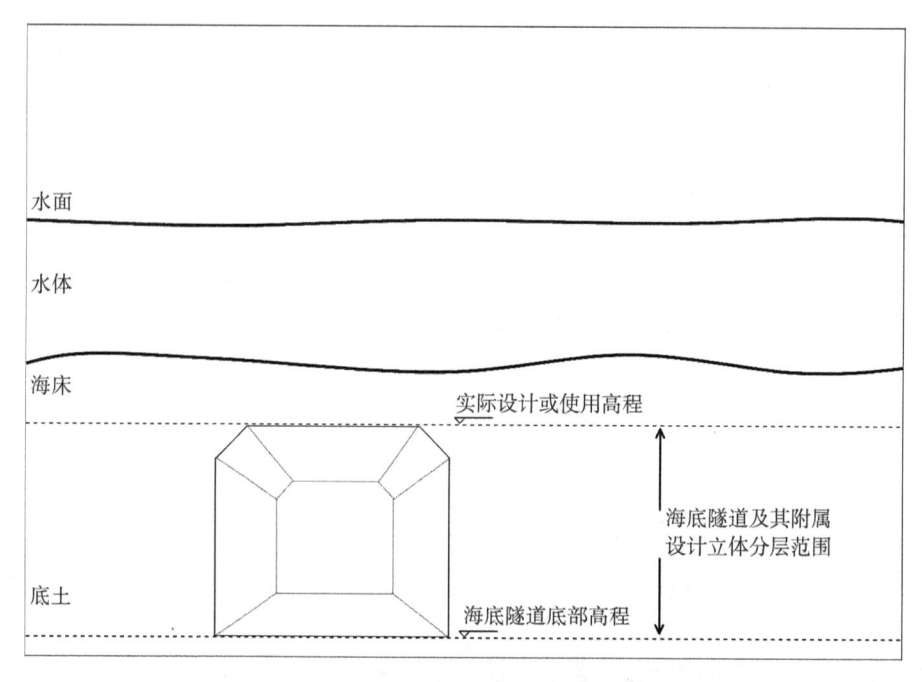

图 7.2-11 海底隧道及其附属设施立体分层范围图示

（六）排污倾倒用海

排污倾倒用海的平面界址，以其所排放的有害物质随浓度衰减，达到海水水质标准要求时水体所波及的最大包络线为界。

排污倾倒用海的用海空间层为水体，立体分层范围为现状海床高程至海平面的整个水体空间。

（七）海岸防护工程用海

海岸防护工程用海的平面界址，以实际设计或使用的范围为界。

海岸防护工程用海空间层一般为海床，立体分层范围为非透水构筑物设计底高程至设计顶高程。海岸防护工程上方的透水构筑物用海空间层一般为水面，立体分层范围为透水构筑物设计底高程至设计顶高程（参见图7.2-12）。

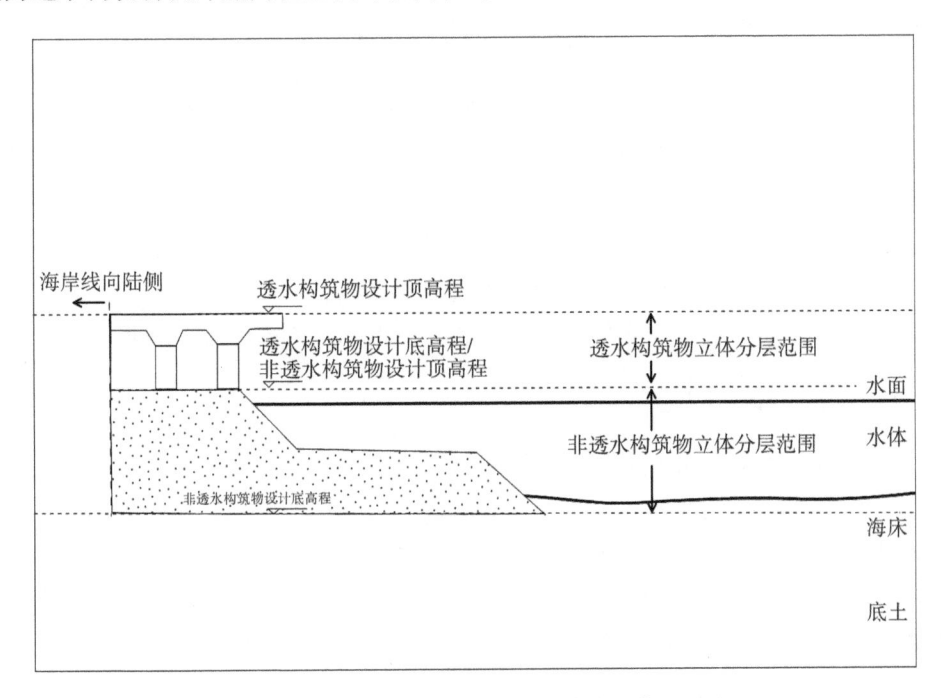

图7.2-12 海岸防护工程用海立体分层范围图示

（八）其他用海活动

其他涉及海域立体分层的用海活动，可参照本方法界定宗海。

7.3 海域立体分层宗海图编绘技术

宗海图是海域使用权证书和宗海档案的附图。在现行《宗海图编绘技术规范》（HY/T 251—2018）基础上，规范了海域立体分层信息表达的编绘技术规定。具体包括宗海位置图、宗海平面布置图、宗海立面示意图、宗海界址图等图件编绘要求。其中，宗海位置图按照《宗海图编绘技术规范》的规定执行；宗海平面布置图在《宗海图编绘技术规范》规定的基础上,增加了宗海列表、图例和立体复合利用区域的宗海图斑编绘要求;宗海立面示意图是新增的图件,用于表示项目宗海界定的用海空间层和立体分层范围;宗海界址图在《宗海图编绘技术规范》规定的基础上,增加用海空间层单元列表,注明用海空间层和立体分层范围。

7.3.1 宗海位置图

宗海位置图是直观表达项目用海地理位置、范围、形状及其与周边海洋功能区位置关系的海域使用图件。宗海位置图的编绘,按照《宗海图编绘技术规范》的规定执行。主要内容包括:

(1) 基础地理底图。基础地理底图应带有水深信息,并能反映宗海位置与重要人居、交通、海洋功能区、海岸线等要素的空间相对位置。

(2) 宗海位置。以宗海图斑形式绘制宗海的基本位置,对于宗海面积较小或距离海岸线等重要图面信息较远的宗海特例,可调整比例尺,以显示宗海的位置,并以局部放大的方式展示宗海图斑形状。

(3) 成图要素。成图要素包括图名、图例、比例尺等,宗海位置图比例尺以能清晰反映本宗海与附近重要居民点的地理位置关系为宜。

(4) 制图数学信息。包括制图坐标系、地图投影等。

(5) 制作信息。包括宗海位置图制作单位、制作人、审核人、制作日期。

7.3.2 宗海平面布置图

宗海平面布置图主要反映同一用海项目内多宗宗海之间的平面布置、位置关系。当用海项目使用不同分层空间时需要绘制海域立体分层的宗海平面布置图。在执行《宗海图编绘技术规范》规定的基础上,增加以下内容:

(1) 制图信息表上方 5 mm 处增加宗海列表,注明各宗海的用途、用海方式及使用的用海空间层。表格线划宽度 0.1 mm,颜色 R,G,B:0,0,0,宗海列表图示见图 7.3-1。

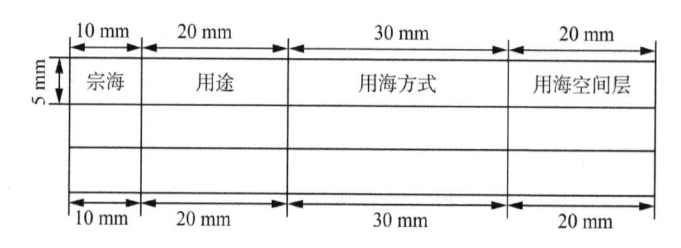

图 7.3-1 宗海列表图示

(2) 图面左下角增加图例。图例标题采用 14K 宋体黑色加粗;图例符号宽度 10 mm,高度 5 mm;图例标注采用 11 K 宋体黑色;背景填充颜色 R,G,B:255,255,255;边框线划宽度 0.1 mm,颜色 R,G,B:0,0,0;标题、符号、标注、边框相互间距均为 2 mm。

(3) 图面中增加宗海图斑序号,标注采用带圈阿拉伯数字,21K 宋体,黑色,文本背景填充颜色 R,G,B:255,255,255。

(4) 涉及平面重叠的立体分层图斑,图式图例见表 7.3-1。

表 7.3-1　平面重叠的立体分层图斑

图式名称	图式图例及尺寸(mm)	说明
平面重叠的立体分层图斑	(图例,3.5　0.6)	颜色 R,G,B(L):152,230,0

7.3.3　宗海立面示意图

宗海立面示意图主要表达该项目立体确权的用海空间层和立体分层范围。用海空间层以简要文字标注并置于矩形图框内,文字 21K 宋体,白底黑色,一般不超过 15 字,图框高度 10 mm,线划宽度 0.2 mm,颜色 R,G,B:0,0,0。图中右下角增加高程基准信息表,表格线划宽度 0.1 mm,颜色 R,G,B:0,0,0,高程基准信息表图示参考图 7.3-2。

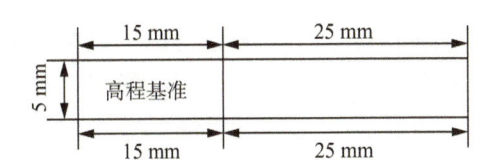

图 7.3-2　高程基准信息表图示

7.3.4　宗海界址图

宗海界址图是反映用海项目具体的平面布置、宗海形状、界址点分布、权属范围及与相邻宗海位置关系的海域使用图件。宗海界址图的主要内容包括:

(1) 宗海界址信息,包含本宗海及内部单元的图斑、界址线和界址点等及其标注。不同用海方式的内部单元图要求见《宗海图编绘技术规范》。

(2) 周边相关宗海,包括周边相邻(相近)宗海图斑、界址线、界址点及项目名称(含业主姓名或单位名称)等信息及其标注。

(3) 相关要素,以反映毗邻陆域与海域要素(海岸线、等深线、地名、明显标志物等),邻近海域相关用海方案或已有用海设施、构筑物。

(4) 界址点列表,包括界址点编号及坐标列表,界址点坐标采用大地坐标,单位采用度、分、秒格式,秒后保留两位小数,界址点编号与图中编号对应,顺序列表。

(5) 宗海内部单元、界址线与面积列表。宗海内部单元按具体用海方式填写,界址线采用连接界址线的界址点加"—"表示,界址点首、尾相同,面积单位为公顷,小数点后保留四位。内部单元与"宗海及内部单元记录表"中的内部单元名称一致。宗海面积采用解析法量算,如果能够通过测量获得以 m 为单位的每一个界址点的 (x, y) 坐标,则根据界址点的平面直角坐标 (x_i, y_i) (i 为界址点序号),计算宗海面积的方法如下:

$$S = \frac{1}{2}[(x_1(y_2 - y_n) + x_2(y_3 - y_1) + \cdots + x_{n-1}(y_n - y_{n-2}) + x_n(y_1 - y_{n-1})]$$

或 $$S = \frac{1}{2}[y_1(x_2 - x_n) + y_2(x_3 - x_1) + \cdots + y_{n-1}(x_n - x_{n-2}) + y_n(x_1 - x_{n-1})]$$

式中,S 为宗海面积(m^2),(x_i, y_i) 为第 i 个界址点坐标(m)。对于远离海岸线的宗海,不能获得以 m 为单位的每一个界址点的 (x, y) 坐标,可利用 GPS 测量记录界址点的经纬度坐标,经换算后计算宗海面积。

(6)比例尺,宗海界址图比例尺可设定为 1∶5 000 或更大,以能清晰反映宗海的形状及界址点分布为宜。

对于比较复杂或所占用海域跨度较大的用海类型,为同时反映宗海的形状以及界址点分布情况,宗海界址图可分幅绘制,其中一幅用于反映宗海的整体分布情况,各组成部分可采用局部放大的方式分幅绘制。

(7)针对海域立体分层的项目,在执行《宗海图编绘技术规范》规定的基础上,宗海界址图中增加用海空间层单元列表,注明立体分层范围,表格线划宽度 0.1 mm,颜色 R,G,B:0,0,0。用海空间层单元列表图示参考图 7.3-3。

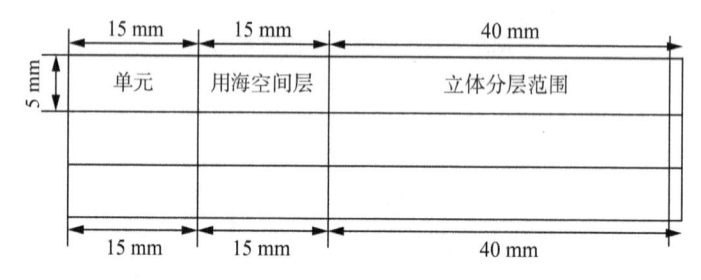

图 7.3-3 用海空间层单元列表图示

7.3.5 同一项目海域立体分层宗海图范例

在贯彻落实碳达峰碳中和要求,大力实施"风光倍增"工程的背景下,选取渔光互补项目作为"同一项目海域使用权立体分层设权宗海图范例"。按照前文介绍的编绘技术要求,制作宗海位置图、宗海平面布置图、宗海立面示意图、宗海界址图(光伏部分)和宗海界址图(养殖部分),示范了同一海域同一项目水面、水体分层设权的宗海图编绘方法,参见图 7.3-4～图 7.3-8。

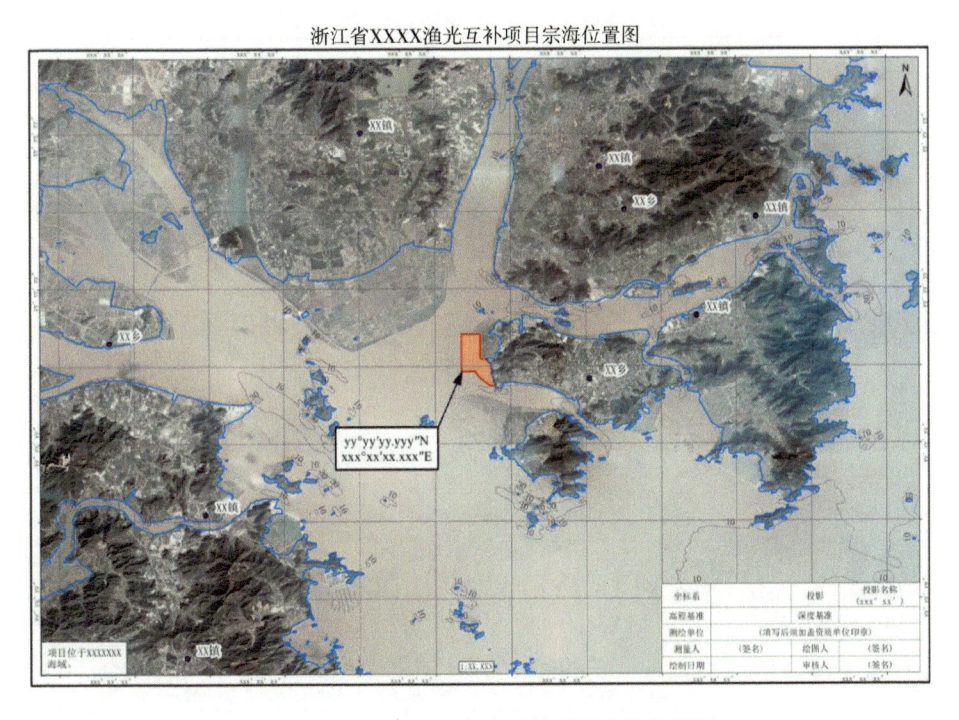

图 7.3-4　××××渔光互补项目宗海位置图

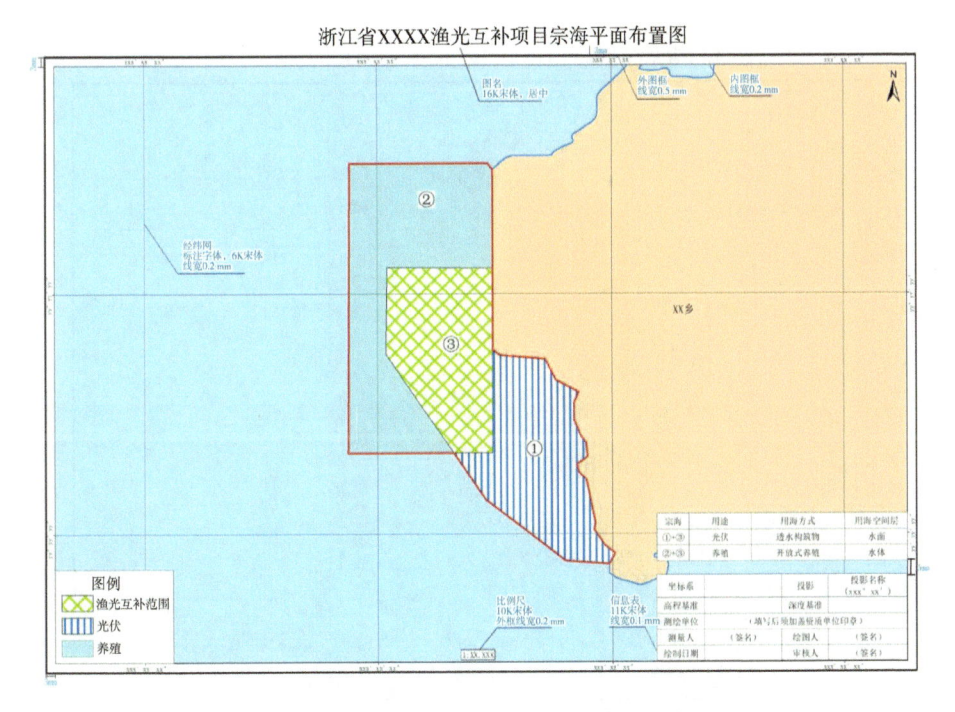

图 7.3-5　××××渔光互补项目宗海平面布置图

图 7.3-6　××××渔光互补项目宗海立面示意图

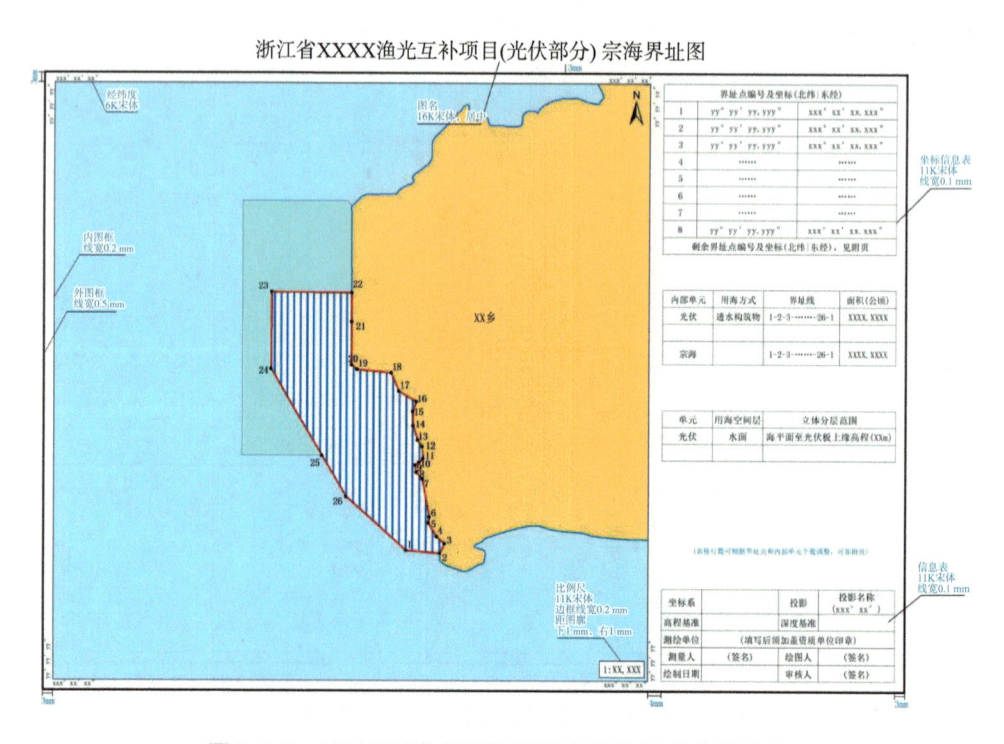

图 7.3-7　××××渔光互补项目(光伏部分)宗海界址图

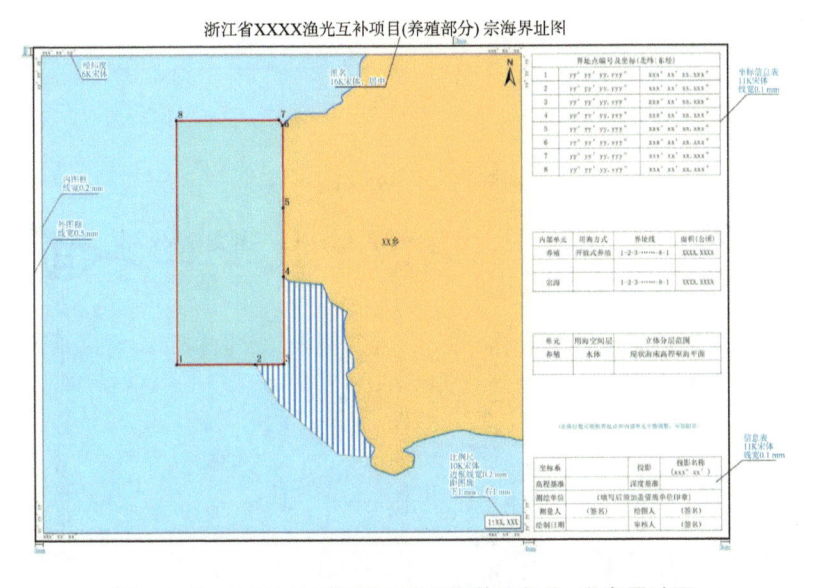

图 7.3-8　××××渔光互补项目(养殖部分)宗海界址图

7.3.6　不同项目海域立体分层宗海图范例 1

选取光伏项目、养殖项目作为"不同项目海域使用权立体分层设权宗海图范例 1"。按照前文介绍的编绘技术要求，分别制作宗海位置图、宗海立面示意图和宗海界址图，示范了同一海域不同项目水面、水体分层设权的宗海图编绘方法。

（一）光伏发电项目

在已有养殖用海项目的海域，光伏发电项目的宗海图参见图 7.3-9～图 7.3-11。

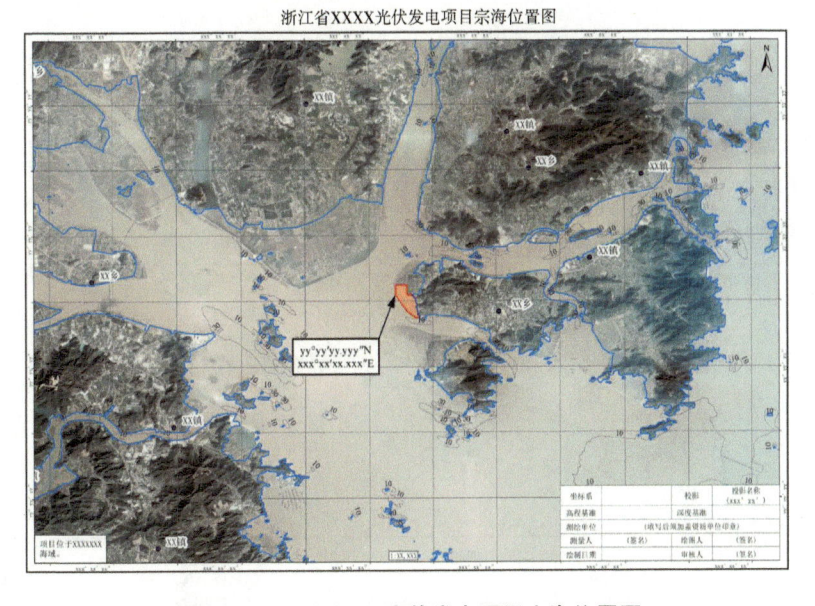

图 7.3-9　××××光伏发电项目宗海位置图

图 7.3-10　××××光伏发电项目宗海立面示意图

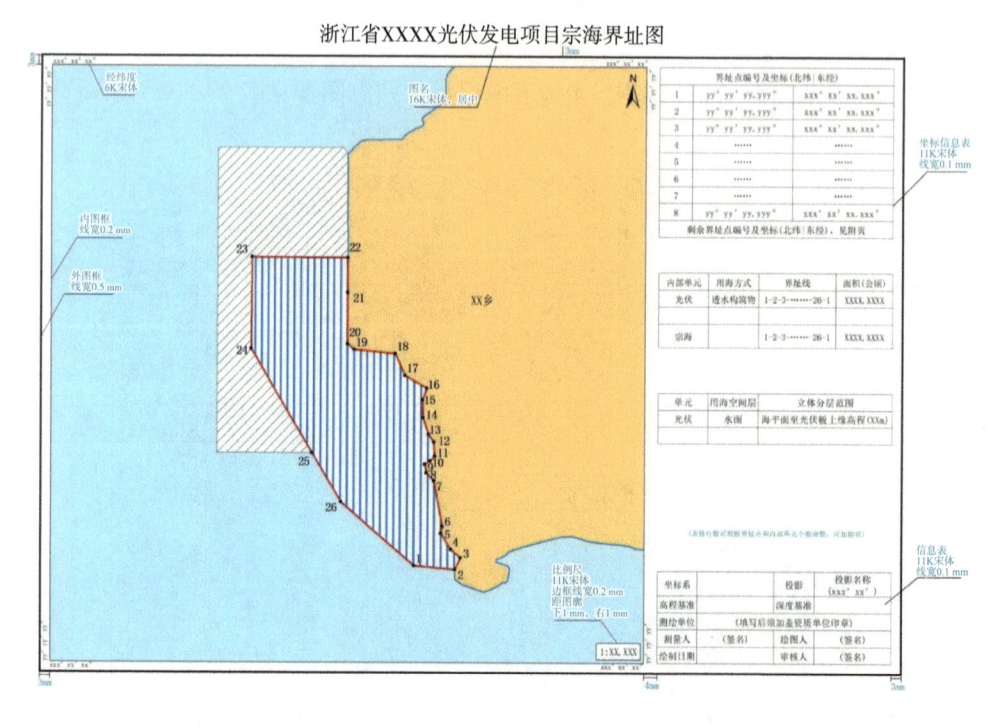

图 7.3-11　××××光伏发电项目宗海界址图

（二）养殖用海项目

在已有光伏发电项目的海域，养殖用海项目的宗海图参见图 7.3-12～图 7.3-14。

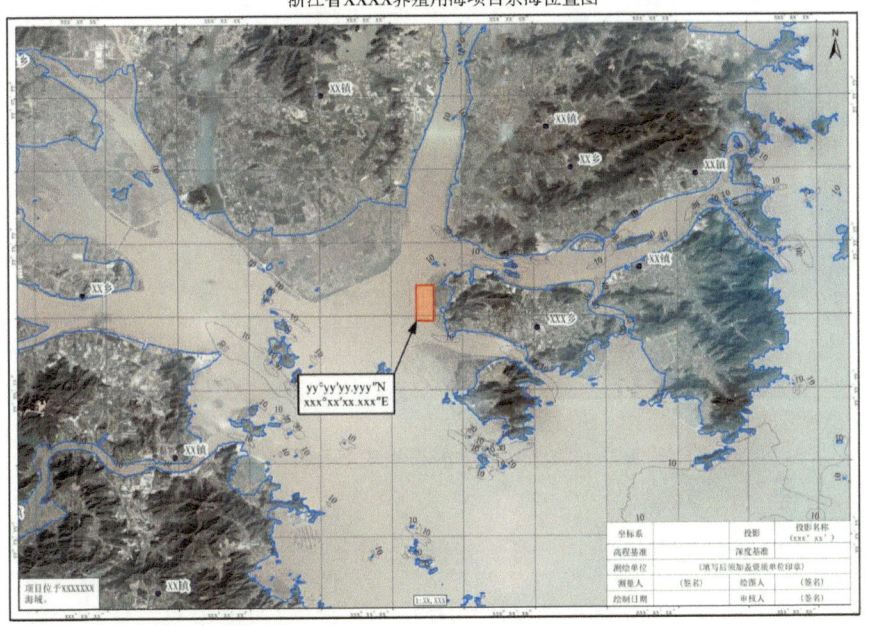

图 7.3-12　××××养殖用海项目宗海位置图

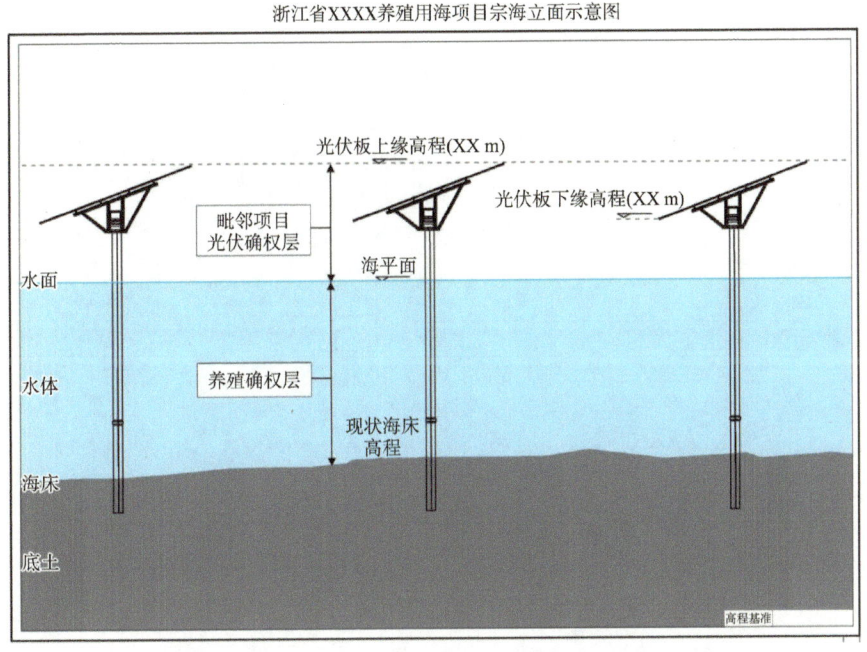

图 7.3-13　××××养殖用海项目宗海立面示意图

图 7.3-14　××××养殖用海项目宗海界址图

7.3.7　不同项目海域立体分层宗海图范例 2

选取人工鱼礁项目、海底隧道项目作为"不同项目海域使用权立体分层设权宗海图范例 2"。按照前文介绍的编绘技术要求，分别制作宗海位置图、宗海立面示意图和宗海界址图，示范了同一海域不同项目海床、底土分层设权的宗海图编绘方法。

（一）人工鱼礁项目

在已有海底隧道项目的海域，人工鱼礁项目的宗海图参见图 7.3-15～图 7.3-17。

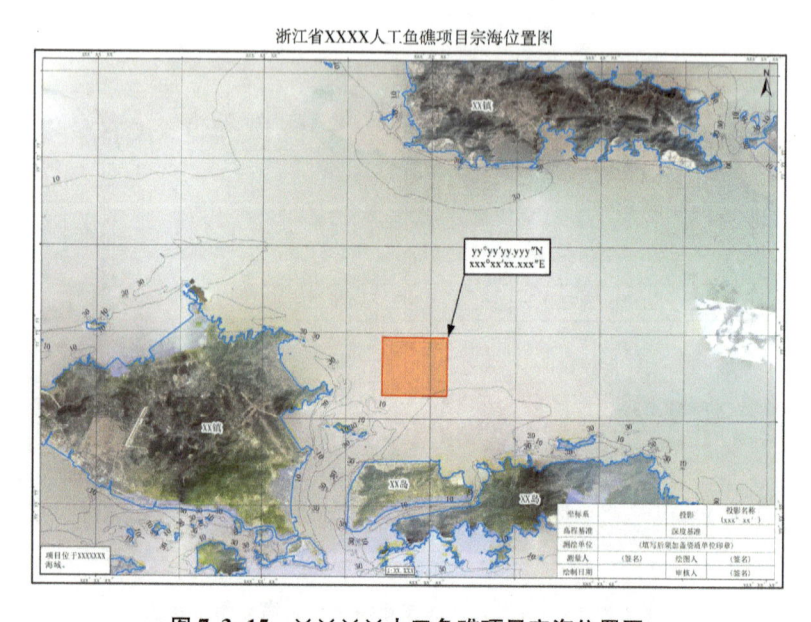

图 7.3-15　××××人工鱼礁项目宗海位置图

第七章 海域立体分层宗海界定及宗海图编绘

图 7.3-16　××××人工鱼礁项目宗海立面示意图

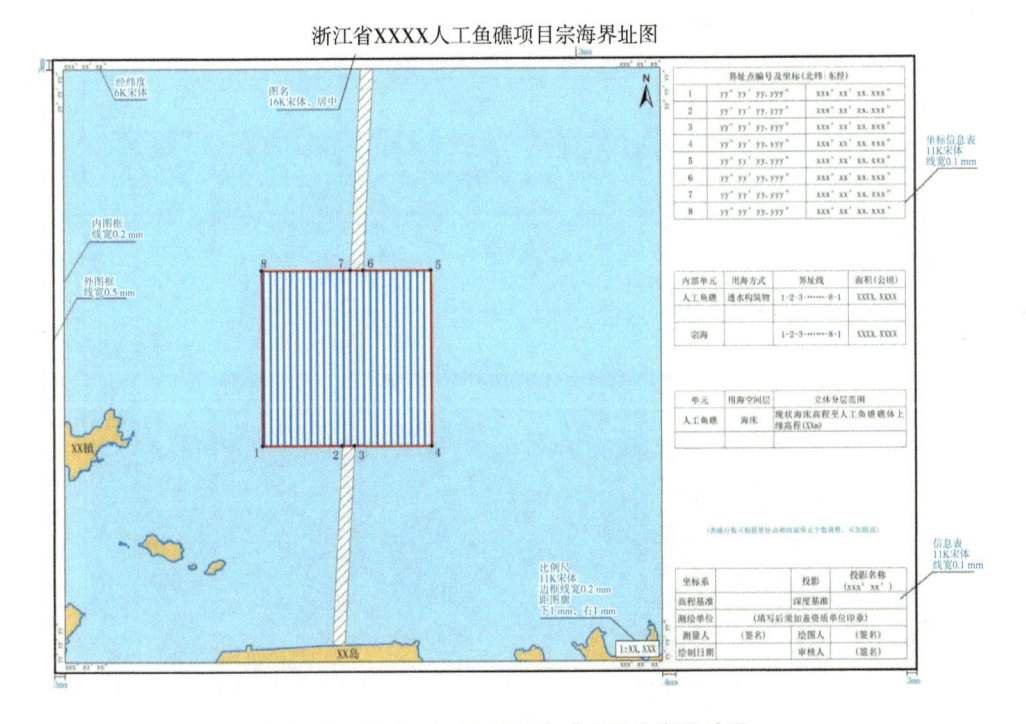

图 7.3-17　××××人工鱼礁项目宗海界址图

157

（二）海底隧道项目

在已有人工鱼礁项目的海域，海底隧道项目的宗海图参见图7.3-18～图7.3-20。

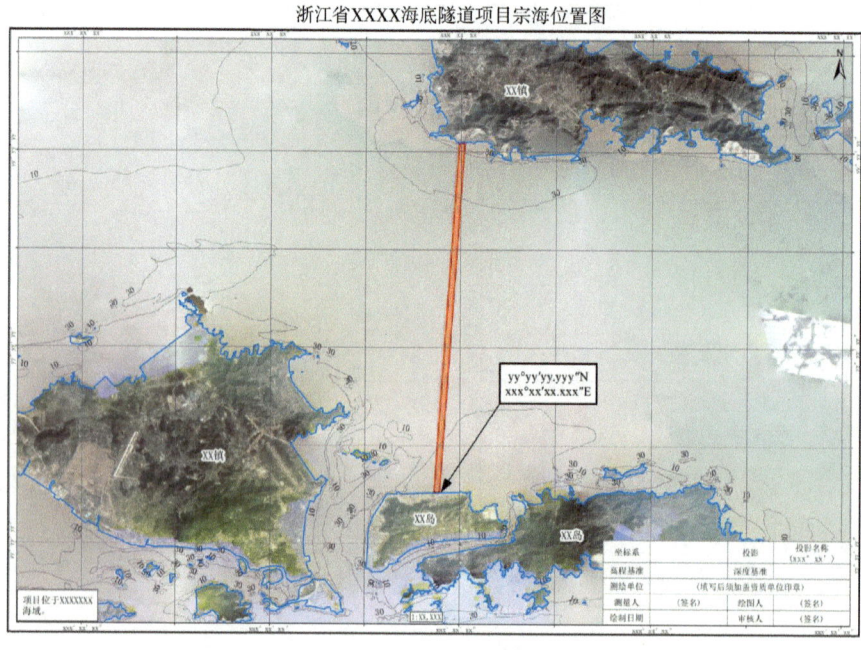

图7.3-18 ××××海底隧道项目宗海位置图

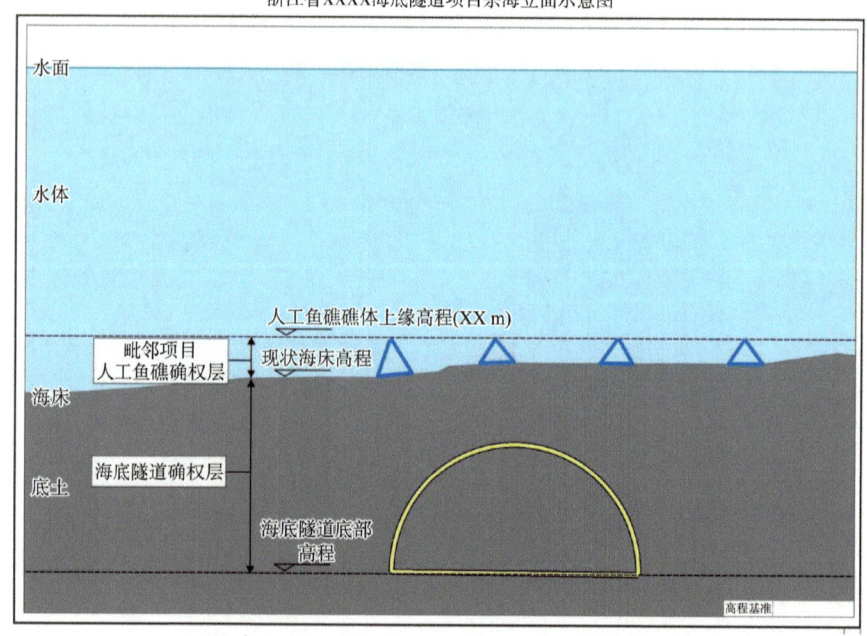

图7.3-19 ××××海底隧道项目宗海立面示意图

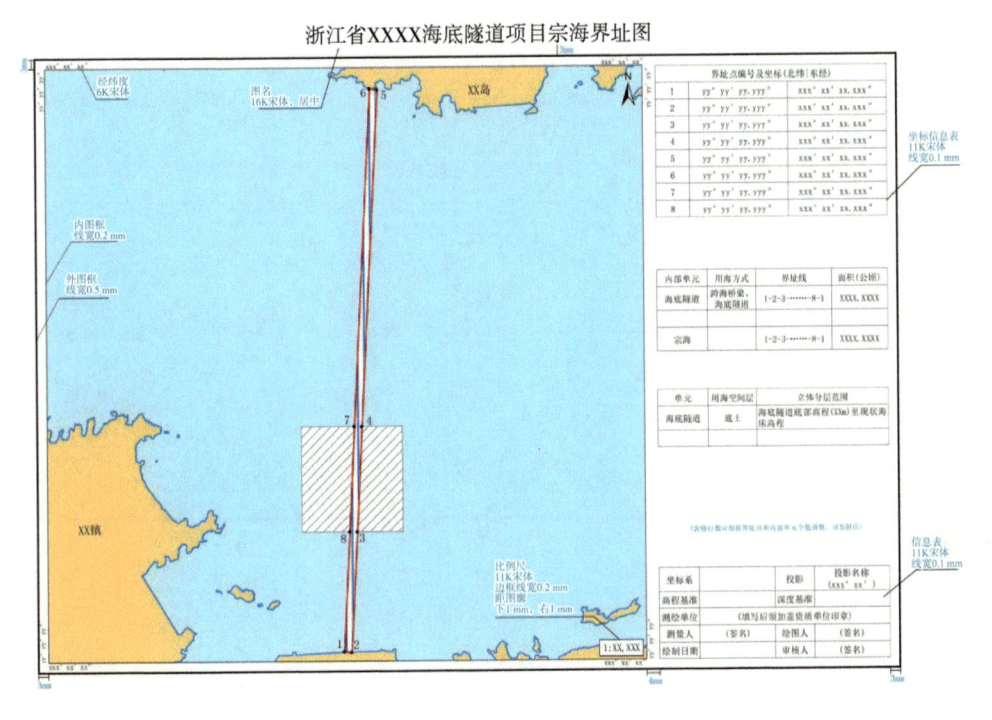

图 7.3-20 ××××海底隧道项目宗海界址图

第八章

海域立体分层设权管理实践

8.1 前期探索

原国家海洋局在海域使用管理中也遇到海域"平面确权"带来的问题,并对此进行了相关探索。2014年,连云港海滨大道跨海大桥(图8.1-1)与田湾核电站温排水区所用海域重叠,导致前者无法确权,为此,当时的国家海洋局与地方海洋主管部门开展研究,最终提出海域立体确权的概念,同意在不改变核电温排水确权面积、不影响核电温排水功能的前提下,把与温排水区重叠的海域同时确权给跨海大桥所有者。这也是原国家海洋局审批的首例立体分层设权项目。

图8.1-1 全国首例立体确权案例(连云港海滨大道跨海大桥)

2016年,福建宁德核电有限公司厂内应急道路跨海桥梁用海与已批复的宁德核电取水口、港池及外围保护带用海重叠。当时的国家海洋局采取同样思路,同意在不改变核电站原确权面积、不影响核电用海相关功能的情况下对该项目进行立体确权。

辽宁省长海县已经实行养殖用海的立体确权管理。长海县已对立体养殖用海进行了较长时间的探索和实践,其海洋管理部门根据用海现状对海域使用进行规划,划定可进行立体养殖的海域,在出让该部分海域时,海洋管理部门与用海人签订协议,明确不同立体空间海域使用权人的权利和义务,如在浮筏养殖用具掉落时,底播养殖者有义务配合打捞等。

电缆管线的海域交叉使用情况也较为普遍,主要集中在广东、上海、山东等地,如深圳、珠海附近有30余条海底电缆管道线交叉使用,汕头附近有近10条海底电缆管道线,在上海市和江苏省管辖海域间存在多条海底电缆管道线。

此后,于2016年发布的《国家海洋局关于进一步规范海上风电用海管理的意见》(国海规范〔2016〕6号)对风电项目的海底电缆提出"鼓励实施海上风电项目与其他开发利用活动使用海域的分层立体开发,最大限度发挥海域资源效益。海上风电项目海底电缆穿越其他开发利用活动海域时,在符合《海底电缆管道保护规定》且利益相关者协调一致的前提下,可以探索分层确权管理,海底电缆应适当增加埋深,避免用海活动的相互影响",从政策角度进一步肯定了海域立体化开发和确权的管理思路。

8.2 制度出台

为深入贯彻落实中共中央办公厅、国务院办公厅《关于统筹推进自然资源资产产权制度改革的指导意见》、国务院办公厅《要素市场化配置综合改革试点总体方案》关于"探索海域使用权立体分层设权"工作要求，探索推进海域资源利用从"平面化"向"立体化"转变，沿海省份先后开展了海域立体分层设权管理制度的探索，如河北、浙江、山东、广西、海南、辽宁、广东等地陆续出台了海域使用权立体分层设权的政策文件。2023年11月，自然资源部也出台首个国家层面立体分层设权管理制度。

8.2.1 中央文件

（一）《关于统筹推进自然资源资产产权制度改革的指导意见》

2019年，中共中央办公厅、国务院办公厅印发《关于统筹推进自然资源资产产权制度改革的指导意见》，首次提出"探索海域使用权立体分层设权"。

文中第四条"健全自然资源资产产权体系"提到：适应自然资源多种属性以及国民经济和社会发展需求，与国土空间规划和用途管制相衔接，推动自然资源资产所有权与使用权分离，加快构建分类科学的自然资源资产产权体系，着力解决权利交叉、缺位等问题。处理好自然资源资产所有权与使用权的关系，创新自然资源资产全民所有权和集体所有权的实现形式。落实承包土地所有权、承包权、经营权"三权分置"，开展经营权入股、抵押。探索宅基地所有权、资格权、使用权"三权分置"。加快推进建设用地地上、地表和地下分别设立使用权，促进空间合理开发利用。探索研究油气探采合一权利制度，加强探矿权、采矿权授予与相关规划的衔接。依据不同矿种、不同勘查阶段地质工作规律，合理延长探矿权有效期及延续、保留期限。根据矿产资源储量规模，分类设定采矿权有效期及延续期限。依法明确采矿权抵押权能，完善探矿权、采矿权与土地使用权、海域使用权衔接机制。探索海域使用权立体分层设权，加快完善海域使用权出让、转让、抵押、出租、作价出资（入股）等权能。构建无居民海岛产权体系，试点探索无居民海岛使用权转让、出租等权能。完善水域滩涂养殖权利体系，依法明确权能，允许流转和抵押。理顺水域滩涂养殖的权利与海域使用权、土地承包经营权，取水权与地下水、地热水、矿泉水采矿权的关系。

（二）《要素市场化配置综合改革试点总体方案的通知》

2021年，国务院办公厅印发《要素市场化配置综合改革试点总体方案》，再次强调要"探索海域使用权立体分层设权"。

文中第九条"推进合理有序用海"提出：探索建立沿海、海域、流域协同一体的海洋生态环境综合治理体系。统筹陆海资源管理，支持完善海域和无居民海岛有偿使用制度，加强海岸线动态监测。在严格落实国土空间用途管制和海洋生态环境保护要求、严管严控围填海活动的前提下，探索推进海域一级市场开发和二级市场流转，探索海域使用权立体分层设权。

8.2.2 河北省域管理制度

2020年12月,河北省率先在全国印发推进海域使用权立体分层设权的政策文件,号召全省充分认识海域使用权立体分层设权的重要意义,并对未设定海域使用权海域和已设定海域使用权海域的立体分层设权工作进行分类指导。提出允许仅使用单一层海域的跨海桥梁、海底电缆管道等线性工程实施分层设权管理,鼓励"风光渔"立体互补模式。

河北省自然资源厅关于推进海域使用权立体分层设权的通知

唐山市自然资源和规划局,秦皇岛、沧州市海洋和渔业局:

    为认真贯彻落实自然资源资产产权制度改革有关要求,逐步推进海域使用权立体分层设权,提高资源利用效率,促进海域资源节约集约利用和有效保护,现就有关事项通知如下:

    一、充分认识开展海域使用权立体分层设权的重要意义

    自然资源资产产权制度是加强生态保护、促进生态文明建设的重要基础性制度。海域是重要的自然资源,完善海域资产产权制度,是健全自然资源产权制度的重要举措。近年来,随着海洋经济的快速发展和科学技术的不断进步,海域利用方式出现新变化,海域立体开发成为现实需要。因此,完善监管保护制度,实施海域使用权立体分层设

权,规范海域立体开发行为,对提高资源利用效率,推进生态文明建设,具有重要意义。

二、稳妥推进海域使用权立体分层设权

海域使用权立体分层设权要综合考虑海域资源环境承载力、本地区经济社会发展水平和管理工作需要,因地制宜,不搞一刀切。海域立体开发要按照国土空间规划区分主体功能和兼容功能,用海主体功能必须符合国土空间规划,兼容功能不能影响主体功能的发挥。海域立体分层设权要充分考虑国防安全、工程安全、生态安全和防灾减灾等因素,主体功能和兼容功能要符合用途管制要求、国家产业政策和相关规划。

(一)对未设定海域使用权海域的立体分层设权

1. 对未设定海域使用权的海域,仅使用单一层海域的跨海桥梁、海底电缆管道等线性工程,可以实施分层设权管理。实施分层设权管理的用海项目,在用海申请和续期时,要明确用海方式和具体使用海域的水面、水体、海床或底土范围;在用海批复和海域不动产登记时,除明确宗海平面界址外,还应注明项目实际使用的立体分层空间范围。对于申请使用其他层海域的,自然资源管理部门应予以受理;已确权项目用海主体应正确处理相邻关系,不得无端阻挠。

2. 对未设定海域使用权的海域,建设相互之间互补性强、兼容性高的海上风电、光电、海水养殖等项目,可以实施分层设权管理。各地应因地制宜鼓励"风光渔"立体互补模式,逐步实现海域空间的立体化利用。进行立体开发的用海,属于同一用海主体的,可进行统一设计、整体论证、一次报批。各用海审批层级不同时,应按照就高不就低的原则进行用海报批。属于不同用海主体的,用海主体经协商一致后,自然资源主管部门应予以受理,依法依规办理用海手续。

(二)对已设定海域使用权海域的立体分层设权

申请海域已设定海域使用权的,新申请用海单位要和原海域使用权人充分协商并达成一致意见,维护原海域使用权人合法权益,防止产生海域权属纠纷。原海域使用权人可以持海域分层设权用海批准文件或者出让变更合同等申请材料,到海域所在地不动产登记机构依法申请办理海域使用权登记。

三、加强监督管理

各地要严守法律政策底线,不得借分层设权之名,擅自改变海域用途,违规减免海域使用金,或将违法用海合法化。要严守生态保护红线,海域立体开发不得超过海洋资源环境承载能力。要对已确权的立体开发海域加强监管,保障海域资源有序开发和可持续利用。

河北省自然资源厅
2020 年 12 月 10 日

8.2.3　浙江省域管理制度

(一)象山县海域分层确权管理办法

在国家政策支持下,结合高塘岛乡、长大涂滩涂、光伏发电项目等实际探索的经验,象山县出台全省首个地方法律法规,《象山县海域分层确权管理办法(试行)》于

2020年12月29日颁布,2021年1月30日起正式实施。

象山县人民政府关于印发象山县海域分层确权管理办法(试行)的通知

该办法规定"在不相互排斥的前提下,对海域水面、水体、海床和底土分别设立海域使用权"。将海域使用权细分为水面使用权、水体使用权、海床使用权、底土使用权以及综合使用权,在使用功能不相互排斥的前提下,分层次对同一海域不同的用海活动分别登记不同的海域使用权,并从三维视角清晰界定海域分层界限,明确各权利主体行为。像电力工业用海、娱乐旅游用海、路桥用海等可申请海域水面使用权;渔业养殖用海可申请海域水体使用权;电缆管道用海、海底隧道用海需申请海域海床使用权;固体矿产开采用海、油气开采用海等可申请海域底土使用权。而像跨海大桥的修建,对海域的水面、水体、海床和底土均有使用,则应当申请综合使用权。同时,该办法允许海域使用权人在法律许可范围内将海域使用权转让、出租、抵押和作价入股,以最大化地实现对特定海域的收益。

该办法具有非常强的实际可操作性,能够全面提升对海域各层资源的利用水平,是浙江省首个将海域分层确定使用权的地方管理办法。象山县首宗海域分层确权的成功案例是高塘岛乡长大涂滩涂光伏发电项目,涉及养殖用海310.88公顷、光伏发电用海301.08公顷,其中海域分层确权278.43公顷。

第一条 根据《中华人民共和国民法典》《中华人民共和国海域使用管理法》《不动产登记暂行条例》《浙江省海域使用管理条例》《不动产登记暂行条例实施细则》和有关

法律、法规,结合象山实际,制定本管理办法。

第二条 海域是指中华人民共和国内水、领海的水面、水体、海床和底土,海域具有底土的固定性、水体的流动性、功能的多样性、利用的立体性等特点。

海域使用是指持续使用特定海域3个月以上的排他性用海活动。

第三条 海域权属包括所有权与使用权。海域属于国家所有,海域使用权是使用权人依法取得对国家所有的某一特定海域,享有在一定期限内持续地占有、使用、收益的权利。

国家作为海域空间资源的所有权人,通过海域物权的初始配置可以将海域空间资源(水面、水体、海床和底土)的任何特定空间的使用权、收益权等转让给他人。

第四条 海域使用权设立以对特定的海域进行使用、收益为目的,海域使用权人所支配的是海域的使用价值,通过对海域进行许可范围内的使用来实现收益的目的。

海域使用权人用海的方式,包括养殖等渔业性用海,修建港口、码头等建设性用海,矿业开发性用海以及旅游、娱乐性用海或公益事业用海等。

第五条 分层原则

(一)统筹兼顾。合理分配和再分配海域资源,使海域资源开发利用的规模和程度与海域资源和环境的承载能力相适应,提高资源利用效率,实现海洋可持续发展。

(二)一物一权。不同用海活动所使用的海域垂直空间不重叠,同一海域垂直空间不能同时设立两个以上不相容的使用权。

(三)主体协作。将同一海域不同层次的海域资源确权给不同海域使用主体时,不同层次的海域使用主体在使用各自海域的过程中,应相互间给予便利,不得无端阻扰。

(四)用途协调。同一海域不同层次的用海行为之间实现功能互补或者产业链协调,将具有互补效应或者协同效应的用海项目放在同一海域,发挥海域的整体效益。

第六条 在不相互排斥的前提下,对海域水面、水体、海床和底土分别设立海域使用权,包括海域水面使用权、海域水体使用权、海域海床使用权、海域底土使用权以及综合使用权。

(一)海域水面使用权,是指海域使用权人依法在一定期限内排他性的使用某一特定海域水面并享有对该水面的占有、使用、收益的权利。此类用海行为主要包括电力工业用海、娱乐旅游用海、路桥用海等,包括海上风电、跨海大桥及附属设施、海水浴场等。

(二)海域水体使用权,是指海域使用权人依法在一定期限内排他性的使用某一特定海域水体并享有对该水体的占有、使用、收益的权利。此类用海行为主要是渔业养殖用海,包括筏式养殖、网箱养殖、底播养殖等。

(三)海域海床使用权,是指海域使用权人依法在一定期限内排他性的使用某一特定海域海床并享有对该海床的占有、使用、收益的权利。此类用海行为主要是海底工程用海,包括电缆管道用海、海底隧道用海等。

(四)海域底土使用权,是指海域使用权人依法在一定期限内排他性的使用某一特定海域底土并享有对该底土的占有、使用、收益的权利。此类用海行为主要是工矿用海，包括固体矿产开采用海和油气开采用海等。

（五）海域综合使用权，是指海域使用权人依法在一定期限内排他性的使用某一特定海域水面、水体、海床和底土并享有对其的占有、使用、收益的权利。此类用海行为主要是路桥用海，跨海大桥的修建，对海域的水面、水体、海床和底土都有使用，权利主体要取得海域使用权，应当申请综合使用权。

第七条　县级以上地方人民政府批准的项目用海，由县自然资源和规划行政主管部门负责具体登记工作。

第八条　单位和个人申请使用分层海域，应当符合以下条件：

（一）符合海洋功能区划和海域使用相关规划；

（二）申请海域未设置同类排他性海域使用权；

（三）申请海域的界址、面积清楚；

（四）应予明确水下海域投影范围、起止深度。

第九条　通过三维界定海域分层界限，对分层用海项目进行严格审查，确保使同一海域不同层次用海项目之间有清晰边界。

第十条　鼓励用海主体之间签订规范用海行为的合同，明确各权利主体的行为，对各权利主体的用海项目在使用不同层次海域的时间、作业方式等进行合理限定。

第十一条　海域分层确权登记簿应当记载以下事项：

（一）海域使用的空间范围、面积、起止深度等自然状况；

（二）海域空间使用权主体行使方式及权利内容等权属状况；

（三）用海方式；

（四）海域使用期限；

（五）其他相关事项。

第十二条　县自然资源和规划行政主管部门应当自受理登记申请之日起十日内予以登记，并颁发海域不动产权证书。经登记的海域使用权，由县自然资源和规划行政主管部门自登记之日起三十日内向社会公告。

第十三条　海域使用权人对依法取得的海域享有一定区域和时间内、一定条件下使用的权利。

第十四条　海域使用权人可以在法律许可的范围内将海域使用权转让、出租、抵押和作价入股，以最大化地实现对特定海域的收益。

第十五条　海域使用权人对不妨害其依法使用海域的非排他性用海活动，不得阻挠。

第十六条　海域使用权人在依法取得海域使用权之后，未经县自然资源和规划行政主管部门的同意，不得擅自将海域空间分割转让给他人。

第十七条　进行立体开发的用海，属于同一用海主体的，可进行同一设计、整体论证、一次报批。

第十八条　分层海域使用权出让金，按照分层利用、区别用途的原则，参照水面海域使用权出让金的标准收取，重叠部分应分别按较高等级的用海执行。

第十九条 建立健全海域立体分层确权管理，发挥海域动态监管作用，加强对海域使用的监督管理，落实湾(滩)长制。

县自然资源和规划行政主管部门督促检查和协助指导镇乡(街道)和基层自然资源所违法用海行为的查处；镇乡(街道)做好属地协管核查、排摸自查，掌握海域使用动态，督促实际用海人整改拆除违法用海。

第二十条 本办法由象山县自然资源和规划局负责解释，自2021年1月30日起实施。

（二）浙江出台全省海域立体管理政策

2022年4月，浙江省自然资源厅印发《浙江省自然资源厅关于推进海域使用权立体分层设权的通知》，探索海域管理从"平面"到"立体"的转变，拓展海域开发利用的深度和广度，为海上光伏、海上风电等项目立体开发提供可行路径，助推浙江海洋强省建设。该通知指出，推进海域使用权立体分层设权工作是贯彻落实自然资源产权制度改革的重要探索，是落实碳达峰碳中和要求、推动实施"风光倍增工程"的重大举措，是提高海域资源利用效率的积极尝试，也是推动海洋高质量发展的大胆创新，更是助力浙江共同富裕示范区建设的生动实践。

浙江省自然资源厅关于推进海域使用权立体分层设权的通知

该通知要求,坚持因地制宜、稳妥推进,功能优先、适度兼容,依法设权、合规运行的原则,在互不排斥和有限影响且可控的前提下,兼容多种用海行为,明确海域使用权立体分层设权"怎么分层""怎么论证""怎么审批""怎么监管"等4个关键环节,从设权空间范围、海域使用论证、用海审批、产权登记、海域监测修复等5个方面提出了具体要求。同时,要求各地开拓创新、稳妥有序推进,加强对立体开发海域监管并逐步建立退出机制,严守工作底线,确保海域资源有序开发、合理利用。包括5方面14条主要工作内容:

（一）明确分层设权空间范围。

1. 海域空间分为水面、水体、海床和底土。在一定使用期限内,可在同一海域,对不同主体或同一主体不同类型不同方式的用海行为分层设置海域使用权。

2. 立体分层设权适用范围主要有跨海桥梁、海底隧道、海底电缆管道、海上风电、光伏、养殖、温排水等用海。

（二）明确海域使用论证内容。

立体分层设权的海域使用论证工作要按照《海域使用论证技术导则》要求开展论证。重点论证以下内容:

3. 海域立体分层使用应依据省、市海岸带综合保护与利用规划确定的基本功能和兼容功能,充分论证用海活动的兼容性,原则上兼容功能不能影响基本功能的发挥。

4. 立体分层设权的海域应充分论证实施的必要性和可行性,重点论证权属关系、使用年限、作业安排、利益补偿、责任义务、矛盾化解机制等事项,明确利益相关者协调结果,以及项目用海到期后的退出方案。

5. 对于海上风电、海上光伏等工程性建设项目,应提出生态建设方案并明确实施主体,采取必要的生态修复措施,切实改善海洋生态功能。

6. 立体分层设权的海域,宗海界址图需按照相关技术规范明确拟使用海域的界址、面积等相关宗海信息,并补充海域立体分层设权示意图(相关技术规范另行印发);有条件的地区可探索空间三维坐标表达;用海申请时,需明确具体使用的海域立体分层空间。

（三）明确立体分层设权审批要求。

项目用海按《中华人民共和国海域使用管理法》《浙江省海域使用管理条例》规定的审批权限和程序进行审批,报批材料需齐全规范。明确以下审批要求:

7. 对已设定海域使用权的海域,进行立体分层设权的,应征得原使用权人同意后按程序办理用海手续,避免因海域权属产生纠纷。

8. 对未设定海域使用权的海域,进行立体分层设权的,按照项目用海审批权限报批。不同类型项目同步实施的,可进行统一设计、整体论证;项目主体不同时,需协商一致。

9. 立体分层设权用海批准文件中需明确宗海水面、水体、海床、底土等空间分层信息;对已设定海域使用权的海域进行立体分层设权的,还应明确原海域使用权的空间分层信息等变更内容。

10. 实施立体分层设权管理的海域,海域使用金按现行有关文件(标准)分别计征。

（四）明确立体分层设权不动产登记。

海域使用权确权登记按《不动产登记暂行条例》《不动产登记暂行条例实施细则》规定的程序进行登记。明确以下登记要求：

11. 海域立体分层设权办理不动产登记时，要在不动产权证和登记册中注明实际使用的水面、水体、海床或底土等空间分层信息，并附宗海界址图和海域立体分层设权示意图。

12. 在已设定海域使用权的范围内实施立体分层设权的，原海域使用权人持协调协议、新的海域立体设权用海批准文件（出让变更合同或补充协议）等材料，到当地不动产登记机构办理海域使用权变更登记；在此基础上，新申请用海人持海域立体设权用海批准文件或出让合同等材料，到当地不动产登记机构办理海域使用权首次登记。

（五）立体分层设权海域监测修复。

13. 市、县（市、区）自然资源主管部门要组织用海主体加强对工程性建设项目周边资源要素的调查与跟踪监测，保证数据具有可追溯性、连续性，确保本底数据、演变过程"说得清、道得明"。

14. 对海上风电、光伏项目等开展工程性建设的项目，用海主体要严格落实生态建设方案，依据施工期和运营期等不同阶段的资源、生态跟踪监测内容和要求，有针对性地加强开展生态修复，确保海域自然属性不丧失、海洋生态功能不下降。

8.2.4 山东省域管理制度

2022年10月，山东省海洋局发布《山东省海洋局关于推进海上光伏发电项目海域立体使用的通知》。

该意见规范了项目用海选址，鼓励桩基固定式海上光伏发电项目与围海养殖、盐田、电厂温排水区、风电场等实施立体综合开发利用。项目用海选址应符合国土空间规划确定的分区及用途管制要求，严禁在生态保护红线区，牡蛎礁、海草床等重要海洋生态系统分布区及法律法规、规划明确禁止的海域内建设。国土空间规划批复前，经依法批准的海洋功能区划继续执行，作为项目用海审查的规划依据

该意见明确了合理界定项目用海方式与用海范围。桩基固定式海上光伏发电项目中的桩基和光伏方阵，用海方式为透水构筑物用海，用海范围以项目最外侧光伏板垂直投影外扩10米为界；当光伏方阵垂直投影的外缘线距离最近的围海养殖、盐田的堤坝不足10米时，以堤坝内侧坡脚线为界。项目中的海底电缆，用海方式为海底电缆管道用海，用海范围以海底电缆外缘线向两侧外扩10米为界。光伏方阵原则上应集中布置，进行整体确权，不得以单个方阵或单块光伏板为宗海单元分散确权；当项目出于避让航道、潮汐通道以及其他项目用海等原因，确需分片布置光伏方阵的，方可按实际分布进行分宗确权。

该意见要求严格项目用海审批。对于未设定海域使用权的海域，海上光伏发电项目和其他类型用海项目进行立体综合开发利用的，各类型用海项目应进行统一设计、整体论证，按照就高不就低的原则报同一级人民政府审批。各类型项目不属于同一用

山东省海洋局关于推进海上光伏发电项目海域立体使用的通知

海主体的，双方应就权属关系、使用年限、生产建设、海域使用权续期及利益补偿等事宜协商一致，在用海申请时附具协调意见。对于已设定海域使用权的海域，海上光伏发电项目用海单位要和原海域使用权人充分协商并达成一致意见，并在用海申请时附具协调意见。新申请用海与已确权用海批准层级不一致的，应征求原审批部门的意见。在海上光伏发电项目的建设、运营过程中，应维护原海域使用权人合法权益，防止产生海域权属纠纷。

该意见要求落实海域有偿使用。实施立体综合开发利用的海上光伏发电项目和其他类型项目，应按实际用海类型、方式、面积、使用年限及所在海域的使用金征收标准，分别计征海域使用金。

8.2.5 广西壮族自治区管理制度

2022年12月，全国首个由省级海洋和自然资源主管部门联合印发实施的用海规范性文件《广西壮族自治区海洋局 广西壮族自治区自然资源厅关于开展海域使用权立体分层设权工作的意见》正式出台。对未来三年内积极稳妥推进立体分层设权工作作出具体规定，推动广西海域使用管理从"平面"正式转向"立体"，通过拓展海域开发利用的深度和广度，做活"向海图强"大文章，助力海洋强区加快建设。

该意见优先保障海域主体功能，在互不排斥、影响可控的前提下，兼容多种用海行为，明确海域使用权立体分层设权"如何分层""如何论证""如何审批""如何登记"等关键环节，从立体分层用海类型、国土空间规划引领、海域使用论证、用海审批、产权登记、海域有偿使用等6个方面提出了具体要求。同时，要求沿海三市（北海、钦州、防城港）海洋和自然资源部门优化用海查审批，强化监督保障，确保海域资源有序开发、合理利用。

广西壮族自治区海洋局广西壮族自治区自然资源厅
关于开展海域使用权立体分层设权工作的意见

8.2.6 海南省域管理制度

2023年3月，海南省自然资源和规划厅为认真贯彻落实《海南省自然资源资产产权制度改革实施方案》有关要求，逐步推进海域使用权立体分层设权，促进海域资源节约集约利用和海洋经济高质量发展，印发《海南省自然资源和规划厅关于推进海域使用权立体分层设权的通知（试行）》。

该通知共六条，主要明确海域立体分层设权的实施条件和范围、论证要求、审批要求、出让和使用金征收、监督管理等内容。

海南省自然资源和规划厅关于推进海域使用权立体分层设权的通知（试行）

沿海各市、县、自治县自然资源和规划局、行政审批局：

为认真贯彻落实《海南省自然资源资产产权制度改革实施方案》有关要求，逐步推进海域使用权立体分层设权，促进海域资源节约集约利用和海洋经济高质量发展，现就有关事项通知如下：

一、工作目标

海域是重要的自然资源，开展海域立体分层设权是完善海域资源资产产权制度、丰富海域使用权权能的重要举措，也是缓解行业用海矛盾、提高资源利用效率的必然选择。实施海域使用权立体分层设权，规范海域立体开发行为，是为了促进海域资源集约节约利用和有效保护、推动海洋经济高质量发展、进一步提升海洋生态文明建设。

二、实施条件和范围

海域使用权立体分层设权要综合考虑海域资源节约利用、环境承载力、用海主体和政府的权益需要，因地制宜，不搞一刀切。

仅使用单层海域的跨海桥梁、海底电缆管道等线型工程，以及相互之间兼容性高或互补性强的项目实施分层设权。申请使用分层海域的，其开发利用活动应符合国土空间规划和海岸带综合保护和利用规划,且应未设置同类排他性海域使用权。

可实施立体分层设权管理的用海类型包括但不限于:主要使用水面(含上覆空间)的跨海桥梁、桩基式海上光伏、水面建筑物等用海;主要使用水体的温(冷)排水、污水达标排放等用海;主要使用海床的底播养殖等用海;主要使用底土的海底电缆管道、海底隧道等用海。

填海造地、海砂等矿产开采项目不可实施立体分层设权管理。

三、论证要求

海域使用论证工作应将用海活动与规划确定的主导功能和兼容功能符合性以及分层设权的可行性纳入论证重点,包括用海活动不能影响主导功能的发挥,权属关系、使用年限、作业安排、利益补偿、责任义务、矛盾化解机制等事项明确利益相关者协调结果,以及项目用海到期后的退出方案等内容。

鼓励用海主体之间签订规范用海行为的合同,明确各权利主体的行为,对各权利主体的用海项目在使用不同层次海域的时间、作业方式等进行合理限定。

四、审批要求

用海申请时应要求提供宗海界址图(包括宗海位置图和平面图)。在用海批复或不动产登记时,除明确宗海平面界址外,还应注明项目实际使用海域的水面、水体、海床或底土范围(相关技术规范另行印发),如涉及已有用海项目的,还应关联原用海信息。

对未设定海域使用权海域进行立体开发的,属于同一用海主体的或属于不同用海主体经协商一致的,可进行统一设计、整体论证,一次出让或分开出让。

对已设定海域使用权海域新增立体分层设权用海的,应征求原审批机关的意见,新申请用海人应和原海域使用权人充分协商并达成一致意见。因国家重大项目、公共基础设施项目、公益事业项目和国防建设项目立体分层用海的,原海域使用权人应当予以支持。原海域使用权人申请将原有立体开发已设定海域使用权拆分设权的,在申请批复时应要求提供分层设权可行性说明,可不要求开展海域使用论证。原海域使用权人须持分层设权批准文件或出让变更合同等材料办理变更登记,在此基础上新申请用海人持分层设权用海批准文件或出让合同等材料办理首次登记。

五、出让和使用金征收

实施立体分层设权的海域出让,应遵循国家和本省海域使用权审批出让管理相关规定,按照"一物一权,一证一缴"的方式依据现行有关征收标准文件或招标、拍卖、挂牌方式公开出让成交结果征收海域使用金。

海域使用金征收适用《财政部 国家海洋局印发〈关于调整海域无居民海岛使用金征收标准〉的通知》《海南省自然资源和规划厅 海南省财政厅 海南省农业农村厅印发〈关于支持海洋渔业高质量发展有关用海政策的若干意见〉的通知》(琼自然资规〔2022〕5号)文件规定。若国家部委对海域立体分层设权的海域使用金征收有新规定的,从其规定。

六、监督管理

各市、县、自治县不得借分层设权之名,擅自改变海域用途,违规减免海域使用金,或将违法用海合法化。要严守海洋生态保护红线,海域立体开发不得超过海洋生态环境承载能力。要对已确权的立体开发海域加强监管,保障海域资源有序开发和可持续利用。加强海域立体分层使用权转让、出租、抵押和作价入股等权属关系变化监管。分层设权用海发生转让时相应权责义务随之转移。

本通知自公布之日起施行,有效期3年。期间法律法规或国家部委有新规定的,从其规定。

海南省自然资源和规划厅
2023年3月14日

8.2.7 辽宁省域管理制度

2023年7月,辽宁省自然资源厅发布《关于推进海域使用权立体分层设权的通知》,提出着力建设海洋生态文明,坚持问题导向,深化改革创新,推进海域使用权立体分层设权,提高海域资源综合利用效率,促进海洋经济高质量发展。

关于推进海域使用权立体分层设权的通知

发布时间:2023年08月09日　　编辑:资源厅管理员一　　来源:海域海岛管理处

辽自然资发〔2023〕51号

沿海六市自然资源局,大连市海洋发展局:

为落实中共中央、国务院关于自然资源资产产权制度改革以及自然资源要素市场化配置改革的决策部署,推进和规范海域使用权立体分层设权,现就有关事项通知如下:

一、总体要求

以习近平新时代中国特色社会主义思想为指导,着力建设海洋生态文明,坚持问题导向,深化改革创新,推进海域使用权立体分层设权,提高海域资源综合利用效率,促进海洋经济高质量发展。

(一)依法设权、稳妥推进

要以《中华人民共和国海域使用管理法》《辽宁省海域使用管理办法》等法律法规规章为依据,以保障国家海洋资源资产所有者权益和海域使用权人合法权益为前提,积极稳妥推进海域使用权立体分层设权工作。

(二)节约集约、生态优先

要统筹好自然资源要素保障和合理利用的关系,严格落实生态用海要求,充分发挥立体分层设权在优化资源配置、提高资源开发利用效益的作用,促进海域资源节约、集约利用。

辽宁省自然资源厅《关于推进海域使用权立体分层设权的通知》

该通知要求,要以《中华人民共和国海域使用管理法》《辽宁省海域使用管理办法》等法律法规规章为依据,以保障国家海洋资源资产所有者权益和海域使用权人合法权益为前提,积极稳妥推进海域使用权立体分层设权工作;要统筹好自然资源要素保障和合理利用的关系,严格落实生态用海要求,充分发挥立体分层设权在优化资源配置、提高资源开发利用效益的作用,促进海域资源节约、集约利用;分类实施海域使用权立体分层设权,优先保障海域基本功能,科学确定兼容用海类型,实现不同用海活动之间的功能互补和用途协调,确保各类用海活动影响和风险可控,鼓励地方结合自身特点开展差别化探索。

根据该通知,辽宁省将从五方面开展立体分层设权工作。一是明确可立体分层设权的用海类型,二是强化国土空间规划的约束和引领,三是加强海域使用论证,四是规范用海审批出让,五是做好立体分层设权不动产登记。

该通知强调,要加强对本行政区域立体分层设权工作的组织领导,强化用海审批审查,切实做好立体分层设权项目用海利益相关者协调工作,避免造成用海纠纷;要结合本地实际和工作需求,探索建立和完善海域使用权立体分层设权管理配套政策和技术规范,研究细化具体操作办法,优化用海审批流程;要按照"谁审批、谁监管"的原则,综合运用信息化、遥感监测等技术手段,加强对海域立体开发利用用海活动的监督管理,严肃查处违法违规用海行为,确保海域资源依法依规合理利用。

8.2.8 广东省域管理制度

2020年8月,自然资源部印发《关于支持粤港澳大湾区和深圳市深化自然资源领域改革探索意见的函》,明确支持广东省探索海域立体分层设权。2023年9月,广东省自然资源厅在指导有关地市推进试点工作的基础上,印发《广东省自然资源厅关于推进海域使用权立体分层设权的通知》,预期将为解决权属交叉重叠问题、提升海域立体空间利用效率、推动广东省海洋经济高质量发展发挥积极作用。该通知的主要内容分为五个部分。

广东省自然资源厅关于推进海域使用权立体分层设权的通知

（1）明确海域使用权立体分层设权的范围。主要结合广东省用海管理实际，对可以实施和不可实施立体分层设权管理的用海活动类型作出界定。通知规定：用海项目需排他性使用海域的特定层空间（水面、水体、海床或底土），且不妨碍其他层空间继续使用的，原则上仅对其使用的相应层空间设置海域使用权。可实施立体分层设权管理的用海活动包括但不限于：主要使用水面（含上覆空间）的跨海桥梁、桩基式海上光伏等用海；主要使用水体的温（冷）排水、污水达标排放等用海；主要使用海床的底播养殖等用海；主要使用底土的海底电缆管道、海底隧道等用海。通知另明确：完全改变海域自然属性的填海，排他性较强或具有安全生产需要的海砂开采、油气开采等海底矿产资源开发活动以及军事用海等特殊用海，不予立体设权。

（2）强化海域使用论证。主要从用海活动的必要性、合理性、兼容性以及利益相关者协调一致性等方面，对实施立体分层设权管理的用海项目开展海域使用论证工作提出具体要求。通知规定：实施立体分层设权管理的项目应落实生态优先理念和节约集约用海要求，充分考虑国防安全、工程安全、生态安全和防灾减灾等因素，维护海洋自然再生产能力，不得超过海洋资源环境承载能力。

（3）规范用海报批程序。主要明确海域使用权立体分层设权项目用海审批的权限，并区分申请海域是否已设立海域使用权，对其报批程序分类作出规定。通知规定：海域使用权立体分层设权项目用海按照《海域使用管理法》《广东省海域使用管理条例》等有关法律法规确定的审批权限和程序报批。

（4）加强海域使用金征收管理。通知规定：海域使用权立体分层设权项目按照"一物一权、一证一缴"原则，依据广东省海域使用金征收标准确定的海域等别和级别、用海方式、用海面积分别计征海域使用金。《调整海域无居民海岛使用金征收标准》（财综〔2018〕15号）施行前已设立的海域使用权因立体分层设权需要变更空间范围信息的，仍执行原海域使用金征收标准。符合海域使用金减免条件的，应按项目分别办理审批手续，不得违规减免海域使用金。

（5）做好海域使用权不动产登记。主要明确新申请用海项目办理海域使用权首次登记，以及原海域使用权办理变更登记的相关要求。①首次登记程序：海域使用权立体分层设权项目用海经依法批准后，由用海单位持用海批准文件或出让合同、海域使用金缴纳凭证等材料，到项目所在地的不动产登记机构办理海域使用权首次登记。②变更登记程序：对已设立海域使用权的海域进行立体分层设权涉及原海域使用权变更的，由原海域使用权人持海域使用权不动产权证书、立体分层设权协调协议（或出让合同补充协议）等材料，向原批准用海的人民政府自然资源主管部门申请变更用海，用海变更经原批准用海的人民政府依法批准后，再到项目所在地的不动产登记机构办理海域使用权变更登记。③项目登记要求：海域使用权立体分层设权项目用海应按照《不动产单元设定与代码编制规则》等标准要求，设定不动产单元并编制代码，依据海域分层使用的权利设定结果，采用三维登记模式，确认不同海域空间范围的权利主体、使用面积等信息。海域使用权不动产权证和登记簿中，应注明实际使用的水面、水体、海床或底土等空间分层和高程信息，并附宗海界址图和海域立体分层设权示意图。

8.2.9　国家层面管理制度

2023年11月，自然资源部发布国家层面首份海域立体分层设权政策文件《自然资源部关于探索推进海域立体分层设权工作的通知》，有效期3年。该文件对海域立体分层设权工作中涉及的国土空间规划、海域使用论证、用海审批、不动产登记、海域使用金征收等方面予以指导和规范。该通知的印发，是深化海域物权制度建设的一次有益探索，将推动海域管理模式从"平面"向"立体"、从"二维"向"三维"的转变，对于促进海域资源节约集约利用和有效保护、推动海洋经济高质量发展、加强海洋生态文明建设具有重要意义。对通知的政策解读如下：

（一）准确把握海域立体分层设权工作总体要求

通知就准确把握海域立体分层设权工作提出了3方面总体要求。

一是坚持依法依规、稳妥有序。各地要以有关法律法规为依据，综合考虑社会发展水平和管理工作需要，有序推进海域立体分层设权工作，有效保障海域使用权人合法权益。

二是坚持节约集约、生态优先。以海洋资源环境承载力为基础，统筹兼顾海域立体开发实际需求和生态影响，严守生态保护红线，落实生态用海要求，全面提高海域资源利用效率。

三是坚持分类管理、科学兼容。分类实施海域立体分层设权，优先保障海域主导功能，合理确定兼容功能，确保各类用海活动影响和风险可控，着力提升海域资源精细化管理水平。

通知明确，在不影响国防安全、海上交通安全、工程安全及防灾减灾等前提下，鼓励对跨海桥梁、养殖、温（冷）排水、海底电缆管道、海底隧道等用海进行立体分层设权，生产经营活动存在冲突的除外。完全改变海域自然属性的填海，排他性较强或具有安全生产需要的海砂开采等开发活动不予立体分层设权。其他用海活动经严格论证具备立体分层设权条件的，也可进行立体分层设权，为地方推进不同类型用海活动探索开展海域立体分层设权预留政策"接口"。

（二）指导和规范海域立体分层设权

通知在总结已有实践的基础上，对海域立体分层设权工作中涉及的国土空间规划、海域使用论证、用海审批、不动产登记、海域使用金征收等方面予以指导和规范，主要集中在以下几个方面。

一是加强国土空间规划对立体分层设权用海的引导和约束。通知要求各地编制海岸带空间专项规划，应统筹考虑海洋资源环境承载力和用海实际需求，遵循上级和同级国土空间总体规划，对海域立体开发提出具体的指导和管理要求，海洋功能分区要明确海域的主导功能、兼容功能以及可兼容的用海活动。

二是加强立体分层设权项目用海海域使用论证。通知明确要重点论证海域立体开发利用的必要性和可行性，分析不同用海活动之间的兼容性、用海空间范围及用海期限的合理性、不同用海主体及周边利益相关者协调可行性。

三是规范立体分层设权项目用海审批和不动产登记。在用海审批方面,通知强调在已设定海域使用权的海域进行立体分层设权,应与原海域使用权人协商一致达成协议后按程序办理用海手续。在未设定海域使用权的海域,经审查具备海域立体分层设权可行性的,可按照立体分层设权的管理要求进行审批或出让,明确海域空间范围信息。在不动产登记方面,通知明确申请人在办理海域立体分层设权不动产登记时,应提交的具体材料。在已确权登记的海域进行立体分层设权的,应当先办理原海域使用权的变更登记,再办理新设海域使用权的首次登记。通知同时明确各地可根据实际,优化审批和登记程序及要求。

四是规范立体分层设权项目用海海域使用金征收。立体分层设权的项目用海,按照"一物一权、一证一缴"的方式征收海域使用金,同一海域立体分层设权的每一个项目,均视为独立的征收对象,依据其用海方式,分别按规定征收海域使用金,不得违规减免海域使用金。为充分调动已确权项目立体分层设权的积极性,通知明确指出,《调整海域 无居民海岛使用金征收标准》施行前已设立的海域使用权,因立体分层设权需完善空间范围信息的,不属于用海方案调整,仍执行原海域使用金征收标准。

8.3 渔光互补实践案例

8.3.1 项目基本情况

温州泰瀚 550 兆瓦渔光互补项目(图 8.3-1)位于浙江省温州浙南产业集聚区瓯飞围区内的滩涂上,占水域面积约 4.7 平方公里,总装机容量 550 兆瓦。工程共安装 142.8 万片光伏组件,排列组成 24 个区块进行发电。项目历时两年,于 2021 年底顺利并网,将渔业养殖和光伏发电相结合,把"上可发电、下可养鱼"的集约用海模式变成现实,是目前全国最大单体渔光互补光伏发电项目和全亚洲最大滩涂渔光互补光伏发电项目。并网发电后,该项目年平均发电量可达 6.5 亿千瓦时,相当于 13 万户家庭全年的用电量。与相同发电量的火电相比,每年可节约标准煤 23.52 万吨,减排二氧化碳 64.80 万吨、二氧化硫 1.95 万吨、氮氧化物 0.97 万吨,节能减排效益显著。

该项目是温州市为积极响应浙江省委省政府关于建设国家清洁能源示范省战略决策及温州市建设新时代美丽温州暨"双碳"工作推进大会精神,助力温州市优化能源生产布局所推进的重大项目,是温州实现"十四五"减排降碳目标的重大项目之一。

图 8.3-1　温州泰瀚 550 兆瓦渔光互补项目现场

(一)出让海域概况
出让区块名称:温州浙南产业集聚区 550 MWp 渔光互补拟出让海域(光伏部分)
用海类型:电力工业用海
用海方式:透水构筑物

宗海个数:1宗

用海期限:10年

用海面积:469.805 7公顷

投资额度:约24亿元

建设期:约3个月

设计使用年限:约25年

建设内容:550 MWp渔光互补光伏电站,输出电压为220 kV,涉海工程为光伏列阵(含逆变、升压子站等)、检修通道和220 kV升压站。

建设要求:光伏阵列、升压站、电缆等均需采用桩基架空结构;光伏组件覆盖密度、桩基架空高度适宜,确保上部空间发电、水体空间渔业养殖正常运行,实现渔光互补。

地理位置:出让海域位于温州市龙湾区瓯江口南侧瓯飞浅滩瓯飞一期工程(北片)海堤内侧(图8.3-2),北侧为瓯飞一期(北片)2#副隔堤,南侧为瓯飞一期(北片)1#副隔堤,西侧为龙湾二期主堤,靠海侧为瓯飞一期(北片)东堤。

海域现状:出让海域位于已建成围堤内,一线海堤(东堤)设计挡潮标准为50年一遇设计高潮位加同频率风浪爬高,允许部分越浪,堤顶高程为7.6~7.8 m(1985国家高程基准),挡浪墙高程8.6~8.8 m,堤顶净宽7.0 m。出让海域现状为水域,高程范围为−0.1~−3.8 m,总体上呈现东北部水域较深、西南部水域较浅。

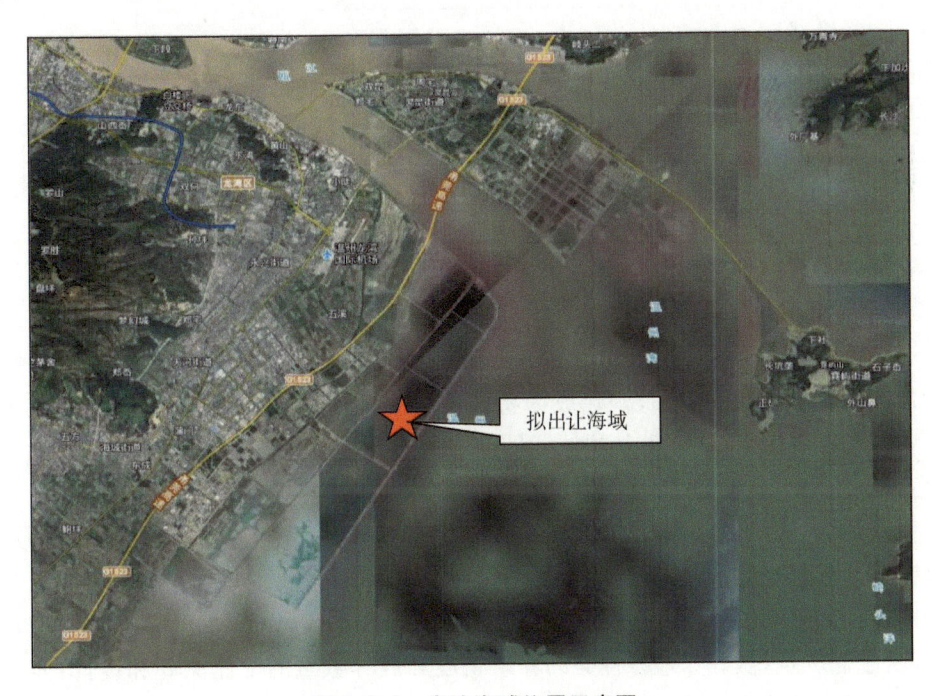

图8.3-2 出让海域位置示意图

(二)出让海域建设内容

出让海域拟建550 MWp渔光互补光伏发电项目,投资额约24亿元,预计年均发电量56 889万kW·h,25年共发电142.222 5亿kW·h,输出电压为220 kV,涉海工程为光伏列阵(含逆变、升压子站等)、检修通道和220 kV升压站。

1. 光伏系统总体方案

光伏发电站并网模式可分为直接并网模式和带功率流向检测的并网模式。直接并网模式就是光伏系统产生的电能部分被本地负荷消耗,其余部分的电能直接馈入电网。带功率流向检测并网光伏系统要求其产生的电能完全由本地负载消耗,不允许将光伏系统产生的电能馈入电网。

出让海域拟建项目采用分块发电、集中并网方案,所产生的电能全部汇入电网,发电原理如图8.3-3所示。

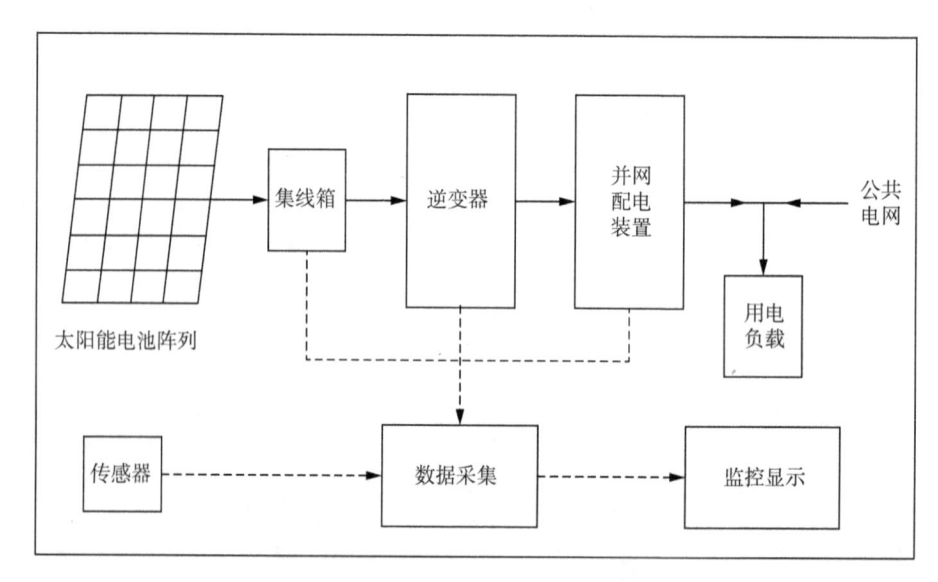

图8.3-3 光伏并网发电原理图

2. "渔光互补"养殖实施方案

在"渔光互补"养殖水域,大量的光伏发电设施桩基在客观上形成了人工鱼礁丛林,加上光伏板造成的阴影,构建成为特殊的弱光生境,通过设置套装的系列人工鱼礁、栽种秋茄的浮岛、捆绑桩基的挂养贝类的吊笼等一系列设施,构建了复杂庞大的人工鱼礁系统和水域生态系统(图8.3-4)。

根据上述水域生态系统的特点,在开展生态养殖设计时,必须因生境制宜筛选一些弱光性(或避光性)、穴居性种类,一些具有杂食性、碎屑食性、浮游生物食性、温和肉食性、凶猛肉食性的种类,一些中上层、中下层及底层种类,以及维管束植物等,进行立体混合生态养殖,做好养殖各种类的养殖密度和放养数量的配比测算和设计,实现养殖水域物质循环和能量流动健康正常,并通过设置叶轮式增氧机、水质监测系统等设施(图8.3-4),使区域始终保持生态平衡。

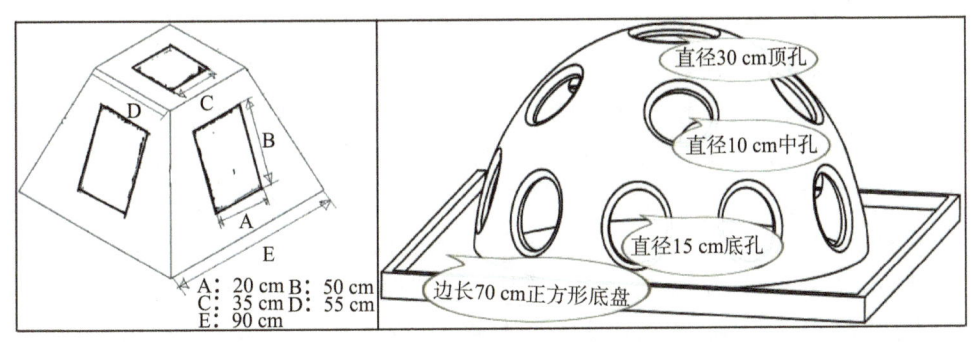

第八章 海域立体分层设权管理实践

台形人工鱼礁　　　　　半球形人工鱼礁

A: 20 cm　B: 50 cm
C: 35 cm　D: 55 cm
E: 90 cm

直径30 cm顶孔
直径10 cm中孔
直径15 cm底孔
边长70 cm正方形底盘

牡蛎养殖吊笼　叶轮式增氧机

VSI水质垂直剖面自动监测系统

图 8.3-4　部分养殖设施

3. 养殖效益评价

（1）生态效益评价：在水域中开展生态养殖，筛选了 9 个种类，与水体中原本存在的微生物和水环境、阳光、投喂的饲料等构成了一个特殊的生态系统。秋茄植物及水体中本身存在的浮游植物、浮游动物、原生动物等吸收水中的营养盐以净化水质，构成第一或第二营养级的生物群体；以菲律宾蛤仔、斑鳘、缢蛏、近江牡蛎等滤食浮游生物

185

或碎屑的种类作为第二或第三营养级的生物群体;以锯缘青蟹、大黄鱼和黑鲷作为养成产品种类,构成第三或第四营养级的生物群体。所有的生物排泄、排遗物及尸体均经过病毒、细菌及真菌分解,产生的能量和分解物重新进入水体中。通过合理筛选养殖种类并合理配比,能保障养殖水体中的物质循环和能量流动健康正常,保障特大围塘内生态平衡,同时养殖尾水达标排放,几乎不对周围生态环境造成污染影响,实现生态效益的最大化。综上所述,在光伏发电和生态养殖共同进行的过程中,通过开展养殖水域的生态系统的全程监测、评价和管控,始终维护养殖水域的生态系统平衡,能够保障光伏发电产业和生态养殖产业的有效融合和持续发展。

(2)经济效益评价:"渔光互补"项目的渔业收入通过生态养殖生产实现。在生态养殖品种、规模、配比等组成的方案中,筛选了9种鱼、虾、蟹、贝及秋茄作为养殖或栽培对象。据经济分析与测算,生态养殖年产值可以达到227 915 000元(表8.3-1),光伏发电对渔业养殖的促进作用较为明显。

表8.3-1 年经济效益分析表

品名	放养量	平均成活率(%)	成品数量	成品平均重量	成品平均批发价(元/kg)	产值(元)	纯利润率(%)	效益(元)
锯缘青蟹	11,200,000 只	10	1,120,000 只	400 g/只	300	134,400,000	70	94,080,000
南美白对虾	420,000,000 尾	10	42,000,000 尾	1 000 g/60 尾	60	42,000,000	60	25,200,000
大黄鱼	1,050,000 尾	50	525,000 尾	500 g/尾	150	39,375,000	30	11,812,500
黑鲷	1,050,000 尾	60	630,000 尾	300 g/尾	60	11,340,000	60	6,804,000
近江牡蛎	500,000 只	80	400,000 只	100 g/只	20	800,000	80	6,400,000
总计								144,296,500

(三)用海情况

1. 用海类型和方式

出让海域用海类型为"工业用海"(一级类)中的"电力工业用海"(二级类),用海方式为"构筑物"(一级类)中的"透水构筑物"(二级类)。本出让海域涉海工程用海类型及用海方式情况统计见表8.3-2。

表8.3-2 本出让海域涉海工程用海类型及用海方式情况一览表

序号	涉海工程名称	用海类型	用海方式
1	光伏阵列	电力工业用海	透水构筑物
2	检修通道	电力工业用海	透水构筑物
3	升压站	电力工业用海	透水构筑物

2. 出让海域用海面积与期限

出让海域用海总面积 469.805 7 公顷，宗海内部单元详见表 8.3-3。出让海域用海期限为 10 年。

表 8.3-3　拟出让海域用海面积情况一览表

序号	宗海名称	内部单元	用海方式	申请用海面积(公顷)
1	温州浙南产业集聚区 550 MWp 渔光互补拟出让海域(光伏部分)	光伏阵列 1	透水构筑物	288.251 5
2		光伏阵列 2	透水构筑物	151.370 3
3		检修通道 1	透水构筑物	0.156 1
4		检修通道 2	透水构筑物	0.156 1
5		检修通道 3	透水构筑物	0.483 8
6		检修通道 4	透水构筑物	0.484 0
7		检修通道 5	透水构筑物	0.150 0
8		检修通道 6	透水构筑物	0.420 6
9		升压站	透水构筑物	0.675 0
10		养殖重叠 1	透水构筑物	19.296 6
11		养殖重叠 2	透水构筑物	8.361 7
合计				469.805 7

3. 用海必要性

（1）建设必要性

①是发展清洁能源，调整能源结构的需要

面对全球气候和生态挑战，绿色发展理念逐渐深入人心，党的十九大将污染防治纳入决胜全面建成小康社会的三大攻坚战。可再生能源是实现应对气候变化和空气污染的重要措施，中央经济工作会议也明确"调整产业结构，淘汰落后产能，调整能源结构"的工作重点。

全球能源转型的基本趋势是实现化石能源体系向低碳能源体系的转变，最终进入以可再生能源为主的可持续能源时代。虽然"十二五"期间，我国可再生能源产业开始全面规模化发展，进入了大范围增量替代和区域性存量替代的发展阶段，但仍未改变我国的一次能源消费中化石能源尤其是煤炭长期占据主导地位的状态。2015 年，中国的能源结构是煤炭约占 64.4%、石油占 17.6%、天然气占 6%、水电占 8.5%、核电占 1.4%、风电占 1.6%、太阳能占 0.5%，其他微小。

为此，《中华人民共和国节约能源法》提出"国家鼓励、支持开发和利用新能源、可再生能源"。《中华人民共和国可再生能源法》要求中国的发电企业必须用可再生能源（主要是太阳能和风能）生产一定比例的电力。国家发展改革委、国家能源局在 2017 年联合发布了《能源生产和消费革命战略(2016—2030)》，明确到 2020 年煤炭消费比重进一步降低，清洁能源成为能源增量主体，能源结构调整取得明显进展，非化石能源占比15%，单位国内生产总值二氧化碳排放比2015年下降18%。

"十三五"是浙江省全面推动能源生产和消费革命、加快建设国家级清洁能源示范省的关键期，也是光伏发电等可再生能源规模化、全面化推广的重要阶段。2015年底，浙江省光伏发电装机容量约220万千瓦，根据《浙江省太阳能发展"十三五"规划》，2020年全省光伏总装机规模将达到800万千瓦以上，目标明确，任务艰巨。

拟出让海域建设550 MWp渔光互补光伏发电项目，投产后将成为温州市首个和浙江省最大的海上光伏发电项目，为临近的温州浙南沿海先进装备产业集聚区、温州瓯江口产业集聚区等重大产业平台提供清洁能源，与相同发电量的火电相比，每年可节约标准煤235 201吨，减少二氧化碳（CO_2）、二氧化硫（SO_2）、氮氧化物（NO_x）排放量分别为648 046.80吨、19 500.00吨、9 749.96吨，对区域能源结构调整、提高清洁低碳能源比例具有重要意义。

②是滩涂资源生态化利用，发展海洋经济的需要

拟出让海域所在的瓯江口南岸海域拥有丰富的淤涨型滩涂资源，滩面宽阔，坡度平缓，是温州市重要的土地储备区，为沿岸区域拓展生活、生产发展空间，促进经济发展起到了重要的推动与保障作用。

然而，作为完全改变海域自然属性的用海方式，大规模围填海活动在促进经济发展的同时也会对海洋生态环境造成较明显的破坏，粗放经济发展模式下的过度围填海引起了社会各界的高度关注。近年来，为加强海洋生态文明建设，切实保护滨海湿地环境，国家有关部门相继印发《围填海管控办法》《关于加强滨海湿地保护严格管控围填海的通知》等政策文件，严控新增围填海规模，除国家重大战略项目外，全面停止新增围填海项目审批，温州市及沿海各县、市、区积极转变发展思路，坚持生态优先、绿色发展，坚决贯彻围填海相关政策。

占地面积大是光伏发电产业重要的制约因素。拟出让海域所在的瓯江口南岸温州市瓯飞淤涨型高涂围垦养殖用海规划区龙湾部分已完成筑堤围海，从生态和政策方面看，近期均不具备继续填海成陆的可行性，大规模的养殖水面为光伏电站建设提供了理想的承载空间。

光伏电站采用桩基架空结构，利用养殖水面上部空间建设，整体上不影响水体空间的养殖功能，且可有效减少烈日暴晒引起的渔业资源损失，提高养殖收益。拟出让海域位于《浙江省海洋功能区划（2011—2020年）》中的瓯飞农渔业区，以透水构筑物用海方式建设渔光互补光伏复合项目，为滩涂资源生态化利用，实现立体空间综合开发，促进海洋经济发展提供了有效的解决途径，符合《浙江省能源发展"十三五"规划》提出的有序推进地面集中式光伏发电，充分利用荒山荒坡、沿海滩涂、设施农业用地以及鱼塘和水库水面等，因地制宜，有序开发农光互补、渔光互补等集中式光伏电站的要求。

综上，拟建项目能够实现滩涂资源的生态化利用，促进海洋经济的绿色发展，对温州市发展低碳循环经济、海洋经济，建设全国低碳试点城市和国家海洋经济发展示范

区具有积极的推动作用。

(2) 用海必要性

温州地貌多山少地,经济社会发展一直受限于空间。拟出让海域临近温州浙南沿海先进装备产业集聚区、温州瓯江口产业集聚区等重大产业平台,周边陆域经过多年开发利用,滨海工业的迅速发展导致土地供需矛盾加剧,没有可供光伏发电设施建设需要的无遮挡、连片的开阔空间。

依据《可再生能源发展"十三五"规划》提出的"积极鼓励在电力负荷大、工商业基础好的中东部城市和工业区周边,按照就近利用的原则建设光伏电站项目",利用瓯飞围海养殖区建设渔光互补项目,可就近提供清洁能源,减少长距离输电损耗。拟出让海域被已建围堤掩护,开阔无遮挡,区域构造、工程地质条件较好,光照条件较好,为进行光伏电站建设、发展新能源和可再生能源提供了优越的自然条件。

因此,从海域自然资源综合利用和实施陆海统筹战略的角度考虑,用海是必要的。

拟出让海域位于瓯飞农渔业区,为兼顾海域功能的多宜性,提高海域资源利用效率,采用"渔光互补"方式建设,渔业养殖与光伏发电相结合,在保障水体中围海养殖的前提下,利用水体上部空间架设光伏设施,形成"上可发电、下可养鱼"的发电新模式,能够获得良好的生态、经济效益,进一步提高海洋经济产出,具有较高的应用价值和较强的示范意义。渔光互补既保障了渔业生产,又解决了光伏电站空间需求大的问题,也符合严控围填海、生态用海的要求,实现了滩涂资源生态化综合利用。

因此,从生态用海和发展海洋经济的角度考虑,用海是必要的。

《浙江省能源发展"十三五"规划》和《浙江省太阳能发展"十三五"规划》等产业规划提出"充分利用荒山荒坡、沿海滩涂、设施农业用地以及鱼塘和水库水面等,因地制宜,有序开发农光互补、渔光互补等集中式光伏电站","利用宁波、台州、温州等沿海地市的滩涂,逐步建设10万千瓦级大型渔光互补地面光伏电站基地"。

因此,从产业发展规划和滩涂光伏发电项目布局角度考虑,用海是必要的。综上,拟出让海域用海对科学利用海域滩涂资源发展新能源产业,推动海洋经济绿色发展具有较高的应用价值和较强的示范意义,用海必要性突出。

8.3.2 海籍调查及宗海图

表2 宗海及内部单元记录表

宗海界址线：
1-2……23-1；24-25……37-24；40-41-42-43-40

宗海总面积：
469.8057公顷

用海方式	内部单元（按用途）	内部单元界址线	内部单元面积	合计
透水构筑物	光伏阵列1	1-2-3-6-7-10-11-14-15……18-39-38-23-1	288.2515	469.8057
透水构筑物	光伏阵列2	24-25-26-27-44-29-30-33-34-37-24	151.3703	
透水构筑物	检修通道1	3-4-5-6-3	0.1561	
透水构筑物	检修通道2	7-8-9-10-7	0.1561	
透水构筑物	检修通道3	36-37-34-35-36	0.4838	
透水构筑物	检修通道4	32-33-30-31-32	0.484	
透水构筑物	检修通道5	21-22-19-20-21	0.1500	
透水构筑物	检修通道6	40-41-42-43-40	0.4206	
透水构筑物	升压站	23-38-39-18-19-22-23	0.6750	
透水构筑物	光伏阵列3	11-12-13-14-11	19.2966	
透水构筑物	光伏阵列4	27-28-29-44-27	8.3617	
		以下空白		

表4 海籍现场测量记录表

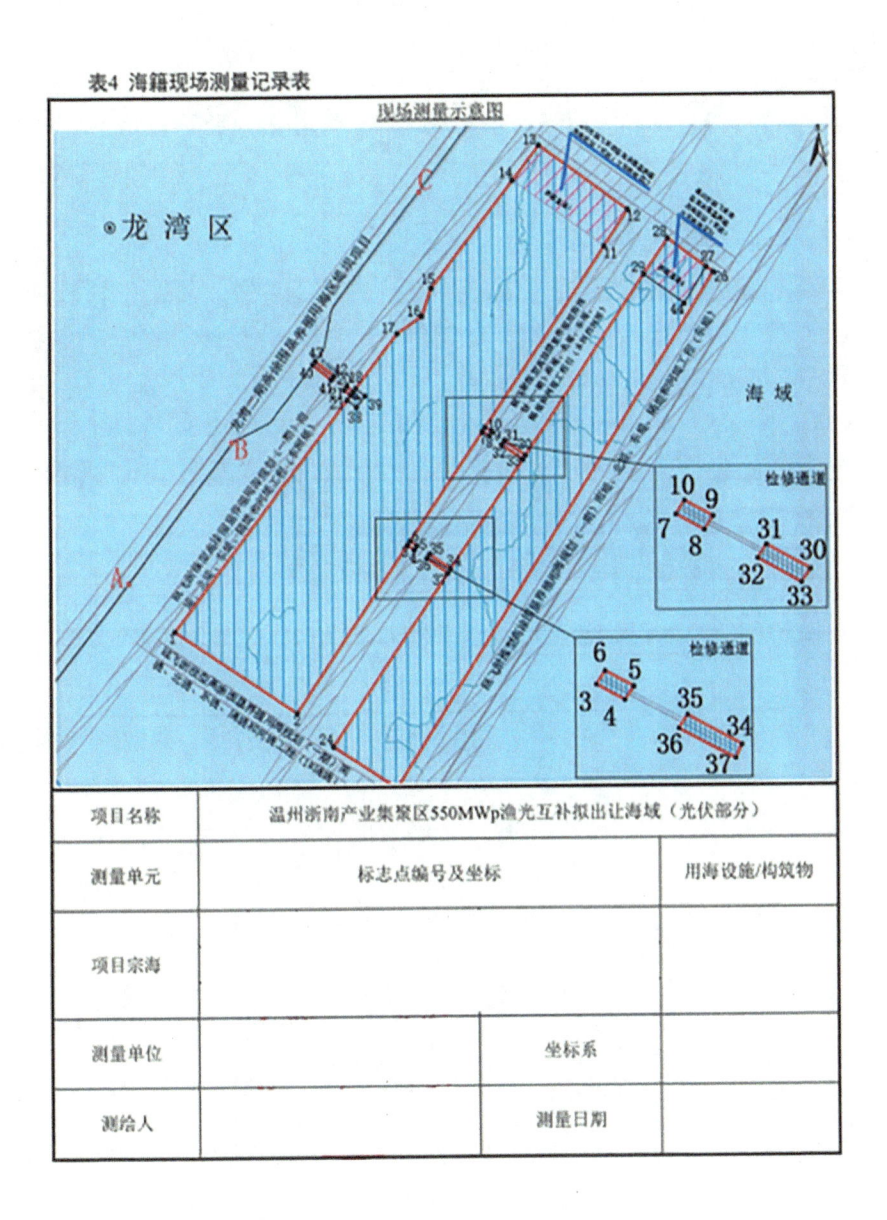

现场测量示意图

项目名称	温州浙南产业集聚区550MWp渔光互补拟出让海域（光伏部分）	
测量单元	标志点编号及坐标	用海设施/构筑物
项目宗海		
测量单位		坐标系
测绘人		测量日期

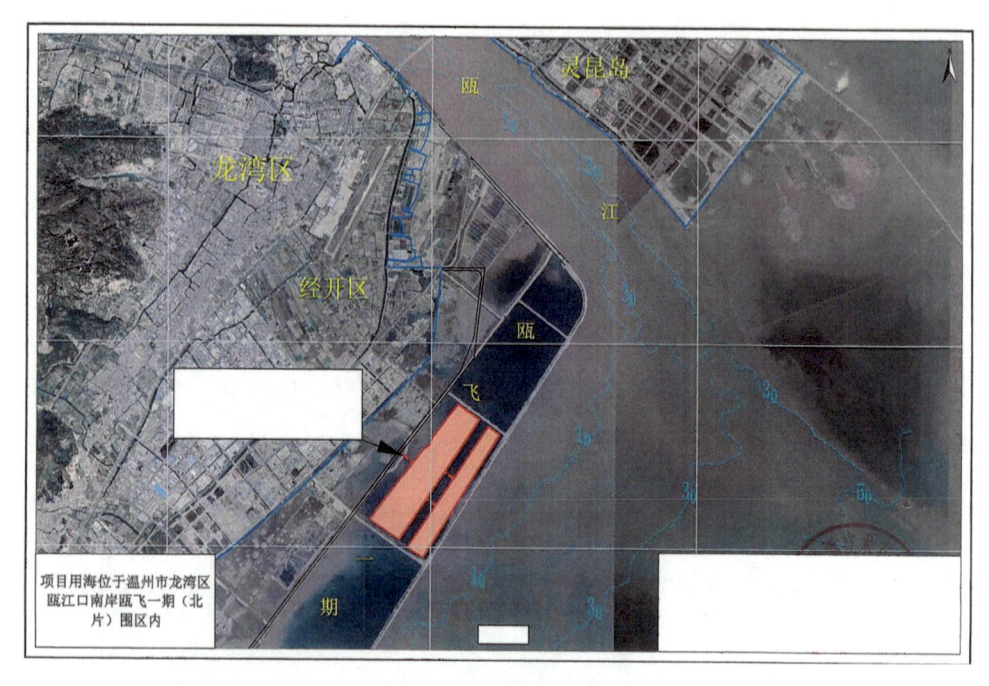

温州浙南产业集聚区 550 MWp 渔光互补拟出让海域（光伏部分）宗海位置图

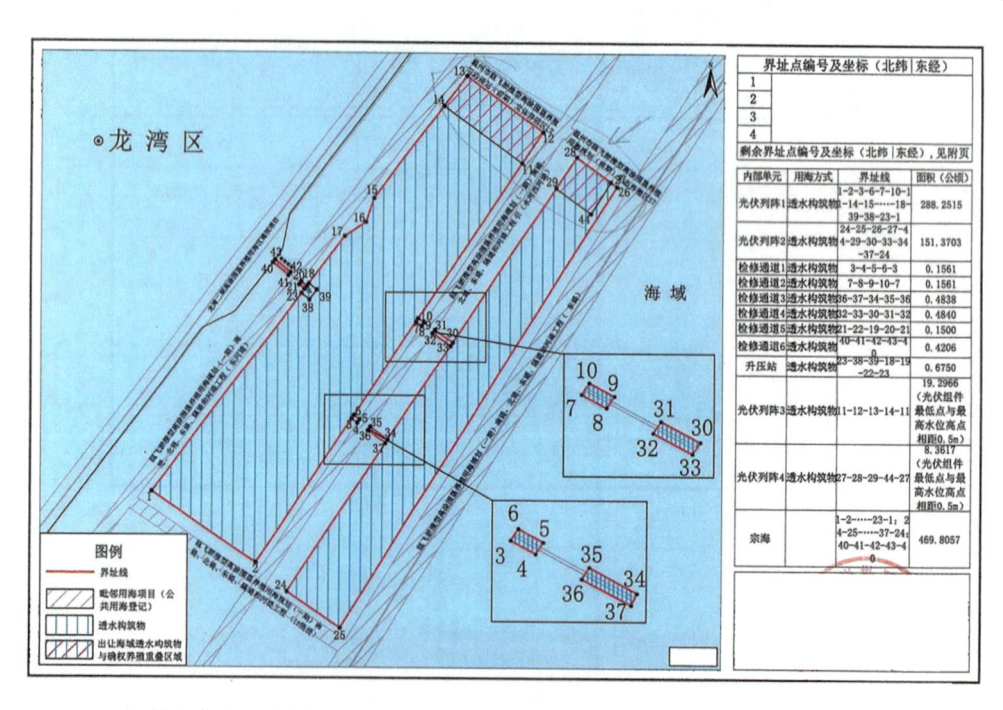

温州浙南产业集聚区 550 MWp 渔光互补拟出让海域（光伏部分）宗海界址图

8.3.3 环境影响监测功能探索

目前的立体分层设权项目中,渔光互补项目由于需求性大、可操作性强,是较受关注的立体分层设权项目。其中,光伏项目的开发利用进展及是否存在超面积、超范围用海等情况是用海监管的关注重点,但现有技术主要依靠现场调查或遥感影像目视解译进行监测,存在耗时久、效率低、难覆盖等问题。此外,渔光互补项目中的光伏项目可能会导致海体水质发生变化,而水质对水生生物的生长和健康至关重要,其中温度和 pH 会影响水生生物的体温、新陈代谢,严重者甚至会引起疾病,不间断监测鱼养殖水质对于确保水生生物的正常健康生长非常重要,但目前海水水质的监测主要依靠船只采样或者遥感监测,难以实现不间断的监测。

目前,国内外学者都在研究海洋相关的监视监测,其中遥感技术在海洋监测中的应用较多。遥感技术主要是借助遥感影像、无人机、无人船等遥感设备,通过电磁波信息进行相关的探测工作,获取海洋遥感影像图、无人机影像图。针对项目开发利用状况的监测主要运用目视解译方法获取所需项目开发利用等地理信息,针对水体水质的监测技术主要依赖于船只抽样调查或遥感数据的监测,也有部分采用无线传感器网络(WSN)监测。

此外,现有监测技术主要是针对平面海洋监测,缺乏综合的立体监测,难以实现覆盖水面、水体、底土各个用海层的全方位监测,并形成统一的评判标准。而且,针对水面层的项目开发利用现状监测主要依靠现场测量或者基于遥感影像的目视解译技术,存在频次低、耗时久、人力需求大等问题。

针对水质生态的监测多依赖于船只采样和遥感影像采集,存在时间序列不连续、受天气制约大等弊端,且对于渔光互补等立体分层设权项目而言存在船只难以靠近、水体易被光伏板遮挡、影像无法识别等缺陷。传统的无线传感器网络需要具备外部电源来进行数据传感和无线传输,电源电量耗尽后,需要更换电池或充电,水质监测过程很容易停止,无法建立对水质的连续和系统评价。

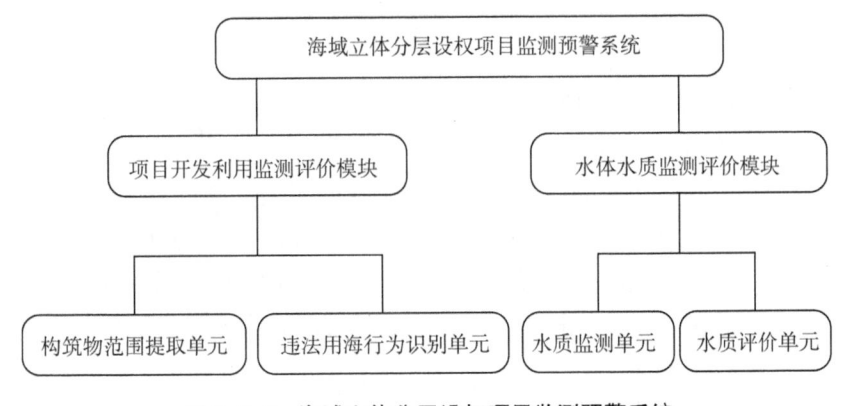

图 8.3-5 海域立体分层设权项目监测预警系统

因此,本节以渔光互补项目为例,构想了一种海域立体分层设权项目监测预警系统(图 8.3-5),结合相关遥感影像与可再生太阳能传感系统建立包含水面、水体在内的三维监测,实现渔光互补立体分层设权项目的开发利用进展、水体水质的自动监测预警。包括两个模块:

(1) 项目开发利用监测评价模块,可提取构筑物范围及识别违法用海行为,并可自动触发报警或预警。

(2) 水体水质监测评价模块,是以太阳能供电模式监控水体水质,当水体水质监测值超出水生生物的养殖水体预设阈值时发出报警或预警。

(一) 项目开发利用监测评价模块

1. 基于缨帽变换(TCT)原理的构筑物范围提取技术

提取构筑物用海范围是实现水面违法用海监测的第一步。基于缨帽变换原理的方法已被广泛应用于海岸线等陆海边界的提取,用于区分陆海边界线。构筑物在遥感影像的光学特征中与陆地具有相似性,因而本技术采取类似方法提取构筑物的实际用海。

(1) 确定 TCT 系数

所有多光谱波段的亮度分量都具有正载荷,不受季节的影响。近红外波段(波段 5,845~885 nm)、第一短波红外波段(波段 6,1 560~1 660 nm)和第二短波红外波段(波段 7,2 100~2 300 nm)对于亮度分量和湿度分量最为重要。红色波段(波段 4,630~680 nm)和近红外波段(波段 5)对于绿度分量最为重要。沿海波段(波段 1,433~453 nm)在所有 7 个波段中对亮度分量的贡献最小,它的贡献也小于蓝色、绿色和红色波段(波段 2,450~515 nm;波段 3,525~600 nm;波段 4,630~680 nm)对于绿度分量的贡献,但大于湿度分量的这些波段,我们根据 Landsat8 和 Landsat5 导出 TCT 系数。

(2) 遥感影像预处理

使用"图像可视化环境"(ENVI)进行辐射校准。通过校准参数将原始数据中的数字转换为大气顶部(TOA)反射率。

(3) 提取海洋水体信息

海洋水体信息在提取构筑物范围方面起着至关重要的作用。对于光学遥感图像,水体提取的主要方法包括基于像素的分类、基于对象的分类和基于边缘检测的方法。在本技术中,基于直方图的阈值分割方法常被用于提取水体信息。这种方法通常呈现清晰的边界并具有统一的内部光谱。

基于直方图的阈值分割方法是一种用于图像分割的自动阈值选择的非参数和无监督方法。图像中包含提取对象(C0)和背景(C1),那么其直方图所代表的像素灰度值概率密度分布函数实际上就是对应提取对象和背景的两个单峰分布密度函数的和。通过对所有灰度直方图进行评估,根据最大化类间方差来选择最佳阈值。判别标准(类间方差)如下:

$$\sigma^2 = \omega_0(\mu_0 - \mu_T)^2 + \omega_1(\mu_1 - \mu_T)^2$$

式中,μ_0 是 C0 的平均值;μ_1 是 C1 的平均值;μ_T 是原始图像的平均值;ω_0 和 ω_1 分别

是 C0 和 C1 出现的概率。

根据 TCT 的基本原理,含水量高的物体,如河流、湖泊和海洋,呈现鲜艳的颜色,而含水量低的物体,如建筑物、道路和植被,呈现深色。选择适当的阈值后,可以生成水体的二进制图像,其中水体分配值为 1,其他对象分配值为 0,从而可以轻松识别水体。

(4) 提取构筑物信息

遥感影像区域擦除水体部分获取陆地及建筑物范围,通过栅格转矢量获取陆地及构筑物部分矢量数据 T0;导入原始立体分层设权项目审批矢量数据 T1,利用 arcgis 空间链接获取 T0 与 T1 重叠图斑确定为该项目实际用海图斑 T2。

2. 基于 GIS 的违法用海行为识别技术

所述违法用海行为识别单元对于识别超范围用海并自动触发报警的步骤如下:

运用地理几何工具计算提取出的实际用海图斑 T2 面积 S_1,T2 擦除 T1 获取超范围用海图斑 T3,计算 T3 面积 S_2:

$$S_2 = S_1 - S_0$$

并计算水面层监测结果得分 P:

$$P = \frac{S_1 - S_2}{S_0} \times 100\% - \frac{S_2}{S_0} \times 100\%$$

式中,S_1 表示实际用海面积;S_2 表示超范围用海面积;S_0 表示批准用海面积。当 $S_2 > 0$ 时,触发自动报警,自动向相关部门发送报警信号,提示出现违法行为;当 $P <$ 60% 时,触发自动预警,自动向相关部门发送预警信号,提示出现严重违法行为。

(二) 水体水质监测模块

1. 太阳能供电水质监测系统设计

渔光互补项目中水质的 pH 和温度对养殖鱼的生长和健康至关重要,当遇到来自周围环境的干扰或养殖设备的故障时,水质会波动和变化以致偏离所需的环境参数。本研究通过改进无线水质监测系统,以桩基光伏直接向监测仪器供电的方式实现持续性的系统供电。

2. 水质评价模型设计

在适当的温度范围内,鱼类的免疫力大大提高,而水中 pH 的突然变化会令鱼类血液中 pH 发生变化,从而导致死亡。因此,对水质的评估采用了水质评估模型。以浙江省农业农村厅发布的 2022 年渔业主导品种为例,本研究建立了 7 种主推养殖鱼类的水质评价模型。养殖鱼的最佳温度和 pH 范围见表 8.3-4。

表 8.3-4　养殖鱼的最佳温度和 pH 分布

鱼种	最适生长温度(℃)	最适生长 pH
加州鲈	20~28	6.0~9.0
黄颡鱼	22~28	7.0~8.5

续表

鱼种	最适生长温度（℃）	最适生长 pH
鳜鱼	23～28	6.0～7.5
光唇鱼	22～25	6.5～8.5
大黄鱼	20～28	7.9～8.4
异育银鲫	25～28	7.6～8.4
翘嘴鲌	20～30	7.0～7.4

当水质参数超过最佳范围内的极限值时，会出现报警信号。为实现水质监测预警功能，建立了监控系统的软件工作流程。启动监视系统时，将首先初始化传感器的配置参数，温度合格范围为养殖鱼种生长温度的上下限，pH 合格范围为养殖鱼种最适生长 pH 环境的上下限，以便为后续的传感器调用提供条件。初始化过程在启动期间仅执行一次，然后系统进入一个特定的程序循环：

将从水质监测单元获取的水体水质监测结果与养殖水体预设阈值进行对比，当水体水质监测结果即水质参数超过最佳范围内的极限值时，会自动触发报警，发出报警信号。当水质参数接近所述养殖水体预设阈值上下限，例如监测结果介于养殖水体预设阈值下限的 100%～110% 或介于养殖水体预设阈值上限的 90%～100% 时，即自动触发预警。如表 8.3-4 所示，以所养殖的水生生物为大黄鱼为例，当监测到水温为 30℃ 时即自动触发报警，发出高温报警信号；如监测到水体 pH 为 7.88 时则自动触发预警，发出 pH 过低预警，便于及时介入处理，避免遭受更大损失。

在前述海域立体分层设权项目监测预警系统的基础上，提供一种海域立体分层设权项目监测预警方法，如图 8.3-6 所示。

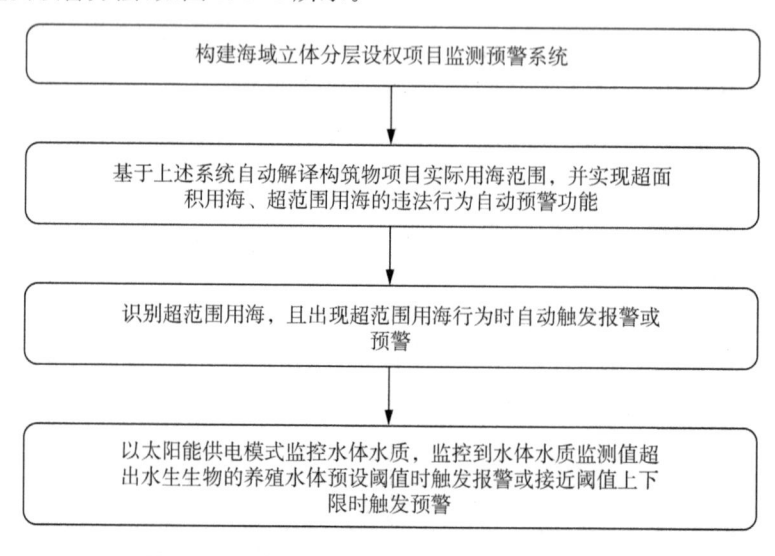

```
构建海域立体分层设权项目监测预警系统
            ↓
基于上述系统自动解译构筑物项目实际用海范围，并实现超面
积用海、超范围用海的违法行为自动预警功能
            ↓
识别超范围用海，且出现超范围用海行为时自动触发报警或
            预警
            ↓
以太阳能供电模式监控水体水质，监控到水体水质监测值超
出水生生物的养殖水体预设阈值时触发报警或接近阈值上下
        限时触发预警
```

图 8.3-6　海域立体分层设权项目监测预警方法

8.4 生态海堤实践案例

8.4.1 项目用海基本情况

为深入贯彻落实习近平总书记关于实施海岸带保护修复工程,建设生态海堤,提升抵御台风、风暴潮等海洋灾害能力的重要指示精神,2021年,浙江省委省政府印发《浙江省海塘安澜千亿工程行动计划》(浙委办发〔2021〕28号),要求提高现有海塘工程防御标准,部署实施浙江省海塘安澜千亿工程,建设安全可靠、绿色生态、功能综合、运行高效的海塘工程体系,为高质量发展建设共同富裕示范区保驾护航。在探索生态海塘建设的新路径中,海塘被赋予了安全防护、产业发展、风景旅游、生态海岸、主题文化等多重功能,从防御线向高质量发展带、高品质生活廊升级(图8.4-1)。海塘在提标加固之外还需开展观景平台、滨海大道、码头等立体复合利用,通过功能融合,促进安全与发展协同增效。

图8.4-1　海塘安澜概念图

乐清市位于浙江省东南沿海,背山靠海,行政隶属温州市。乐清市海塘安澜工程(中心区海塘)项目位于乐清市城东街道和城南街道,主要包括胜利南塘及胜利北塘(图8.4-2)。工程已被列入《浙江省水安全保障"十四五"规划》《浙江省海塘安澜千亿工程建设规划》。根据规划的浙江省海塘保护区划分和规划防潮标准情况表,本项目所在的海塘保护区为瓯江口北岸沿海平原保护区,防潮标准为100年一遇。现状塘顶沉降严重,达不到原设防要求,其中胜利南塘经安全鉴定为"三类塘",属海塘安澜规划中的问题海塘。

随着乐清市经济社会的快速发展,对海塘防洪潮安全提出了更高的要求。为提高片区挡潮标准,结合中心区发展需求,同时配合乐清市海洋生态公园建设,打造"生态、现代、休闲"理念,营造一个现代高品质的生态环境。项目建成后,可消除现状安全隐患,有效提高乐清市海塘防洪、防潮标准;结合生态海岸带建设,实现海塘安全提标、生态提质、融合提升,为区域社会经济高质量发展提供安全保障和品质空间。

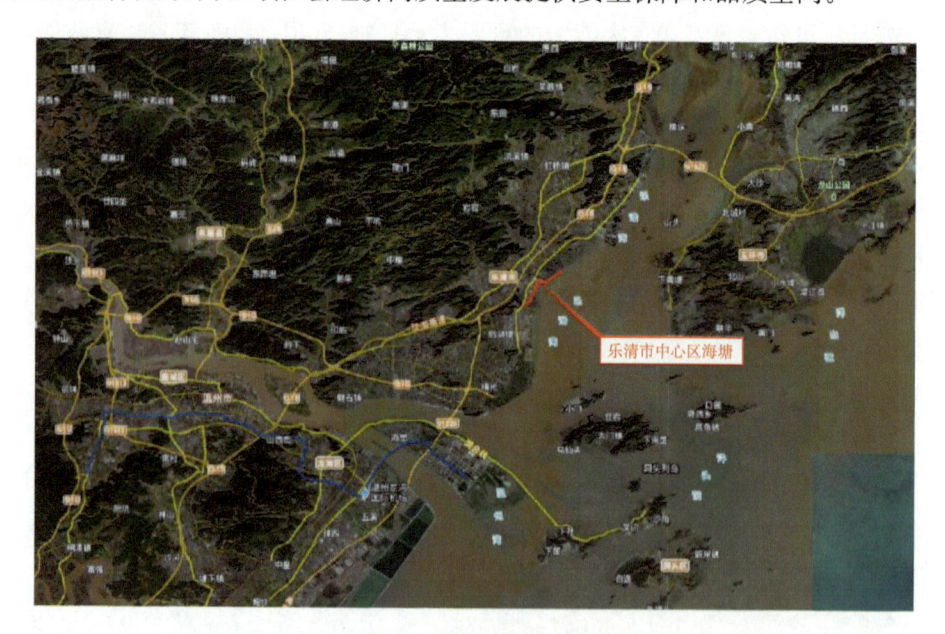

图 8.4-2　乐清市海塘安澜工程(中心区海塘)地理位置示意图

(一)用海项目建设内容

(1)项目名称:乐清市海塘安澜工程(中心区海塘)。

(2)项目性质:本项目属于公益性建设项目。

(3)投资主体:本拟建项目资金除申请省级补助外,其余由地方自筹解决。

(4)地理位置:乐清市城东街道、城南街道。

(5)项目建设内容和规模

本次工程建设主要内容包括现状中心区海塘加固加高、堤顶改造,胜利南闸改建、塘前海洋生态修复及堤后绿化等综合改造。

设计海塘全长 6 246.14 m,其中胜利南塘 3 192.46 m,北塘 3 053.68 m,设计挡潮标准由现状不足 50 年一遇提升为 100 年一遇。具体桩号范围:ZK0+000～ZK3+192.46(南塘段)、ZK3+192.46～ZK3+767(北塘南直堤)、ZK3+767～ZK6+246.14(北塘顺堤)。

其中,项目涉海部分为海塘提标加固、胜利南闸改建。工程规模及主要建设内容一览表如表 8.4-1 所示。

表 8.4-1　工程规模及主要建设内容一览表

类别	序号	项目	设计标准(m)	建设规模及主要内容
水利部分	1	海塘提标加固	挡潮 100 年一遇	提标加固海塘长度 6 246.14 m,具体桩号范围:ZK0+000～ZK6+246.14,挡潮标准由现状不足 50 年一遇提升至 100 年一遇
	2	绿化工程	/	塘顶隔离带及塘身背水坡绿化 76 434 m²
	3	胜利南闸改建	排涝 20 年一遇,挡潮 100 年一遇	设计规模 1 孔×8.0 m,闸槛高程－1.50 m,设计流量 48.5 m³/s
	4	水闸加固改造	排涝 20 年一遇,挡潮 100 年一遇	主要对城东闸、南区闸、白龙港闸及北区闸 4 座水闸挡潮标准进行提升,具体改造内容主要为闸顶、胸墙及交通桥加高加固,启闭机房改建,闸门防腐、更换止水设施,提升建筑物耐久性等

类别	序号	项目	建设规模及主要内容
专项部分	1	便民服务设施	6 座(546 m²)
	2	廊架	11 座
	3	绿化工程	126 472 m²
	4	堤顶铺装	18 626 m²
	5	跑步道	16 440 m²
	6	塘前生态修复	251 637 m²

(二)堤线布置方案

本方案设计堤前以架空式框架结构形式与原海塘拼宽 7.0 m,其中,北塘段外侧拼宽 7.0 m,拼宽布置架空式大平台结构,南塘段外侧拼宽 7.76 m,与现状海塘拼宽。

8.4.2　项目用海合理性

(一)用海方式合理性

1. 海堤结构方案拟定

本次以主堤海塘安澜提升拟定三种方案进行比较。

方案一:预制栅栏板护面＋防冲槽＋抛石镇压方案(图 8.4-3)

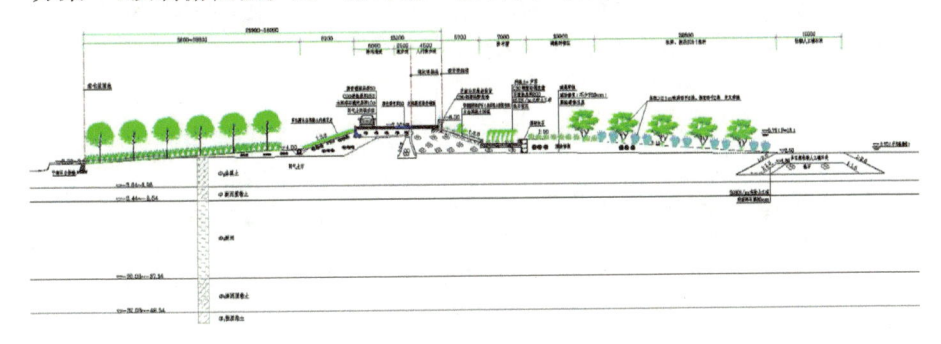

图 8.4-3　海塘提升断面图(方案一)

本方案设计轴线与现状堤轴线一致,塘顶宽度 13.5 m,路面结构自上往下依次是

15 cm 厚 C30 砼路面、10 cm 厚水泥碎石垫层、20 cm 厚碎石垫层。堤顶加高采用石渣回填,堤顶内侧布置排水沟及路灯。

海堤迎水面原面板外侧增设预制栅栏板护面(表面覆土播撒草植),边坡 1∶3.0,后接 C30 防冲槽及种植区,以提升景观效果并兼做消浪措施。

海堤迎水侧结合乐清市生态海洋公园建设工程进行海洋滩涂修复,滩面种植耐盐碱性植物,如碱蓬、秋茄及桐花等。

背水面随堤顶相应填高、加宽,背水坡坡度 1∶3.0,坡面多孔隙生态混凝土内植草皮,坡脚设置排水沟,外侧设干砌石小挡墙。

方案二:架空式拼宽景观平台方案(图 8.4-4)

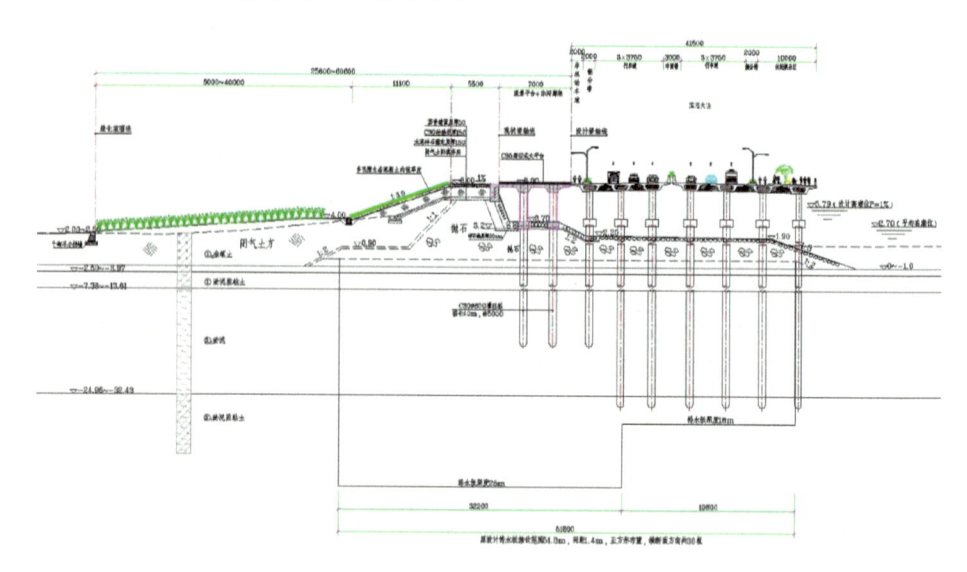

图 8.4-4 海塘提升断面图(方案二)

本方案主要在现状海塘的基础上,对海塘塘顶及防浪墙进行加高,外侧设置 C30 砼架空式观景大平台,同时与现状海塘形成整体结构,平台宽度 7.0 m,背水面随堤顶相应填高、加宽,背水坡坡度 1∶3.0,坡面多孔隙生态混凝土内植草皮,坡脚设置排水沟。

方案三:钢筋砼面板+生态砌块方案(图 8.4-5)

图 8.4-5 海塘提升断面图(方案三)

本方案设计轴线与现状堤轴线一致，塘顶宽度13.0 m，路面结构自上往下依次是15 cm厚C30砼路面、10 cm厚水泥碎石垫层、20 cm厚碎石垫层。堤顶加高采用石渣回填，堤顶内侧布置排水沟及路灯。

海堤迎水面设干砌块石挡墙结构，挡墙迎水侧设置C30砼面板，边坡1：0.4，为了增强工程景观功能，面板外侧砌筑砼生态砌块，同时具备一定的消浪功能。

海堤迎水侧结合乐清市生态海洋公园建设工程进行海洋滩涂修复，滩面种植耐盐碱性植物，如碱蓬、秋茄及桐花等。

背水面随堤顶相应填高、加宽，背水坡坡度1：3.0，坡面多孔隙生态混凝土内植草皮，坡脚设置排水沟，外侧设干砌石小挡墙。

表8.4-2　海塘断面结构方案比较分析表

方案	优点	缺点	可比性投资
方案一：预制栅栏板护面＋防冲槽＋抛石镇压方案	1. 地基与塘基接触面积较大，稳定性较好，地基应力分布较均匀，对地基土层承载力要求不高； 2. 迎水坡为大缓坡有利于海洋生物生长，植物生境好，修复性效果好	1. 塘身断面大，塘身占地及海域面积大，海洋生态环境影响较大，改变海域自然属性多，填筑材料需求较多； 2. 投资大； 3. 整体沉降相对较大，后期难以控制	5.05万元/m
方案二：架空式拼宽景观平台方案	1. 框架结构，占地（海域）面积小，对海洋生态影响小，改变海域自然属性少； 2. 结构安全可靠； 3. 充分利用现有海塘结构，衔接方便	1. 投资相对较大； 2. 架空式砼结构防腐及碳化要求高； 3. 施工过程中对现状海塘可能产生一定的损坏	5.40万元/m
方案三：钢筋砼面板＋生态砌块方案	1. 堤身占地面积较小； 2. 投资相对较小	1. 堤身结构单薄，稳定性一般； 2. 堤轴线较现状堤线进行了外移，政策处理相对困难； 3. 砼面板基础处理难度大，容易因沉降产生裂缝	4.75万元/m

海塘断面结构方案比较分析见表8.4-2。由比选成果，同时结合海塘现状及实际地形情况，本阶段中心区海塘均推荐采用方案二，即架空式拼宽景观平台方案。

2. 海堤用海方式合理性分析

本次安澜工程项目用海沿原海堤布局，对海堤断面结构进行了综合比选，选择了整体生态景观好，后期可以结合区域规划提升的断面结构，最大程度地减小了对周边海域水动力、冲淤环境的影响，对海域水质、生态环境影响也较小。本工程水闸实施后，高潮时，闸门关闭，防止潮水顶托；低潮时，闸门打开，排出海塘围区内涝水。因此，本工程对防洪排涝具有重要作用。

根据《自然资源部海域海岛管理司关于海堤提升加固工程用海有关事项的复函》，本项目属于"项目用海主要用于已建海堤的镇压层加固、水闸（泵站）建设及施工围堰等情形"，本项目为顺岸建设，不涉及新建海堤，符合有关海域管理技术标准和海域使用金征收标准中关于非透水构筑物用海的界定要求。项目用海符合相关国土空间规划，选址唯一且合理，对海洋生态环境无重大影响，相关构筑物长度和宽度符合海堤建设等相关技术规范。

本项目在塘前塘后进行生态修复，满足《自然资源部海域海岛管理司关于海堤提升加固工程用海有关事项的复函》关于海堤生态化建设的要求：海堤生态化建设应按照《围填海工程海堤生态化建设标准》《海堤生态化建设技术指南（试行）》等海岸带保护修复工程相关技术规范要求，在保证防潮御灾能力的前提下，因地制宜开展岸滩防护、堤身结构型式优化、生态建筑材料运用等，有针对性地提出生态保护修复措施。

根据浙江省自然资源厅《关于推进海域使用权立体分层设权的通知》：海域空间分为水面、水体、海床和底土。在一定使用期限内，可在同一海域，对不同主体或同一主体不同类型不同方式的用海行为分层设置海域使用权。本项目主要由位于水体的镇压层和位于水面的框架结构组成，本项目采用立体确权的方法，对镇压层及框架结构进行立体分层设权。镇压层用海确权为非透水构筑物用海方式，上部框架结构确权为透水构筑物用海方式。

本项目对现状海堤镇压层不做改变，但是由于原海堤未申请用海，为保障海塘安澜工程的实施，同时根据《自然资源部海域海岛管理司关于海堤提升加固工程用海有关事项的复函》的文件要求和《海籍调查规范》及《海域使用分类》关于堤坝用海的界定，本项目对原海堤镇压层按非透水构筑物的用海方式重新申请用海，将其界定为非透水构筑物，用海方式合理。

总体来说，本项目用海方式较为合理且符合《自然资源部海域海岛管理司关于海堤提升加固工程用海有关事项的复函》的相关要求及浙江省自然资源厅《关于推进海域使用权立体分层设权的通知》的规定。

（二）用海面积合理性

1. 立体分层设权的必要性、可行性、兼容性

2019年4月，中共中央办公厅、国务院办公厅印发《关于统筹推进自然资源资产产权制度改革的指导意见》，首次从中央层面提出"探索海域使用权立体分层设权"。在此之前，当时的国家海洋局于2016年10月印发《关于进一步规范海上风电用海管理的意见》，提出"鼓励实施海上风电项目与其他开发利用活动使用海域的分层立体开发，最大限度发挥海域资源效益。海上风电项目海底电缆穿越其他开发利用活动海域时，在符合《海底电缆管道保护规定》且利益相关者协调一致的前提下，可以探索分层确权管理，海底电缆应适当增加埋深，避免用海活动的相互影响"。以上两个文件的实施，肯定了未来海域空间管理思路从"平面化"向"立体化"转变的趋势，同时也将带来整个海洋空间管理制度体系的调整或变革。

为贯彻落实自然资源资产产权制度改革要求，推进海域使用权立体分层设权，提高海域资源利用效率，浙江省自然资源厅于2022年4月8日发布《关于推进海域使用

权立体分层设权的通知》。根据该通知，浙江省开始对海域进行立体分层设权。浙江省自然资源厅于2022年11月17日印发《浙江省海域使用权立体分层设权宗海界定技术规范（试行）》的通知，规定了浙江省立体分层设权的界定原则和界定方法以及宗海图的编绘等技术规范。

（1）本项目立体分层设权的必要性

《海域使用管理法》中规定，我国海域包括内水、领海的水面、水体、海床和底土。以往的海域确权，不分使用及实际占用空间，无论用哪个层面，均给使用者发一本不动产权证书。而海水养殖、船舶航行、铺设海底电缆管道等多数用海活动仅使用了海域的部分空间，剩余空间大多处于闲置状态。随着用海规模的不断扩大，出现了不同项目交叉用海、重叠用海的问题。

海域立体分层设权，从陆地思维到海洋思维，从单一思维到立体思维，充分释放海域潜在的效益，真正把海域当作"蓝色宝库"来开发。在海域使用功能相互不排斥的前提下，分上下层对同一海域内不同的用海项目分别登记海域使用权，清晰界定海域分层界限，明确各权利主体，通过立体分层使用海域，可节约用海，促进海域资源的节约集约利用。

本项目主要建设内容包括现状中心区海塘加固加高、堤顶改造，胜利南闸改建、塘前海洋生态修复及堤后绿化等综合改造。建设方案为在现状海塘的基础上，对海塘塘顶及防浪墙进行加高，外侧设置C30砼架空式观景大平台，同时与现状海塘形成整体结构，北塘平台宽度7.00 m，南塘平台宽度7.76 m，背水面随堤顶相应填高、加宽，背水坡坡度1∶3.0，坡面多孔隙生态混凝土内植草皮，坡脚设置排水沟。

根据《海域使用分类》，海堤（塘）护岸设施及保滩设施等所使用的海域，用海方式为非透水构筑物。根据《自然资源部海域海岛管理司关于海堤提升加固工程用海有关事项的复函》，已建海堤的镇压层加固、水闸（泵站）建设及施工围堰等情形，均为顺岸建设，不涉及新建海堤、不形成新增围填海，符合有关海域管理技术标准和海域使用金征收标准中关于非透水构筑物用海的界定要求。可见，本项目海堤镇压层、沿塘水闸及施工围堰的用海方式均为非透水构筑物。

本工程现状海堤经改造加固后设计防潮标准由50年一遇提升到100年一遇，属于1级海堤。根据《浙江省海塘安澜千亿工程建设技术指南（2021年版）》关于"1级海塘堤顶宽度不小于12.0 m"的规定，本工程拟在加高加固后的堤顶外侧采用框架结构架空平台方式进行拼宽。根据《海域使用分类》，架空平台用海方式为透水构筑物。

根据《海籍调查规范》，在同宗海中当几种用海方式的用海范围发生重叠时，重叠部分用海方式按现行海域使用金征收标准较高的确定。按此规定，本工程平台透水构筑物用海可被海堤镇压层非透水构筑物所吸收，将用海方式整体认定为非透水构筑物符合该规范要求。

根据浙江省自然资源厅《关于推进海域使用权立体分层设权的通知》，"在一定使用期限内,可在同一海域,对不同主体或同一主体不同类型不同方式的用海行为分层设置海域使用权"。依此规定,项目申请用海范围内涉及与既有海堤镇压层非透水构筑物用海存在重叠的架空平台透水构筑物用海可以采用海域使用立体确权方式进行分层确权和分类管理,二者确权空间取海堤镇压层面高程为界,下方为非透水构筑物用海,上方为透水构筑物用海。

因此,本工程对海堤镇压层非透水构筑物用海和架空平台透水构筑物用海进行立体确权符合相关管理文件规定,通过分层设权可有利于海域使用分类管理,充分体现对海洋资源的多层次有效利用,项目用海采取立体分层设权是有必要的。

(2) 本项目立体分层设权的可行性和兼容性

本工程海塘结构断面主要是迎水架空式框架结构、塘脚防冲设施、观景平台,背水侧坡面整理及堤顶混凝土路面等。本项目采取的施工顺序为:桩基工程→迎水侧面板、拼宽砼框架结构及抛石镇压平台恢复→背水侧坡面整理及挡墙→堤顶混凝土路面→其他以及附属工程。

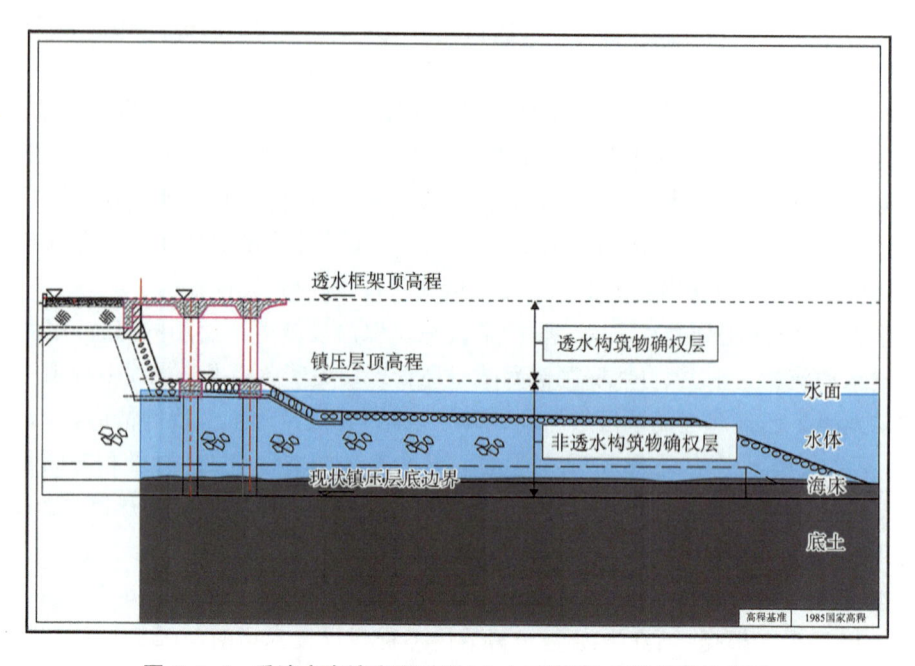

图 8.4-6　乐清市海塘安澜工程(中心区海塘)宗海立面示意图

本项目下部镇压层无加固工程,为保障安澜工程的顺利实施,本次一并将现状镇压层申请用海,用海方式为非透水构筑物用海,主要利用了海域的底土(现状镇压层底边界以上,1985国家高程基准−1 m以上)、海床、水体、水面空间(1985国家高程基准3.7 m以下);上部框架式架空平台采用高桩(灌注桩)结构,用海方式为透水构筑物用海,主要利用水面空间(1985国家高程基准3.7 m~7.3 m/8 m),其附占空间及维护空间能够保证其他项目按需使用。因此在本项目中,此两种用海方式空间不冲突,框架结构和镇压层互不排斥且影响可控,具有兼容性,可以保证海塘安澜工程的顺利实施和正常运营。

本项目海堤设计使用寿命为50年,框架结构和镇压层使用年限一致。镇压层为现状镇压层,不需要进行新建,框架结构施工位于现状镇压层上,施工完成后,不会破坏现状镇压层,对镇压层的影响可控,与镇压层可兼容,立体分层设权具有可行性。

由于本项目为同一主体不同类型不同方式的用海行为分层设置海域使用权。由于主体相同,因此无需协调利益补偿、责任义务,无须制定矛盾化解机制,无利益相关者协调,以及无须制定项目用海到期后的退出方案等。

综上所述,本项目立体分层设权可行。

2. 用海面积合理性分析

(1) 占用岸线的合理性

本项目主要由胜利南塘、胜利北塘等部分组成,本项目堤线基本沿老海堤布置,主要在现状海塘的基础上提标加固,不改变岸线走向和属性,因此本项目不新增使用岸线。

(2) 项目主体工程用海面积的合理性

乐清市海塘安澜工程(中心区海塘)是被列入浙江省海塘安澜千亿工程的重大水利项目,该工程任务以防潮排涝为主,兼顾改善滨海生态环境。

本工程实施后,确保乐清市中心区海塘防洪挡潮标准达到100年一遇。本工程建设是海塘安澜千亿工程的具体实施,可以消除现状海堤隐患,确保堤身安全;提高了区域防洪挡潮能力,是社会经济发展和城市建设的需要。因此本项目有建设必要。

本项目根据波浪要素、堤顶高程及越浪量计算方法,确定堤顶高程,根据行业规范,确定堤顶宽度。本次中心区海塘为1级海塘,南塘段设计宽度13.0 m,北塘段设计宽度12.5 m,满足规范对堤顶宽度的要求。将设计标准和项目相邻段海堤进行比较,其平面布置和用海方式合理。

本项目面积的界定,根据工程自身特点,既采用了《海籍调查规范》中有关堤坝工程用海的规定和堤坝实际建设需求,同时也参照了浙江省自然资源厅《关于推进海域使用权立体分层设权的通知》进行了其用海的立体确权,在充分保障了项目用海的同时也提高了海域资源利用效率,其面积也是合理的。

(3) 项目施工工程用海面积的合理性

本项目施工工程主要为主体工程的顺利实施而建,其用海范围首先保障了主体工程用海,同时根据施工工程特点,依据《海籍调查规范》中的有关规定界定,施工工程用海面积合理。

8.4.3 宗海图示意

乐清市海塘安澜工程（中心区海塘）宗海位置图

乐清市海塘安澜工程（中心区海塘）宗海平面布置图

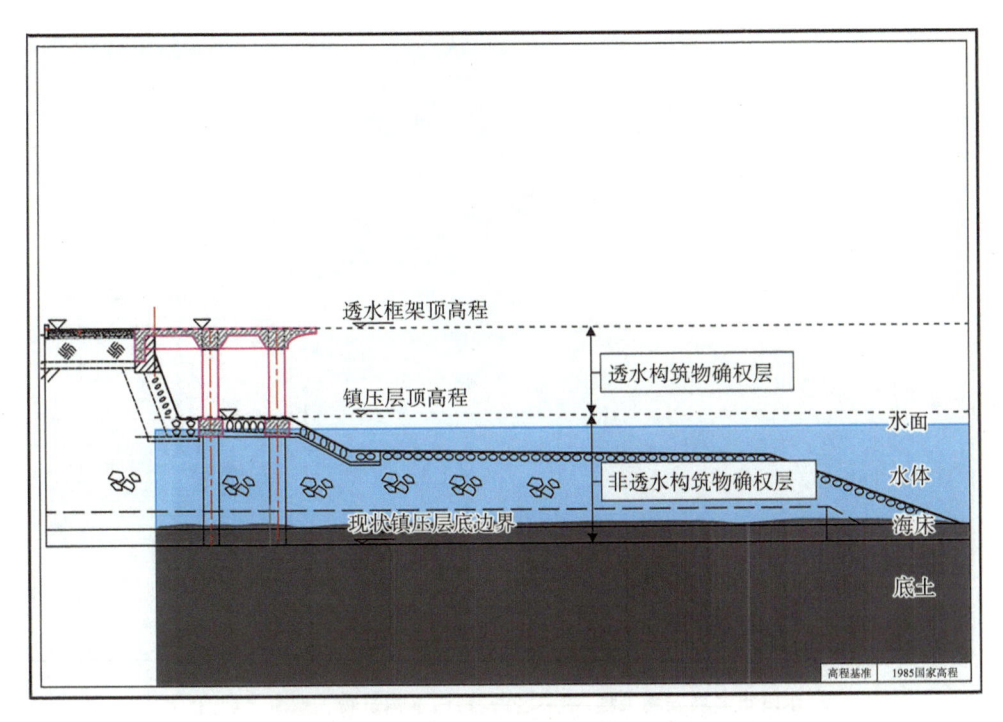

乐清市海塘安澜工程(中心区海塘)宗海立面示意图

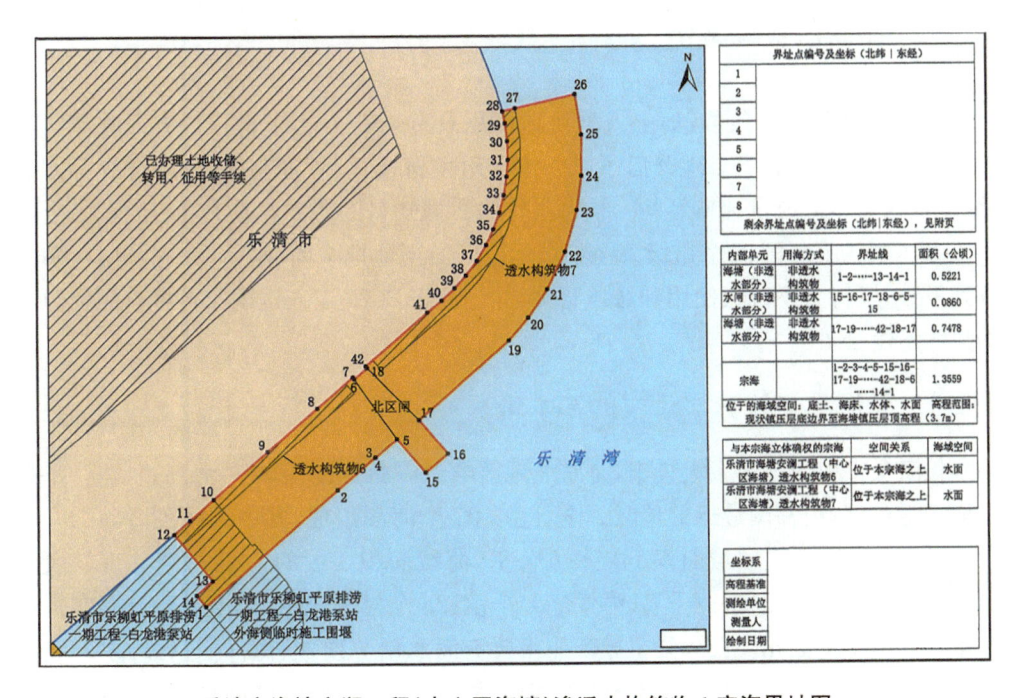

乐清市海塘安澜工程(中心区海塘)渗透水构筑物 1 宗海界址图

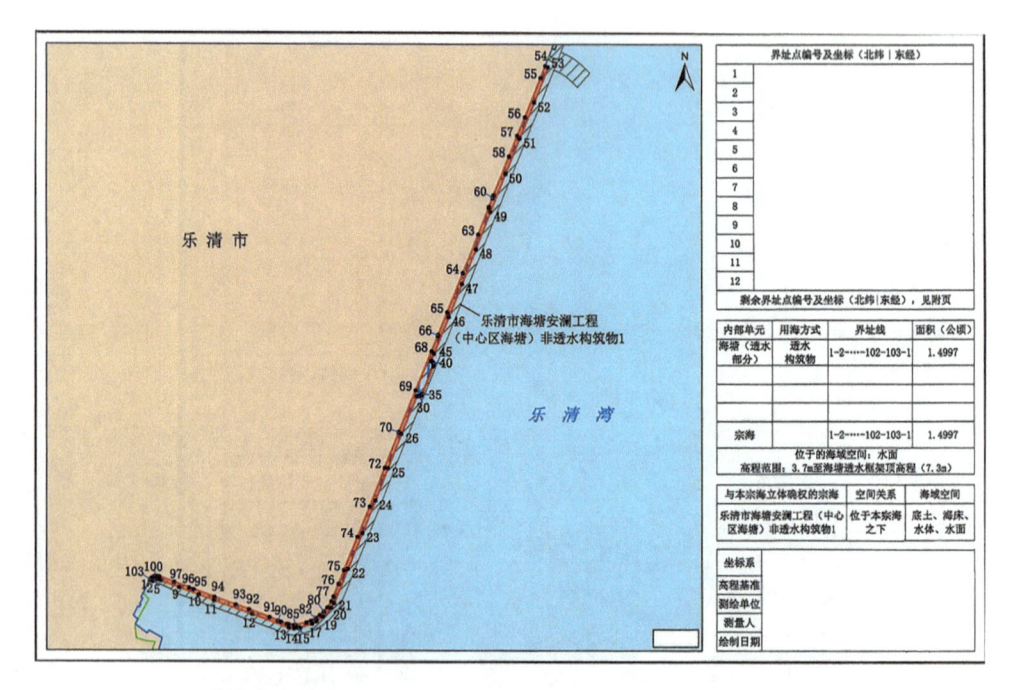

乐清市海塘安澜工程(中心区海塘)透水构筑物1宗海界址图

8.5 立体养殖实践案例

长海是典型的海岛县,岛上人均耕地面积只有0.3亩[①],世世代代靠海吃海。早在20年前,大连市长海县就开启了对立体养殖用海模式、管理制度、分层设权等方面的探索,并逐步形成了独特经验。长海县作为我国知名的海洋养殖大县,拥有18个国家级海洋牧场示范区、2个市级海洋牧场示范区。当地把水面、水体、海底分层养殖发挥到极致,坚持立体确权使用和海域管理,并因此于2022年入选国家首批自然资源节约集约示范县。

8.5.1 长海县立体分层设权的基本情况

长海县隶属于辽宁省大连市,是东北地区唯一海岛县、全国唯一海岛边境县,是东北地区距离日本、韩国最近的地区。全县由195个海岛组成,其中有居民海岛18个、无居民海岛177个。陆域面积142平方公里,海域面积10 324平方公里。现辖大长山岛、小长山岛、广鹿岛、獐子岛、海洋岛5个镇,23个村。2022年,全县预计可实现地区生产总值101亿元。长海县主导产业主要有海水增养殖业、海洋捕捞业、水产品加工业和海岛旅游业。全县已开发利用海域面积790万亩,增养殖品种主要有贝类、藻

---

① 1亩≈666.67平方米。

类、蛤类、螺类、鱼类、棘皮类等6大系列20余个,获评"国家现代农业产业园""省级旅游度假区和生态旅游示范区"等荣誉称号。

《海域使用管理法》颁布以前,长海县管辖海域内已存在使用海域水面、海底以及水面和海底同时立体使用的三种开放式养殖生产方式。《海域使用管理法》颁布以后,为维护用海业户的合法权益,长海县保留了水面、海底以及水面和海底同时立体使用三种海域使用权。2007年8月1日,《大连市海域使用管理条例》颁布实施,其中第十七条明确规定:"海域的水面、水体、海床和底土,可以整体确定使用权,也可以分别确定使用权"。该条例为长海县实行海域立体分层设权提供了更加明确的法律法规依据。试点工作开展以来,长海县结合《海域使用管理法》《大连市海域使用管理条例》,以及试点相关文件要求,立足以往工作基础,积极探索海域分层使用权的新方式。

8.5.2 长海县立体分层设权的创新做法

(一)全面加强立体分层设权审批管理流程。长海县管辖海域的海域使用权审批工作严格执行《海域使用管理法》《辽宁省海域使用管理办法》《大连市海域使用管理条例》等要求。同时,为加强立体分层设权审批管理,对于在已设定海床海域使用权的底播增养殖海域,审批水体海域使用权的,应征得原使用权人同意后按程序办理用海手续,避免因海域权属产生纠纷。在立体分层设权用海批准文件和不动产权证书中明确项目名称为浮筏养殖、网箱养殖和底播增养殖项目,用于区分水体和海床等不同空间层的海域使用权。

(二)依法规范立体分层设权海域使用管理秩序。为进一步加强海域立体分层设权管理工作,维护国家海域所有权和海域使用秩序,保护海域使用权人的合法权益,促进海域的合理开发和可持续利用,2021年长海县印发了《关于进一步加强养殖用海管理的意见》,依据水体和海床分别确定海域使用权的规定,海床海域使用权人不得阻扰水体(浮筏、网箱等)海域使用权人按相关规定在确权海域内进行的打补橛活动;水体使用权人不得阻扰海床海域使用权人按相关规定进行的采捕生产活动。在立体分层设权批准海域使用权的基础上,长海县以下发部门管理意见的方式,进一步规定了在立体分层设权海域从事增养殖生产活动的要求,从海域使用权申请审批管理进一步延伸到海域使用生产活动管理,减少了立体分层设权海域使用纠纷,保护了海域使用权人的合法权益。

(三)合理制定立体分层设权海域差异化海域使用金征收标准。为节约集约利用海洋资源,鼓励用海单位和个人立体分层设权使用海域,长海县对不同空间层的海域使用权实行差异化海域使用金征收标准。2021年,长海县依据相关技术规范,对所辖海域进行养殖用海海域定级。通过对长海县各镇进行全面调研,开展海域资源环境资料收集、用海企业座谈、用海样点调研、现场踏勘、征求意见建议等,在科学评估的基础上,制定了长海县养殖用海海域使用金征收标准,对浮筏养殖、网箱养殖和底播增养殖等分别制定海域使用金征收标准。

8.5.3　长海县立体分层设权的工作成效

（一）立体分层设权使用海域成为常态。至 2023 年,长海县现有海域立体使用面积 790 万亩,用海单位和个人 4 500 多户,颁发海域使用权证书 6 800 多本,其中颁发水体使用权证书 5 100 余本、海床使用权证书 1 600 余本。目前,长海县立体分层设权使用海域已成常态化,在立体分层设权海域申请审批、海域使用管理、增养殖生产管理以及矛盾纠纷化解等方面初步形成了典型的地方经验,有效保障了权利人用海需求。

（二）立体分层设权有效促进海洋资源节约集约利用。通过立体分层设权使用海域,长海县强化了海洋资源的节约集约利用,充分满足了用海业户利用海面养殖贝类、鱼类、藻类以及利用海底野生繁育和底播增养殖鲍鱼、海参、扇贝、海螺、海胆等高经济价值海产品。长海县水产品产量由 2019 年的 52.78 万吨增长至 2022 年的 65.65 万吨,产值由 2019 年的 66.6 亿元增长至 2022 年的 91.38 亿元,取得了良好的经济效益。

（三）海域立体设权创造的经济收益更高。海域使用金收入是拉动区域经济增长的重要财政收入,逐步完善海域资产产权制度,对充分发挥海洋资源效益,统筹推进海洋高质量发展和高水平保护有着重要作用。以长海县为例,通过积极探索海域立体分层设权使用,依法征收海域使用金,促进了长海县海域资源的合理开发与可持续利用,3～5 年实现了国有海域资源资产的保值增值。近年来,长海县平均每年度征收海域使用金 3.4 亿元,占全县财政收入的 85％以上,对地区经济社会发展起到了重要支撑作用。

第九章

总结与展望

第九章
总结与展望

海域是重要的自然资源,完善海域资产产权制度,是健全自然资源产权制度的重要举措。随着海洋经济的快速发展,用海需求持续增加,海域资源稀缺问题日益凸显。为缓解用海矛盾、提高资源利用效率,海域立体开发成为现实需要。我们应着眼发展需要,认识立体分层设权的重要意义。为了贯彻落实党中央和国务院关于自然资源资产产权制度改革和要素市场化配置改革的决策部署,并规范海域立体开发活动的用海管理,各地区积极开展了有益探索,结合各自实际情况出台了相应规定。自然资源部也发布了《自然资源部关于探索推进海域立体分层设权工作的通知》,该通知从立体设权工作的总体要求、适用海域类型、空间规划管控、海域使用论证、用海审批、不动产登记、海域使用金征收以及加强用海监管等8个方面提出了具体的政策措施,为积极稳妥地推进海域立体设权工作提供了坚实的制度支撑。

然而在地方实践中,由于各地区情况的差异性,仍存在一些与海域立体分层管理实际需求不相匹配的问题,这些问题涉及海域空间规划、确权登记技术方法、海域使用金征收标准以及审批监管流程等方面。为了解决这些问题,我们需要从制度、管理、技术和流程等多个层面入手,结合各地区的自身特点,进一步制定更加细化和有针对性的措施和政策,以更有效地指导和规范用海项目主体开展海域立体使用的行为。

(一)做好海洋空间规划和用海管理

立足海洋生态系统的完整性和连通性,强化改革协同,科学合理地做好海域立体分层设权的空间规划和用海管理,服务海洋经济和生态的高质量发展。一是统筹兼顾、稳妥推进。根据各地经济社会发展水平和海洋管理工作需要,综合考虑碳达峰碳中和工作要求,结合海域资源环境承载能力,因地制宜,稳妥推进海域使用权立体分层设权。二是功能优先、适度兼容。优先保障海域基本功能,科学合理地开发与保护海域资源,在互不排斥和有限影响且可控的前提下,兼容多种用海行为,分层设立海域使用权。三是依法设权、合规运行。严格遵守《海域使用管理法》《不动产登记暂行条例》等法律法规进行立体分层设权,加强政府监督管理,满足规划管控、用途管制、行业准入等要求,确保海域资源的合理利用。例如根据不同用海活动取得海域使用权的先后顺序、建设周期差异,以及相互间产生的影响,加强顶层统筹设计,协调好各方利益,完善权利体系、市场交易体系、管理保障体系,规范多层次的用海秩序,保证各权利主体在自己的利益范围内充分利用相关层次的海域资源,实现同一海域空间内不同层次用海行为的协同发展和多层海域资源产权价值的最大化。

(二)做好审批与登记工作的有效衔接

审批与登记是不动产权利的服务和保障。海域使用权登记是海域使用权设立、变动以及消灭的成立要件,权利确认是海域使用权流转和交易的前提,通过登记的方式确认不动产权利的归属,从而切实保护海域使用权人的合法权益。因此,只要设立相关权利就需要进行登记,只有明确权属,本着"一物一权"的原则进行登记,不能有权属重叠,才能实现海域使用权的合法、高效、安全流转。

关于立体分层设权的用海项目审批建议注意以下事项:①对未设定海域使用权的

海域,应将具有协同效应的项目设置在同一空间不同分层,促进优势互补、共同合作。若项目主体相同,可统一设计、整体论证、一次报批;若项目主体不同,需协商一致后报批。②对已设定海域使用权的海域,新申请用海应征得原海域使用权人同意后按程序办理用海手续,避免产生海域权属纠纷。

关于立体分层设权的用海项目不动产权登记建议注意以下事项:①不动产权证和登记册中除明确宗海平面界址外,还应注明实际使用的海域空间分层范围。②原海域使用权人需持海域立体分层设权用海批复文件或出让变更合同等材料,到当地不动产登记机构办理变更登记;新申请用海人在此基础上办理首次登记。

(三) 衔接海籍登记相关技术体系

海域立体分层设权需要做好与现有海籍管理技术体系的衔接工作,在《海域使用面积测量规范》《海域使用权登记技术规程》《海籍调查规范》《海域使用分类体系》等技术规范的基础上,明确立体分层设权情形下的技术方法。各有关技术规范、标准等都应建立海域立体化的空间概念,充分考虑立体确权时出现的有关情形;在海籍登记中增加海域的立体化信息,明确立体确权时权属的用海层次、水深、同一海域不同空间海域使用权情况等信息,同时加强立体确权用海的海籍调查、宗海图绘制等,如在宗海图中要注明在垂直空间上的用海情况,以确保海域立体分层设权的法律效力。

(四) 优化完善海域有偿使用制度

征收海域使用金是依法实施海域有偿使用制度的重要管理手段,有利于维护国家海域所有者权益和海域使用权人的合法权益,促进海域合理开发和可持续利用。《自然资源部关于探索推进海域立体分层设权工作的通知》在第七条"规范立体分层设权项目用海海域使用金征收"中提出"《调整海域 无居民海岛使用金征收标准》(财综〔2018〕15号)施行前已设立的海域使用权因立体分层设权需变更空间范围信息的,不属于用海方案调整,仍执行原海域使用金征收标准",该条与《调整海域 无居民海岛使用金征收标准》第六条"因海域使用权续期或用海方案调整等需重新报经政府批准的,批准后按照新标准执行"的规定相矛盾。建议从国家层面进一步予以明确。同时,各沿海地区按照"一物一权、一证一缴"的方式征收海域使用金,一是根据本地区海域资源环境承载能力和国民经济社会发展情况,合理划分海域级别,综合评估海域使用权价值、生态环境损害成本等因素的变化,动态调整细化海域使用金的征收标准,更好地激发市场主体活力,发挥市场在海域资源配置中的决定性作用和海域有偿使用制度对保障海域使用权流转、提高空间资源配置效率的积极作用,有序推进海域使用权一级市场开发和二级市场流转;二是科学统筹征收的海域使用金,将其合理投入到海域整治、保护、生态修复等海洋事业建设中,推动海洋事业高质量、可持续发展。

(五) 健全海域立体分层项目的全流程监管

沿海地方各级自然资源主管部门应按照"谁审批、谁监管"的原则,加强对海域立体分层项目在海域使用权出让、分层使用、确权登记等环节的动态监测监管。一是构建海域资源监测体系,加强已确权的立体分层设权项目对生态环境影响的监测,持续性开展项目周边资源要素的跟踪调查,做到本底数据及演变过程可追溯,确保海域立体开发不超过海洋资源环境承载能力。二是落实海域生态修复责任,监督已确权的立体分层设权项目用海主体严守生态保护红线,严格落实生态建设方案。依据项目建设运营期不同阶段的要求,有针对性地开展生态修复,确保海域自然属性不丧失、海洋生态功能不下降。三是形成项目闭环监管机制,对已确权的立体分层设权项目加强事中、事后监管,保障海域资源有序开发和可持续利用。建立退出机制,海域使用权到期后,如不续期,按规定应及时清理用海设施,恢复海域原状。

(六)增强海域使用权人立体用海意识

针对用海需求较大、海域资源稀缺的地区,可通过宣传教育的方式,增强海域使用权人的立体用海意识,例如对于开放式养殖、浮筏养殖、航道以及电缆管道等在空间利用上不具备严格排他性的海洋活动,我们应积极倡导并推广立体交叉使用模式。同一海域不同空间海域使用权人应当遵循因相邻关系而产生的义务,尽量避免在时间、空间和方式上对其他使用权人造成不必要的干扰。同一海域不同空间的海域使用权在设立时要征得其他使用权人的同意,有效减少冲突的发生。在发生冲突的情况下,可通过协商、自我约束和补偿机制,解决纠纷、化解矛盾,从而确保海域的和谐、高效利用。

总之,海域空间资源立体分层开发是当前社会经济快速发展和科技进步的必然。海域立体分层设权符合海域自然资源本底特征,具备一定的法律基础,现有的技术水平可提供有力保障。当有关政策和制度逐渐完善后,海域立体分层设权将成为解决海域资源短缺问题、提高海域资源利用效率的有效途径。

参考文献

[1] 杨志浩,孙华烨,杨名名,等.海域使用权立体分层确权及管理配套制度探讨[J].海洋开发与管理,2022,39(3):79-83.

[2] 李彦平,李晨钰,刘大海.海域立体分层使用的现实困境与制度完善[J].海洋开发与管理,2020,37(9):3-8.

[3] 李彦平,刘大海.基于立体化开发的海域资源配置方法研究[J].海洋环境科学,2019,38(3):435-440.

[4] 崔旺来,鲍声望,李瑞发.基于空间权视角的海域分层与空间分层的立体开发研究[J].特区经济,2022(8):117-120.

[5] 崔旺来,李瑞发,钟海玥,等.海域立体分层使用的产权管理路径研究[J].中国国土资源经济,2022,35(7):4-11+47.

[6] 闫吉顺,王鹏,郝燕妮,等.基于自然资源价值理论的自然岸线价值核算——以辽宁省大连市为例[J].地域研究与开发,2022,41(3):156-160.

[7] 赵梦,岳奇,徐伟,等.海域立体确权可行性研究[J].海洋开发与管理,2016,33(7):70-73.

[8] 何宏伟,索安宁.中国海域综合管理概述[M].北京:海洋出版社,2020.

[9] 王鹏,闫吉顺,林霞,等.自然海岸资源管控长效机制研究[M].北京:科学出版社,2022.

[10] 王鹏,于永海,张盼,等.海域权属测绘关键技术与应用实践[M].北京:海洋出版社,2018.

[11] 王淼,江文斌.海域多层次利用中使用权分层确权初探[J].中国渔业经济,2011,29(4):47-51.

[12] 李彦平,陈逸洋,刘大海,等.海域立体分层利用的空间冲突及管理——基于时空行为视角[J].自然资源学报,2023,38(10):2475-2489.

[13] 崔旺来,李瑞发,鲍声望,等.海域分层使用权的性质及相关问题探讨[J].浙江海洋大学学报(人文科学版),2022,39(4):9-15.

[14] 王淼,李蛟龙,江文斌.海域使用权分层确权及其协调机制研究[J].中国渔业经济,2012,30(2):37-42.

[15] 闫吉顺,方海超,王鹏,等.自然海岸保护适宜性评价方法研究[J].辽宁师范大学学报(自然科学版),2018,41(4):539-546.

[16] 翟伟康,王园君,张健.我国海域空间立体开发及面临的管理问题探讨[J].海洋开发与管理,2015,32(9):25-27.

[17] 徐敬俊.海域空间自然资源的立体分布特征与其资产化管理路径探索[J].太平洋学报,2019,27(4):91-104.

[18] 闫吉顺,张盼,黄小露,等.自然海岸资源价值核算方法研究与应用[J].海洋开发与管理,2019,36(5):26-31.

[19] BURG S, SCHUPP M F, DEPELLEGRIN D, et al. Development of multi-use platforms at sea: Barriers to realising Blue Growth[J]. Ocean Engineering, 2020, 217: 107983.

[20] 闫吉顺,张广帅,蔡悦荫,等.浅析我国海洋生态环境损害赔偿[J].海洋开发与管理,2020,37(2):53-57.

[21] 崔旺来,陈梦圆,贺义雄,等.海域使用权立体分层设立若干问题探究[J].海洋开发与管理,2022,39(9):36-42.

[22] 王淼,江文斌,袁翡翡.海域使用权研究综述[J].农业经济与管理,2011(6):91-97.

[23] SCHUPP M F, BOCCI M, DEPELLEGRIN D, et al. Toward a common understanding of ocean multi-use[J]. Frontiers in Marine Science, 2019, 6: 165.

[24] 赵琪.海域空间层叠利用的用海兼容性研究[D].青岛:中国海洋大学,2014.

[25] 林霞,王鹏,闫吉顺,等.基于宗海图编绘技术规范的制图关键技术[J].海洋开发与管理,2018,35(3):21-23.

[26] 余璇.海域使用权交易机制研究[D].宁波:宁波大学,2021.

[27] NOBLE M M, HARASTI D, PITTOCK J, et al. Understanding the spatial diversity of social uses, dynamics, and con-flicts in marine spatial planning[J]. Journal of Environmental Management, 2019, 246: 929-940.